青海广播电视大学省级人文社会科学重点研究基地学术成果丛书

主编　李晓云　李秋梅　副主编　辛全洲　那小红

青海省经济发展田野考察报告

杨　福　文　湘　那小红
王桂英　顾永平　著

上海大学出版社
·上海·

图书在版编目(CIP)数据

青海省经济发展田野考察报告 / 杨福等著. —上海：上海大学出版社，2017.8

（青海广播电视大学省级人文社会科学重点研究基地学术成果丛书 / 李晓云，李秋梅主编）

ISBN 978-7-5671-2553-7

Ⅰ.①青… Ⅱ.①杨… Ⅲ.①区域经济发展—考察报告—青海 Ⅳ.①F127.44

中国版本图书馆 CIP 数据核字(2016)第 295088 号

责任编辑 傅玉芳
助理编辑 刘 强
封面设计 柯国富
技术编辑 金 鑫 章 斐

青海省经济发展田野考察报告

杨 福 文 湘 那小红 王桂英 顾永平 著

上海大学出版社出版发行
（上海市上大路 99 号 邮政编码 200444）
（http://www.press.shu.edu.cn 发行热线 021-66135112）
出版人 戴骏豪

*

南京展望文化发展有限公司排版
江苏句容市排印厂印刷 各地新华书店经销
开本 890mm×1240mm 1/32 印张 11 字数 266 千
2017 年 9 月第 1 版 2017 年 9 月第 1 次印刷
ISBN 978-7-5671-2553-7/F·162 定价 50.00 元

丛书编委会

序　言

风景这边独好

朱恒夫

“大美青海”这一广告语因现代传媒的作用，几乎是无人不知了。“大美”是说青海不是一般的美，而是有着罕见的美、令人震撼的美，然而，到底美在何处，却很少有人能够说出个一二三来。我因这几年常去青海工作，比起到那里短期出差、旅游的人，看的、想的要多一些，所以，对“大美”这一形容词的内涵的理解也许要稍深一些。

我以为，青海之“大美”，在于它的纯净。

青海的水，尤其是接近三江源区域的水，是那样的明洁，不杂一点儿尘滓；就是那“青海湖”，风平浪静之时，其色与蓝天一样，青青苍苍。

青海的山，尽管大多没有葱郁的树木，甚至连草也没有，但裸呈的峻岭，没有半点儿污秽。

青海的空气，没有多少工业文明时代的气味，干干净净，只是在青草生长的季节,夹杂着牲畜与泥土的味儿。

除了这些,还有更纯净的,就是青海的人。

他们的内心,没有过度的欲望,生活充实,精神愉悦,即使有苦恼,瞬间便会被信念化解掉。

他们与社会、与他人、与自然,和谐共处,把自己当作万物中的一个,完全融入大千世界的事物之中。

他们热爱现实中的一切,为社会的进步,为家园的美好,竭诚地奉献自己的智力与体力。

青海广播电视大学的领导与老师们就是这样的青海人。

他们结合自己的教学工作,对青海的经济、文化等进行了较为全面而深入的调查,并在此基础上提出了富有建设性的意见。于是,便有了《思想政治教育的有效途径——青海高校省情教育教学实践研究》《青海省经济发展田野考察报告》《玉树藏族民间文化变迁研究》《撒拉族土族民间文化研究》等系列科研成果。

这些著作不仅引领着我们走进青海深处,了解其民族构成、风土人情、生产方式、艺术传统等,还让我们看到了青海在政治、经济、教育、文化、艺术等领域的勃勃生机和光明前景。

我们在阅读这些著作时,那翔实的资料、周密的论述、启人心智的观点,能够让人感受到作者严谨的科学态度和对家乡青海的挚爱之情。

因而,若要对青海之"大美"有更多、更深的了解,阅读这一套丛书,是极其有益的。

目　　录

第一章

科技协同创新下青海省对外贸易发展动力机制研究

第一节　青海省对外贸易发展现状及存在的问题分析

一、青海省贸易发展现状分析

1990 年以来，青海省对外贸易呈现一种快速发展的趋势。全省进出口贸易总额由 1990 年的 7 027 万美元增加至 2014 年的 171 896 万美元，提高了 23.5 倍。特别是在 2012 年，青海省进出口贸易总额首次突破 10 亿美元大关。2014 年，青海省对外贸易更上一层楼，首次突破百亿人民币大关，全年实现进出口总值 105.6 亿人民币(约合 17.2 亿美元)，但与全国及其他省份相比，也有喜有忧：① 对外贸易同比增长 21.5%，增速位列全国前列；

② 对外贸易总量仍然偏小，规模位居全国末端，对外贸易依存度也维持在较低水平；③ 加工贸易有起色，但规模偏小，形势依旧向淡；④ 国有企业对外贸易下降，主要贸易伙伴进出口有升有降。

展望“十三五”时期，随着“一带一路”倡议、制造业转型升级战略等向纵深推进，我国的对外开放将会进入“全面开放、全面参与、全面合作、全面提升”的新阶段。但受世界经济回暖缓慢、贸易保护主义抬头以及我国生产要素成本提高等多重挑战，我国对外贸易将呈现“先低后高、震荡回升”的态势，青海省对外贸易将保持稳定、持续增长的走势。

回顾青海省对外贸易 25 年间的走势（表 1－1－1、图 1－1－1），可以将其分为五个阶段。

表 1－1－1　1990—2014 年青海省进出口总额（单位：万美元）

年　度	进出口总额	出 口 额	进 口 额	差　额
1990	7 027	6 805	222	6 583
1991	7 792	7 552	240	7 312
1992	10 399	9 043	1 356	7 687
1993	12 442	10 174	2 268	7 906
1994	14 331	12 350	1 981	10 369
1995	16 226	13 807	2 419	11 388
1996	22 497	13 480	9 017	4 463
1997	16 476	12 440	4 036	8 404
1998	11 405	10 431	974	9 457
1999	10 785	8 686	2 099	6 587
2000	15 973	11 200	4 773	6 427
2001	20 490	14 913	5 577	9 336

续　表

年　度	进出口总额	出　口　额	进　口　额	差　额
2002	19 671	15 109	4 562	10 547
2003	33 913	27 387	6 526	20 861
2004	57 551	45 476	12 075	33 401
2005	41 338	32 324	9 014	23 310
2006	65 174	53 422	11 752	41 670
2007	61 207	38 591	22 616	15 975
2008	68 847	41 875	26 972	14 903
2009	58 590	25 099	33 491	−8 392
2010	78 906	46 630	32 276	14 354
2011	92 381	66 182	26 199	39 983
2012	116 016	72 984	43 032	29 952
2013	140 256	84 726	55 530	29 196
2014	171 896	112 833	59 063	53 770

注：资料来自 1990—2013 年各年《青海统计年鉴》、国家统计局网站、2014 年青海省国民经济和社会发展统计公报

第一阶段为 1990—1996 年：进出口总额呈现逐年增加的态势，增势较快。1990—1995 年间，平均年递增 1 839.8 万美元，年均增长速度 18.2%。1996 年，全省进出口总额首次超过 2 亿美元，达到 22 497 万美元，比上一年增长 38.7%。究其原因，主要是由于当年进口总额大幅度增加。1996 年，全省进口总额达到了 9 017 万美元，较上一年增长 273%。黑泉水库开工建设、李家峡水电站下闸蓄水、青藏铁路二期工程等重大工程项目对进口需求加大，从而加大了当年全省进口总额。

第二阶段为 1996—2002 年：进出口总额先下降后增长。其中 1996—1999 年，全省进出口总额呈现下降趋势。这期间由于中央政府加强了宏观调控，1997 年中国经济环境实现了软着陆。受亚洲金融危机的影响，中国对外贸易受到了一定程度的冲击。由于青海省对外贸易总体规模不大，并且受出口市场结构、商品结构等因素影响，青海省对外贸易虽然呈现了下降趋势，但总体下降幅度不大。1999—2002 年，在全国对外贸易超常增长的大环境下，青海省对外贸易也出现了反弹。2001 年，再次突破 2 亿美元大关，与 1996 年首次突破 2 亿美元大关不同的是，出口规模增长幅度大于进口增长，贸易顺差是 1996 年的 2.09 倍。

第三阶段为 2002—2004 年：随着全省开放的影响力扩大和进一步发展全方位开放型经济以及国家一系列鼓励出口政策的刺激，这期间青海省对外贸易呈现快速增长的趋势，总增长为 37 880 万美元，平均每年增长 18 940 万美元，年均增长率达到了 71.05%。

第四阶段为 2004—2009 年：受到国家对外贸易进出口政策调整的影响，这期间全省对外贸易总额呈现波动式增长。比如国家调整高载能产品进出口政策等对全省进出口总额产生了影响。

第五阶段为 2009—2014 年：青海省对外贸易进入了跨越式发展阶段，年均增长率达到 24%。2012 年，全省对外贸易首次突破 10 亿美元大关，2014 年，又突破 100 亿人民币，达到 105.6 亿人民币，对外贸易对全省经济增长的贡献不断提升。

从总量上看，青海省对外贸易取得了较大的发展，但是在顺差贸易的背后，却是大大低于东部发达地区的整体对外贸易竞争力水平和以资源、劳动密集型产品为主的贸易结构。与一些对外贸易强省相比，青海省对外贸易总体竞争力不强，市场份额较小，对经济的拉动作用有限。

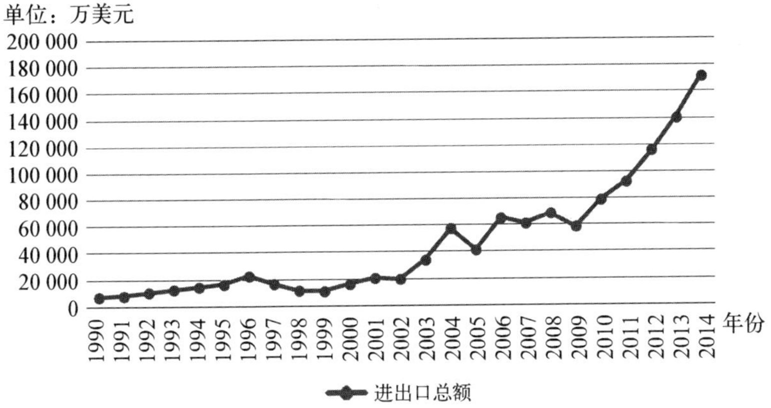

图 1－1－1　1990—2014 年青海省进出口贸易总额变动趋势

（一）贸易依存度

贸易依存度也称为贸易系数、贸易依存率，是指一定时期内一个国家或地区对外贸易总额与该国或地区内生产总值的比值，反映了一个国家或地区对外贸易的依赖程度，是衡量一个国家或地区对外开放程度高低的基本指标。贸易依存度的提高，一方面反映出一个国家或地区与国际市场联系程度较密切，融入世界经济的程度较高，另一方面也表明该国家或地区对国际市场的依赖程度较高，当世界经济不景气时也容易受到冲击。以下选取 1994—2014 年青海省与全国和贸易发达的五省市以及西北其他四省的有关数据，就其贸易依存度进行横向对比，从而分析青海省贸易依存度的水平，说明青海省对外贸易开放程度的高低。

1. 与全国平均水平的比较

随着改革开放力度的加大与对外贸易政策的调整，1993—2013 年间，全国平均贸易依存度呈现波浪式的变化轨迹，总体呈现上升趋势，同时波动幅度也较大；而同期的青海省贸易依存度的变化则相对平稳，总体呈现小幅度下降的趋势，而且与全国平均贸易依存度的差距也逐渐被拉大（图 1－1－2）。这说明青海省对外贸易与国民经济基本实现了同步增长，并没有明显超前于经济的发展，也不具备对经济增长的强烈的拉动作用。同时，青海省的贸易依存度与全国平均贸易依存度水平之间的距离逐步被拉大，反映出青海省贸易依存度偏低，对外贸易处于低水平，有待进一步提高。

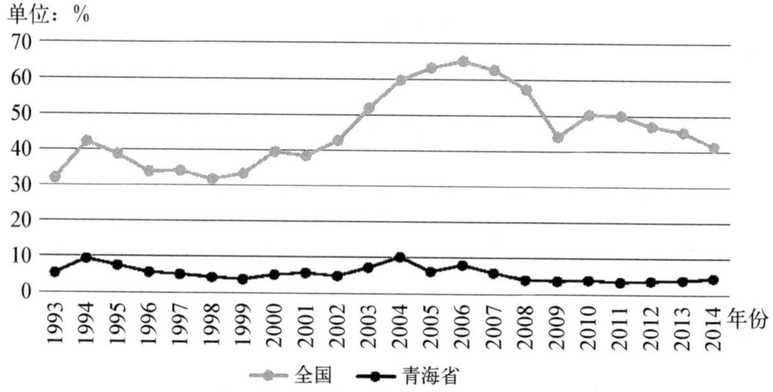

图 1－1－2　1993—2014 年青海省与全国贸易依存度的比较

2. 与贸易发达省份的比较

选取全国贸易发达的上海市、广东省、浙江省、江苏省、福建省五省市贸易依存度进行对比，青海省的贸易依存度的差距更加明显（图 1－1－3）。这五省市的对外贸易发展水平目前处于全国前列，对各自经济的贡献率也相当大，上海市、广东省贸易依存度近些年都超过 100％。较高的贸易依存度反映出这五省市经济开放程度较高，对内地、周边地区的经济辐射作用和影响力也较强。相对于这五个省市，青海省的对外贸易处于一个很低的水平，对经济增长的贡献率非常有限。

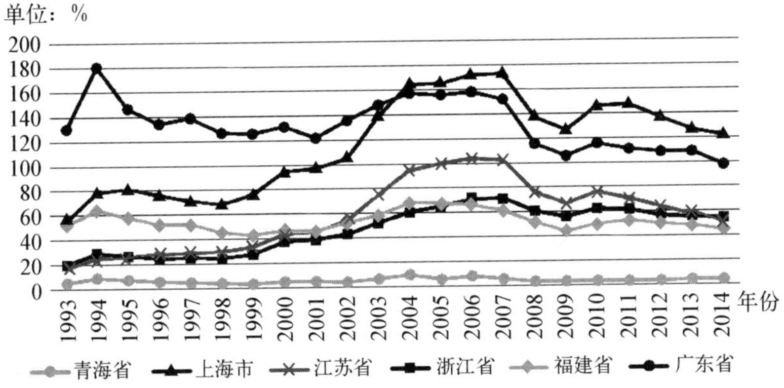

图 1-1-3 1993—2014 年青海省与贸易发达省份贸易依存度的比较

3. 与西北其他省份的比较

青海省地处中国西北地区，与西北的其他四省之间存在地域相似性和国家给予优惠政策的相同性。但是西北五省的社会经济基础和区位条件的不同，导致了西北五省的对外贸易发展水平存在着较大的差异(图 1-1-4)。西北五省中，新疆由于地处边界，对外贸易水平较高，但是相对于全国平均水平和贸易发达省份还有很大差距。贸易依存度最低的省份是青海省，与新疆的差距也较大。造成西北五省贸易依存度普遍偏低的主要原因是地理因素和政策因素。西北五省地处偏远民族地区，经济发展水平、基础设施和思想意识相对于其他地区来说都显得很落后，外商投资的数量很小并且质量也不高。西部大开发的优惠政策对于对外贸易方面的力度也不大。

总之，通过贸易依存度方面的分析，青海省对外贸易还处于很低的水平，与全国平均水平和对外贸易发达省份地区尚有不小差距，即使和西北其他省份相比也有一定差距，在全国属末尾。对外贸易对全省经济增长的贡献非常有限，经济发展还不具备外向型经济的特点。如此低水平的对外贸易状况与全省经济发展水平相

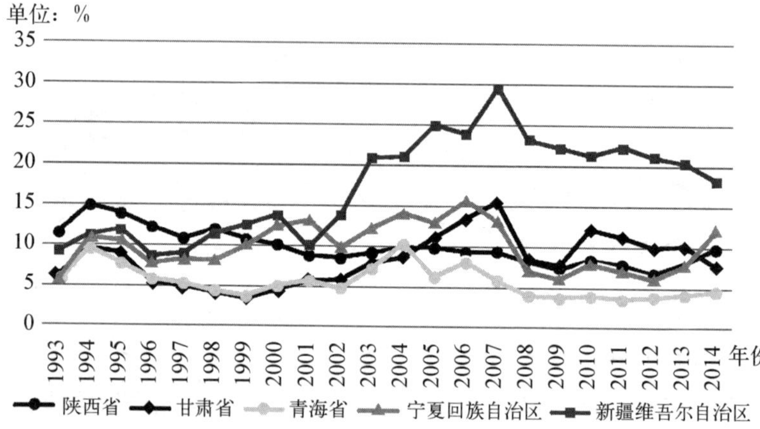

图 1-1-4 1993—2014 年西北五省贸易依存度的比较

对应，全省经济发展依然属于典型的西部地区的内向型经济模式。青海省的贸易依存度有待进一步提高，全省经济发展的国际化进程有待加快。

（二）进口和出口结构

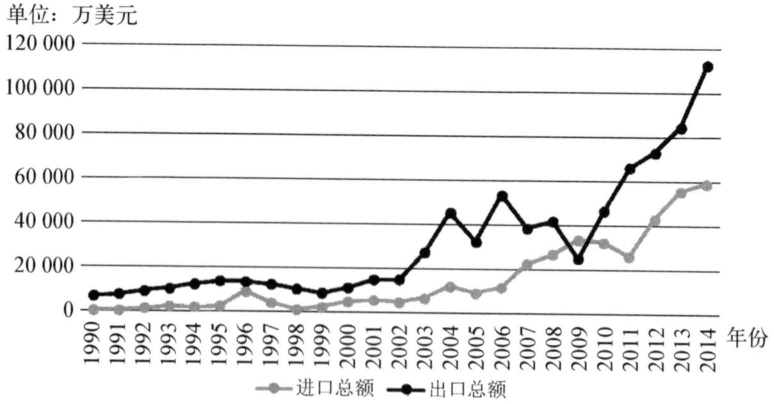

图 1-1-5 1990—2014 年青海省进口总额、出口总额变动趋势

由于国际市场需求回暖，国家稳定对外贸易增长政策措施作用显现，青海省一批重点项目的实施，省外来青海省从事进出口贸易的企业增多等因素的影响，青海省部分产品出口有了较大增长，实现了对外贸易的快速增长。据西宁海关统计，2014 年，青海省实现进出口总值 105.6 亿人民币，同比增长 21.5%，远高于同期全国 2.3%的增速。其中，进口 36.3 亿人民币，增长 5.4%，而同期全国下降 0.6%；出口 69.3 亿人民币，增长 32.1%，远高于同期全国 4.9%的增速；贸易顺差 33 亿人民币。

回顾青海省 1990—2014 年进口和出口的增长过程，可以分为四个阶段：第一阶段为 1990—2002 年，青海省进口总额和出口总额相差不大，保持着较小的贸易顺差；第二阶段为 2002—2008 年，出口虽然波动较大，但是增速大于进口，贸易顺差逐渐拉大；第三阶段为 2009 年，青海省进口总额首次超过出口总额，出现了贸易逆差，但是逆差规模不大；第四阶段为 2010—2014 年，进口和出口都呈现出较大的增速，并且出口增速明显快于进口，贸易顺差规模呈扩大趋势。对外贸易的稳定增长，特别是顺差的扩大为实现全省经济增长目标做出了贡献。

(三) 经营主体结构

近年来随着国家支持民营对外贸易企业发展的政策力度加大，尤其是对外贸易综合服务企业快速发展，为中小民营企业提供通关、融资、退税等服务，帮助广大民营企业深度开拓国际市场。进出口保持快速增长势头，对外贸易经营主体格局继续发生积极变化。随着私营企业自主参与国际贸易竞争能力的不断增强，国有企业对外贸易经营权的垄断优势逐渐被取代，青海省私营企业逐渐居于龙头地位，国有企业比重大幅下滑。

从海关统计数据看，青海省私营企业进出口总值由 2004 年的

4 522 万美元增至 2014 年的 14.9 亿美元，占青海省进出口总额比重也从 2004 年的 8%上升到 2014 年的 86.6%。而国有企业所占对外贸易比重逐渐下降，进出口总值由 2004 年的 5 亿美元下降为 2014 年的 1.7 亿美元，占青海省进出口总额比重也由 2004 年的 87%下滑到 2014 年的 9.9%。同时经过培育，生产型企业数量占全省进出口企业总数 70%以上。一批具有出口潜力的非公有制企业正成为青海省扩大出口的重要力量，对全省对外贸易的贡献率逐年提高。

但是，还存在着对外贸易企业总体规模小、经营主体差距大的问题。近些年，虽然青海省对外贸易主体数量增长较快，但是整体结构未能优化，存在着龙头企业缺少、外资企业出口规模偏小等问题。

(四) 商品结构

内外部环境变化使企业转型升级的动力进一步增强，青海省企业对外贸易转方式、调结构步伐加快。出口商品结构调整取得实效，基本实现由出口高耗能产品占绝对比重向出口具有青海省特色的资源优势产品转变。技术水平是衡量企业产品竞争力的决定性因素，从出口商品结构来看，近些年，青海省始终保持以硅铁、纺织纱线织物、铝及铝材品等为主的出口商品结构，青海省出口产品中初级产品所占比重较大，但出口商品结构不断优化，技术含量较高、增值率较高的产品逐渐成为出口的主要产品。比如地毯、山羊绒、体现青海省特色的生物制品、制剂、农产品以及新能源、新材料产品逐步走出国门，出口规模大幅增长。另外，青海省机电产品出口不断增长，每年同比均有较大增幅，尤其是 2014 年，出口总值达 2.7 亿美元，较 2013 年增长 83.1%，增速迅猛。经过多年培育，目前青海省已基本形成以资源加工型为主的骨干商品，以藏毯、民族服饰、“三绒”制品为主的优势产品和以新能源、新材料、高原特色生物产品为主的优势产品组成的出口框架。

从进口商品来看，青海省是以氧化铝、煤、铝矿砂等为主的进口商品结构模式。进口商品仍然是资源密集型商品，缺乏技术含量较高的商品。近些年随着青海省经济的快速发展、一大批项目的开工建设，预计机电和高新技术产品进口额也将大幅增加。进出口商品结构的变化也带动了青海省对外贸易和经济的发展，对改变青海省以资源出口为主的粗放型的对外贸易增长方式起到了一定的效果。

(五) 贸易方式

出口贸易方式以一般贸易为主。从 2007—2014 年出口贸易方式比重来看，一般贸易占绝大比重，但呈现出下降趋势。而加工贸易比重有所增加，但相对于一般贸易比重仍旧过小，与全国平均水平存在很大差距。另外，进口贸易的主要方式同样是以一般贸易为主，并且一般贸易比重更大，加工贸易所占比重微不足道。

一般贸易占绝对比重、加工贸易比重过小的贸易方式意味着青海省对外贸易发展方式过于单一，出口商品的层次也较单一，不利于对外贸易和全省经济的发展。

2007—2014 年青海省进出口贸易方式如表 1-1-2 和表 1-1-3 所示。

表 1-1-2　2007—2014 年青海省进口贸易方式(单位：%)

	2007 年	2008 年	2009 年	2010 年	2011 年	2012 年	2013 年	2014 年
一般贸易	99.9	97.8	98	97.7	97.8	98.1	99.3	99.5
加工贸易	0.1	0.6	0.8	0.6	1.6	1.3	0.6	0.2
其　　他	0	1.6	1.2	1.7	0.6	0.6	0.1	0.3

表 1-1-3 2007—2014 年青海省出口贸易方式(单位:%)

	2007 年	2008 年	2009 年	2010 年	2011 年	2012 年	2013 年	2014 年
一般贸易	99.9	98.6	98.1	98.7	98.8	94.2	67.4	82.7
加工贸易	0.1	1.4	1.1	0.7	0.8	3.1	3.7	3.2
其　他	0	0	0.8	0.6	0.4	2.7	28.9	14.1

(六) 进出口贸易的市场结构

随着世界各主要经济体经济复苏势头趋稳、市场需求回暖以及政府不断加大力度支持企业开拓新兴市场,青海省对新兴经济体出口总体增长较快。2010—2014 年,青海省进出口贸易涉及 180 余个国家和地区。进出口贸易市场主要为亚、欧地区,对新兴市场呈增长态势。对传统市场欧盟进出口平稳,2010—2014 年间,每年进出口值保持在 1.3 亿—2.3 亿美元间;对新兴市场尤其是对东盟国家进出口呈激增态势,每年接近翻番水平。

从出口市场构成来看,日本、美国、澳大利亚、韩国、巴基斯坦、德国和中国香港特别行政区是青海省主要的出口国家和地区。从进口市场来看,日本、澳大利亚、德国是青海省主要的进口市场国家。随着"一带一路"倡议的推进,可以预计未来青海省进出口贸易的市场结构更广阔,与新丝路沿线各国的联系和贸易往来也会越来越频繁。

青海省贸易结构的特点是由多方面的原因造成的:

(1) 青海省丰富的自然资源为对外贸易发展提供了支持。青海省地大物博,土地总面积 72.12 万平方千米,可利用草原 3 333.33 万公顷,约占全国可利用草场的 15%。水资源及水力资源丰富,全省有长江、黄河、澜沧江、内陆河四大水系。已探明储量的矿产有 60 多种,池盐、石棉、钾盐、镁盐、水晶、硼砂、铅锌等储量大、品位高，石油、铝、铜、铬、钴、镍、铁、芒硝、石膏、自然硫、金等都有一定储量。此外，天然气、煤炭、太阳能、风能资源相当丰富。已发现药用植物500多种，纤维植物500多种，野生油料作物70多种，淀粉植物50多种，化工原料植物50多种，香料蜜源植物40余种。丰富的自然资源为青海省的经济发展提供了有力的支撑。同时，我们也看到，青海省出口商品长期以资源型商品为主，资本和技术密集型商品出口数量有限。

(2) 对外开放程度较低，产业基础薄弱导致对外贸易规模有限。目前，青海省绝大多数地方都是以农牧业和畜牧业为主，近些年工业发展虽然较快，但是仍旧属于粗放式的发展方式，产品科技含量低，资源和能源耗费大，导致出口商品主要是以资源型商品为主。另外，特色商品由于专业化程度有限，产量较低，对出口贸易的贡献也有限。青海省旅游业的快速发展在一定程度上带动了全省服务贸易的发展，但是从游客来源地看，更多的是国内游客特别是周边省份游客，国外旅游人数较少。另外，金融、证券等前些年发展缓慢，最近几年才得以迅速发展。

(3) 地缘劣势及基础设施落后制约了青海省对外贸易的发展。改革开放以来，我国沿海地区对外开放不断向纵深发展，对推动我国经济持续快速发展发挥了重要作用。但是，西部地区地处内陆，区位优势相对不足，对外开放起步晚、水平低，开放型经济发展相对缓慢。青海省地处内陆腹地，既不沿边也不靠海，并且集中了我国民族地区、内陆地区、高原地区和欠发达地区的所有特点，与其他省区相比，开发开放步伐更加滞后。西部大开发以来，青海省基础设施、生态环境、人民生活、城乡面貌发生了历史性变化，但由于受自然、地理、交通等方面的制约，资金、技术、人才相对匮乏，经济发展相对滞后，经济规模和人口规模小，对外开放层次较低，使青海省丰富的矿产、能源、旅游、生物等资源优势难以转化为经济优势。

综上所述，青海省对外贸易结构的主要特点可以概括成：对外贸易依存度偏低；出口商品以资源密集型商品为主；私营企业逐渐居于进出口主体地位，国有企业比重大幅下滑；贸易发展方式单一，一般贸易占据绝对地位，加工贸易和服务贸易发展严重滞后；市场结构呈现多元化发展趋势；对外贸易增长方式仍然是单一粗放型的方式。

二、青海省对外贸易发展存在的问题

(一) 规模与效益不对称

尽管青海省的对外贸易规模在近几年出现了持续性的高速增长，但从另外的角度来看，青海省对外贸易的效益和质量并没有同步增长。许多传统的出口商品从贸易规模看是很大的，但从效益来看却并不是很高，与较高的贸易规模不相适应。从进口商品来看，在某些进口商品方面对进口商品的议价能力较弱，在进口价格的制定上还缺乏话语权。而且，青海省的进出口商品结构不尽合理。从进出口商品结构来看，青海省主要是以资源密集型商品和初级产品为主，技术含量低，附加值不高。由于科技水平低下，青海省对外贸易出口商品种类较为单一，主要为资源密集型和初级产品，大多属于“两高一资”范围，而彰显国际竞争力的机电产品和高新技术产品出口尚未形成气候，出口份额和年增长率都远远低于全国水平。这反映了青海省的资本和技术密集型产业发展落后，缺乏国际竞争力，即使是出口比重在上升的机电产品，也大多属于加工程度低、技术含量不高的一般性工业制成品，很容易受到国际环境的影响，难以创造稳定的出口发展环境。同时，这些“两高一资”产品一方面在国际市场上缺乏竞争力，也容易受国际市场价格低迷的影响，另一方面，极易受到国家宏观调控政策的影响。

2008 年后，国家出台了一系列限制“两高一资”产品的政策措施，对青海省对外贸易产生了较大影响。

(二) 市场机制不健全，外贸企业规模小

近年来青海省的对外开放程度虽然有了明显的提高，但是与全国平均水平相比仍有不小差距，即便和西部地区相比差距也较明显。同时，在经济发展过程中，市场在资源配置中的作用有待提高，市场体系不完善，主体单一。据统计，2013 年，青海省有进出口经营资格的企业 1 151 家，同比增加 99 家。有进出口业绩的企业 142 家，同比增加 4 家。其中，有出口业绩的企业 102 家，出口上千万美元的企业 27 家，同比增加 4 家，共计实现出口 74 532 万美元，占青海省出口总值的 88%。出口 500 万—1 000 万美元的企业 7 家，同比增加 4 家，共计实现出口 5 218 万美元，占青海省出口总值的 6.2%；出口 500 万美元以下的企业 68 家，同比减少 3 家，共计实现出口 4 977 万美元，占青海省出口总值的 5.9%。有进口业绩的企业 57 家，进口过千万美元的企业 12 家，共计实现进口 5.24 亿美元，占青海省进口总值的 94.4%。部分企业虽拥有进出口经营权，但由于产品技术含量不高，不适宜国际市场等原因，并没有开展进出口业务。青海省的外商投资企业数量少、规模小，对青海省对外贸易的促进作用有限。2006—2013 年间，青海省外资企业的出口额为 14 188 万美元，只占全省出口额的 3.3%，进口额为 77 743 万美元，占全省进口额的 30.86%。

(三) 自主发展能力不强

近年来青海省对外贸易大幅度增长的一个主要原因是：受省外来青海省从事进出口的异地法人贸易型企业增多因素的影响，拉动了青海省对外贸易的快速增长。异地贸易型企业在青海省注

册、组织货源，报关出口、结算结汇都在青海省口岸完成。由于异地贸易型企业注册地是青海省，其进出口数据必然统计到了青海省，因此造成了青海省进出口数据的“被增长”。

对外贸易的自主发展能力主要反映在出口竞争力上，其强弱主要取决于以下三个方面：出口企业的自主创新能力；出口商品是否拥有自主品牌；是否拥有自主的出口营销网络。在自主创新能力方面，总体而言，青海省的出口企业普遍缺乏自主创新能力，这一点从高新技术产品在制成品出口中所占的比重就可以看出。在自主品牌方面，青海省很多的出口产品缺乏自主品牌，自主品牌和自主知识产权的产品在出口中所占比重很低。出口商品大多是初级产品，附加值很低。这种大量出口低附加值商品的粗放型扩张模式，不利于增加国际交换收益，不利于对外贸易和经济的可持续增长，不利于提升国际竞争力。在出口营销网络方面，严重缺乏自主的营销网络和销售终端，所以与最终客户的直接联系往往被一些国外及国内的贸易中间商所割断，导致大多数的贸易利益被中间商赚取。一般而言，在对外贸易流通的利润价值链上，零售环节的利润最高，往往要占去60%以上，而利润最低的是生产环节，不足10%。因此，企业要进一步提高出口贸易的利润水平，就必须拥有自主而健全的营销网络。自主营销渠道不仅可以直接推动自主品牌的出口，而且对于扩大品牌的影响力、拉近品牌与消费者的距离都具有无形的价值，有利于增强自主品牌出口的主动权。

（四）加工贸易发展严重滞后

从20世纪80年代后期开始，加工贸易在我国对外贸易总额中就占有三分之一的比重，2014年加工贸易进出口占对外贸易总额比重达到32.8%。加工贸易成为我国对外贸易发展的重要推动力。然而，青海省加工贸易一直比较落后迟缓，无论是来料加工和进料加工总额还是在出口总额中所占比例都非常低。2014 年，加工贸易占出口贸易比重只有 3.2%，占进口贸易比重为 0.2%。加工贸易的严重滞后制约了青海省外向型经济的发展。目前青海省加工贸易主要集中在民族服装、化成箔、山羊绒、藏药材产品，加工贸易新增产品数量少，加工贸易企业规模也较小，加工贸易业务主要集中在西宁地区，州县加工贸易业务非常有限。

(五) 服务贸易尚处于起步阶段

青海省服务贸易起步较晚，发展极度滞后，服务贸易所占比重微不足道。制约青海省服务贸易发展的因素主要有：部分行业及行政主管部门，对服务贸易重要性认识不足，服务贸易在其发展过程中存在一些体制性障碍；部分企业缺乏服务贸易意识，不注重发掘货物贸易中蕴含的服务贸易的机会。从总体上看，青海省服务业尚停留在相对低端的层次，专业化分工水平较低。同时服务业从业人员总体素质相对偏低，精通国际贸易、外语、软件、财务、法律的高端人才整体匮乏；服务贸易方面与国际接轨起步较晚，缺乏畅通的服务贸易出口渠道，尚未形成完备的服务贸易网络。服务贸易基础设施建设，特别是服务贸易出口信息平台建设亟待完善。这些因素极大地制约了青海省服务贸易的发展。

(六) 顶层设计缺失，外贸战略取向偏差

从近 30 年青海省对外贸易发展历程来看，青海省对外贸易发展的政策和体制仍没有得到理顺。对外贸易发展的鼓励政策更多的是依靠国家出台的各种政策，青海省没有制定出很好的、符合本省对外贸易发展实际的政策措施。同时，由于历史、地域等各种因素导致对外贸的重视程度不够，一些政策没有得到很好的稳定落实，跟不上对外贸易发展的需要。另外，缺乏对外贸易的顶层设计，对外贸的发展没有合理的战略规划，在制定五年规划的时候并没有单独制定出相应的对外贸易发展规划，对外贸易的发展战略没有具体的设计。

第二节 科技协同创新下青海省对外贸易发展的动力机制设计

党的十八大报告深刻指出，科技创新是提高社会生产力和综合国力的战略支撑，必须摆在国家发展全局的核心位置；要坚持走中国特色自主创新道路，以全球视野谋划和推动创新，提高原始创新、集成创新和引进消化吸收再创新能力，更加注重协同创新。

一、科技协同创新的动力学机制设计

协同创新的内涵和实质是不同创新主体之间通过建立协同创新体制机制、构建协同创新平台，从而打破行业、地域、部门的界限，有效提高科技资源整合能力和科技活动组织能力；通过不同创新主体间的充分合作以及创新要素的有效聚合，构建起完整的创新体系和创新网络，充分释放彼此间“人才、资本、信息、技术”等创新要素的活力，实现深度合作，实现协同创新，有效提高创新能力、创新效率、创新效果，实现重大突破。构建协同创新平台，建立协同创新体制，形成多种类型和模式的协同创新体，通过知识创造主体和技术创新主体间的深入合作和资源整合，产生系统叠加的非线性效用协同创新，提高自主创新能力和竞争力。

构建青海省对外贸易发展的协同创新动力机制（图 1－2－1），要高度重视产学研结合，促进政府、企业、高校及科研院所的协同

创新，坚持以市场为主导、企业为主体，努力发挥政府作用，加强统筹协调，全力推进协同创新，以政府自身革命带动对外贸易改革，以科技和知识创新形成发展的新动力，把着力提高科技成果本地转化率和产业化速度作为努力增强自主创新的突破口，探索出有青海特色的对外贸易创新驱动发展之路。

以政府为中心的协同创新驱动源要发挥政府的服务协调能力，提高协同创新的政策支持力度。政府要深化科技体制改革，破除一切制约科技创新的思想障碍和制度藩篱，处理好政府和市场的关系，推动科技和经济社会发展深度融合，打通从科技强到产业强、经济强、国家强的通道，以改革释放创新活力，加快建立健全创新体系，让一切创新源泉充分涌流。政府服务协调能力的提高和协同创新政策支持力度的加大，一方面可以创造出更多的市场需求，增加企业的知识产品交易能力、科技创新能力及知识转化能力，另一方面也可以提高高校和科研院所的协同创新合作水平并提高高校和科研院所的创新能力。否则将会带来新的风险，减少协同创新增量，不利于提高科技发展水平。

以企业为中心的协同创新驱动源要求对外贸易企业在政府服务协调能力和协同创新的政策支持下，根据市场需求，提高对外贸易产品的研发能力、科技创新能力及知识转化能力，减小协同创新的风险，避免被市场淘汰。要联合高校、科研院所建立产业技术创新联盟，共同推进创新链、产业链对接和整合。完善企业和高校、科研院所合作开展技术研发的管理、评估和利益分配机制。

以高校及科研院所为中心的协同创新驱动源要在政府服务协调能力和协同创新的政策支持下，增加知识存量，加强与对外贸易企业的协同创新合作水平，提高对外贸易产品的科技研发水平，增强对外贸易企业出口产品的技术含量，通过对进口的高新技术商品进行模仿学习，最终创新出新的高技术含量的商品。要加强高

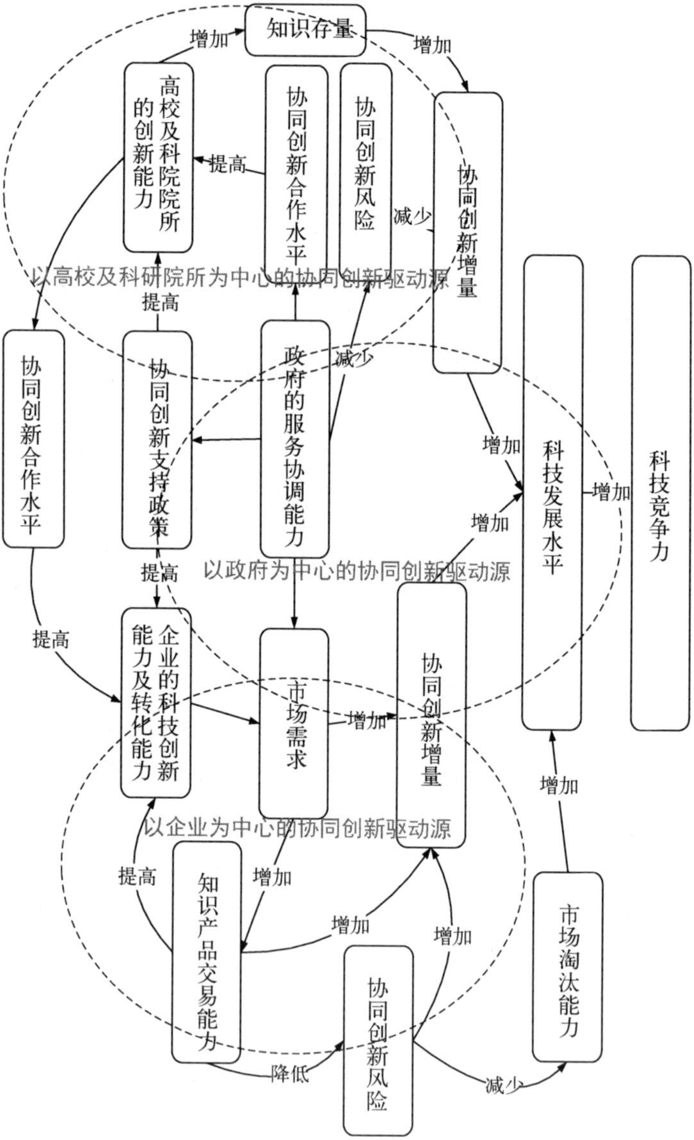

图 1-2-1　青海省对外贸易发展的协同创新动力机制

层次科技人才创新载体建设，加强重点实验室、工程技术研究中心等创新载体建设，吸引国内外各类高层次科技人才创新服务资源在载体内的集聚，把创新载体建设成为高层次人才的培育基地。要在科技计划项目中加强高层次人才的培养。

在以政府为中心的协同创新驱动源、高校及科研院所为中心的协同创新驱动源和以企业为中心的协同创新驱动源的“三核”驱动下，青海省对外贸易的科技支撑能力将会得到提高，青海省对外贸易也会实现新的跨越，带动全省经济和社会发展。

二、科技协同创新下青海省对外贸易发展的指标体系设计

根据指标体系设计的一般原则并结合青海省对外贸易发展的实际，对外贸易发展的指标体系遵循以下原则：① 科学性原则。对外贸易发展的指标体系设计要有经济学理论依据，要符合国际贸易理论。② 全面性原则。对外贸易发展指标体系的设计要将青海省对外贸易作为一个整体，考察与其相关的各种因素。③ 可比性原则。对外贸易发展指标体系的设计必须符合国际上和我们国家通用的国际核算方法，有关指标的含义和统计口径要一致，能和各国以及我国其他省份进行对比。④ 可操作性原则。设计的指标能够获得相关统计数据，能够进行测算。基于以上四个原则，构建青海省对外贸易发展的指标体系如表 1－2－1 所示。

表 1－2－1　青海省对外贸易发展的指标体系

目标变量	一级指标	二级指标
贸易总量	进出口总额占全省GDP的比重	出口总额占全省 GDP 的比重
		进口总额占全省 GDP 的比重
		出口商品集中度
		进口商品集中度

续 表

目标变量	一 级 指 标	二 级 指 标
贸易总量	进出口总额占全国进出口总额的比重	出口总额占全国出口总额的比重
		进口总额占全国进口总额的比重
贸易结构	制成品与初级产品进出口总额占全省进出口总额的比重	贸易方式
		制成品出口总额占全省出口总额的比重
		制成品进口总额占全省进口总额的比重
		初级产品出口总额占全省出口总额的比重
		初级产品进口总额占全省进口总额的比重
	高新产品进出口总额占全省进出口总额的比重	高科技产品出口总额占全省出口总额的比重
		高科技产品进口总额占全省进口总额的比重
		进出口高新技术产品的外贸企业数
贸易效应	贸易条件	高科技产品竞争力
		初级产品竞争力
		制成品竞争力
		出口贸易依存度
		进口贸易依存度
	进出口技术溢出(发明专利受理量)	出口商品专利数
		进出口商品研发经费投入
		出口商品的科技含量
		进口商品的科技含量
		政府进出口政策(制度变量)

(1) 贸易总量。贸易总量是指用货币表示的一个国家或地区在一定时间内的进出口数量的指标，是衡量一个国家或地区对外

贸易状况的重要的经济指标，包括出口总额占全省 GDP 比重、进口总额占全省 GDP 比重、出口商品集中度、进口商品集中度、进出口总额占全国进出口总额的比重、出口总额占全国出口总额的比重、全省进口总额占全国进口总额的比重等。

(2) 贸易结构。贸易结构是指一个国家或地区对外贸易总量中各种贸易主体的比例关系，是对外贸易运行的质的反映，同时也是对外贸易发展方式转变的重要内容，包括制成品与初级产品占进出口的比重、高新产品进出口总额占全省进出口总额的比重、贸易方式、进出口高新技术产品的外贸企业数等。

(3) 贸易效应。贸易效应是衡量对外贸易给贸易双方带来各类效应的指标，包括贸易条件、进出口技术溢出(发明专利受理量)、出口外贸依存度、进口外贸依存度、产品竞争力、出口商品专利数、进出口商品研发经费投入、出口商品的科技含量、进口商品的科技含量、政府进出口政策(制度变量)等。

第三节 青海省对外贸易发展的动力因素分析

丝绸之路经济带建设的推进以及国家支持藏区经济发展等一系列利好政策的实施，为青海省在新的历史条件下全方位、宽领域、深层次推进“向西开放”提供了广阔的战略平台。青海省抓住建设丝绸之路经济带这一重大历史机遇，在不断深化“向东开放”的基础上，大力推进“向西开放”，全面提升青海省内陆开放型经济发展水平。由于青海省是贯穿南北丝绸之路的桥梁和纽带，是中国联通南亚国家的重要走廊和通道。丝绸之路经济带建设的实施，使青海省处于我国内陆地区与中亚、南亚国家的通衢地位日益显现，在“向西开放”中具有独特的区位优势，为青海省发挥自身特色产业优势,加强与中亚、南亚国家的经贸交流,深化与周边省区的经济合作,加快承接国内外产业转移,推动对外开放搭建了新的战略平台。随着丝绸之路经济带建设的深入实施,必将进一步拓展青海省对外开放的深度和广度,形成“东出、西进、南下”的全方位对外开放格局。

但是,由于青海省地处内陆腹地,既不沿边也不靠海,并且集中了我国民族地区、内陆地区、高原地区和欠发达地区的所有特点,与其他省区相比,对外贸易发展仍滞后于全国平均水平,更加滞后于东部发达地区水平,也滞后于本省经济社会发展的需要。实际上,在以往的发展过程中,由于各种条件的制约,青海省实行了资源开发导向型战略,以资源输出为其主要特征,而且这种发展以区际贸易和国际贸易的开展为形式。实践表明,落后地区单纯依靠资源比较优势确立的发展模式在相当时间内难以达到扩大贸易、赶超发达地区的目标。目前青海省对外贸易发展并没有多大优势可言,这可以从进出口规模、出口商品结构等指标反映出来。青海省的对外贸易发展滞后已成为制约其经济进一步发展的主要原因之一,但同时也表明青海省对外贸易具有较大的发展空间。本节从微观方面和宏观方面来分析影响青海省对外贸易发展的主要因素。

一、青海省对外贸易结构形成的因素分析

(一) 区位和口岸因素

一般来说,区位条件较好的地区对外开放程度较高、贸易条件较好、对外贸易发展机遇多,而区位条件处于劣势的区域,对外贸易发展会面临较多不利条件。对于青海省来说,不处于边境地区,交通相对也不便利,全省口岸建设一直严重滞后,西宁国际航空口岸在 2014 年底才运营,对外贸易基础条件的薄弱是导致青海省对外贸易发展滞后的一个主要因素。从理论上来分析,贸易双方的地

理距离对于贸易双方的贸易额都会产生负效应，这是因为距离代表了运输成本的高低，是阻碍贸易的重要因素。国际贸易的运输方式大体上可分为海洋运输、铁路运输、航空运输、邮包运输、国际多式联运等。这几种运输方式中，海洋运输成本最低、运量大，是最理想的一种运输方式。铁路运输成本适中，运量较大，速度较海洋运输快。航空运输速度快，但成本最高且运量受限制。对于青海省而言，由于受没有有利的海洋运输条件、公路和铁路等交通设施相对不完善、航空运输也不发达等自身条件的限制以及经济发展水平滞后、基础设施不完善等因素影响，远离国际和国内主流市场，对外贸易发展过程中产品的进出口都必须穿过中东部地区的港口，这无形中增加了贸易成本，导致贸易量很难有较大突破，制约了对外贸易的进一步发展。贸易和采购、物流和运输体系不发达，是影响青海省对外贸易竞争力的最重要制约因素。另外，环境因素也造成青海省相对封闭的心理和文化，在对外交流和开拓上的改变需要时间。

（二）经济发展水平因素

世界各国和地区经济发展的历史经验告诉我们，各国和地区之间贸易的往来是建立在经济不断发展的前提条件下的。对于一个国家或地区来说，只有经济发展到一定水平，才会有对外贸易的快速发展。一个国家或地区的经济发展水平越高，一定程度上反映出这个国家或地区的生产能力越强，产品的供给能力也越强。同时，经济发展水平高，也会促进当地的科技水平的快速发展，容易改造升级出口产品，提高出口产品的科技含量，推动出口贸易的快速发展。对于出口企业而言，获取资源的能力加强了，增强了出口供给能力。从人均 GDP 角度看，人均 GDP 越高的国家或地区，其产品的需求层次也会越高，相应进口的产品则会更多地倾向于制造业，而不是资源类产品。因此，经济发展水平也是影响青海省对外贸易发展的重要因素。虽然近些年青海省经济得到了快速发展,GDP 增长率也高于全国平均水平,但是从总量上看,青海省GDP 规模依旧偏小。以 2014 年全国 GDP 排名来看,青海省 GDP 达到 2 301.12 亿元,位列第 30 位,仅高于西藏。全省人均 GDP 为 40 004.17 元,低于全国平均水平。近些年随着青海省经济的快速发展,全省的生产也迅速扩张,对原材料、机械设备的需求旺盛,进一步刺激了进口贸易的快速发展,但是相对于贸易发达地区还是偏弱。同时,工业经济的发展也刺激了大量具有比较优势的资源密集型商品的出口等。目前,青海省较低的 GDP 规模和人均 GDP 水平,一方面对对外贸易的总量贡献率相对较低,另一方面,对进出口产品的需求层次也较低。

(三) 比较优势产业因素

青海省定位的十大特色优势产业是煤化工、新能源、新材料、盐湖化工、有色金属及加工、油气化工、装备制造、特钢、特色纺织、生物等。从贸易角度看,当一个国家或地区的某个产业提供的产品或服务在满足本地区的消费需求后还有剩余的,则可用于出口。从目前青海省进出口商品结构看,出口商品以硅铁、纺织纱线织物、铝及铝材品等为主,进口商品以氧化铝、煤、铝矿砂等为主。主要进出口商品基本上在青海省优势产业范围内,但是这些产品都是属于资源密集型的初级产品,制成品较少。而出口制成品带来的技术外溢等导致技术进步的效应要远远强于初级产品的出口。所以青海省对外贸易的比较优势产业集中在资源密集型和初级产品产业,这不利于形成青海省的出口竞争优势。同时,国际经济的不景气,再加上这一类商品的价格弹性较低,国际竞争激烈,导致资源密集型产品和初级产品的价格持续低迷。如果持续单纯依靠这种资源密集型产品和初级产品的出口来扩大出口贸易,容易陷入比较优势陷阱。

（四）外商直接投资因素

近些年，在西部大开发政策、国家支持藏区经济发展以及青海省对外开放等政策的逐步推进下，青海省外商直接投资规模有了较大的发展。在西部大开发的前十年（1999—2009），青海省外商直接投资项目累计达 328 个，实际利用外资累计达 19.25 亿美元，大大高于 1991—1999 年累计利用外资 1.42 亿美元。到了 2014 年，全省合同使用外商直接投资金额 1.06 亿美元，实际使用外商直接投资金额 0.50 亿美元。虽然近些年利用外资增长幅度较大，但规模相对其他省份仍然很小。同时，外商直接投资的项目主要是矿业产品的勘探、开发、研究、加工、销售，水电开发、建设、经营；新材料的研发、生产、销售；中藏药原材料收购、加工、销售；生物资源开发、混合燃料开发及生产等行业。外商直接投资更多的是初加工、高能耗、低附加值的行业，高新尖技术行业过少。这也进一步影响了青海省贸易结构的转变，制约了青海省进出口商品竞争力和结构的优化升级。

（五）技术和人才因素

按照技术差距理论与产品生命周期理论，技术作为一种独立的生产要素，会对国际贸易格局产生重要的影响。技术越先进的产品，其替代性越低，在国际贸易中的市场竞争力就越强。一个国家或地区拥有先进的技术，则在国际贸易中的要价能力也会越强，容易形成卖方市场，既可以提高出口数量，也可以增加出口收益，所以技术创新和出口贸易之间是正相关性，即一个国家或地区的技术创新能力越强，出口贸易的规模也会越大。绝对优势论与比较优势论都认为劳动生产率的差异是引起国际贸易发生的原因。

余官胜用 VAR 模型分析了我国贸易与人力资本的关系，认为人力资本积累可以通过知识外溢的形式来提高非熟练劳动力的生产率，对贸易起到促进作用。对于青海省来说，目前全省对外贸易企业数量少、规模小，并且缺乏大型对外贸易企业，技术研发能力薄弱，同时，相对于内地，青海省生活环境艰苦，难以吸引对外贸易相关人才。所以，技术落后和人才欠缺也是制约青海省对外贸易发展的一个主要因素。

（六）外部风险因素

首先，在传统的对外贸易发展模式下，贸易市场过于集中。青海省的贸易市场过于集中于日本、韩国、美国、欧盟、东盟、巴基斯坦及中国香港等国家和地区，而对亚洲、非洲、拉丁美洲、中东欧等国家和地区的出口规模和出口比例还比较小。进出口市场过于集中，不利于扩大进出口数量和进出口商品的多样化，也容易受到一些国家或地区的限制和报复。虽然近些年对一些新兴市场重视起来，但是这些国家或地区所占的市场仍然和传统市场所占的比重有差距。其次，目前青海省一些进出口产业对国际市场的依赖性过强，如硅铁、纺织纱线织物、铝及铝材品等初级产品，一旦国际市场出现问题，这些产业的发展就会遇到很大困难。

（七）人民币汇率因素

从理论上说，没有一种货币的汇率会既有利于出口，也有利于进口。有利于出口的汇率，不利于进口；反之亦然。同样，货币汇率的升值于进口有利，于出口不利；反之亦然。因此，我们在考虑人民币汇率升值对外贸的影响时应该把两者结合起来。其次，人民币汇率水平的变化对不同行业、不同企业是不同的。综合起来说，人民币汇率水平的变动对行业和企业的影响，取决于这些行业和企业的特点：它们的国际竞争力主要是依靠价格优势还是依靠技术和创新优势；它们的产品的附加值是高还是低；它们是以出口为主还是以进口为主，或兼有出口和进口；它们是主要依赖国际市场还是主要依赖国内市场，或者两者兼有；它们对自己持有的外汇的避险的操作策略。再次，人民币汇率水平的变化对不同的出口产品的影响也是不同的。总体来看，青海省的出口产品与全国其他省份相比，技术含量不高、产品利润空间小，缺乏价格竞争力。人民币汇率升值对青海省出口的不利影响将会高于全国水平，部分微利产品或缺乏价格竞争力的初级产品的出口将受到影响。

二、青海省对外贸易影响因素的实证分析

（一）变量的选取

（1）因变量。在对青海省对外贸易的影响因素的实证过程中，选择进出口额 XM 作为因变量，从总体上考虑影响青海省对外贸易的因素。

（2）自变量。自变量的选择主要基于影响因素的重要性以及数据的可获得性原则，选取以下几个变量：① 选取交通运输业共完成货物周转量（X_1）来衡量区位因素。② 经济发展水平采用人均 GDP（X_2）来衡量。③ 用主要进出口产品出口占 GDP 的比重（X_3）来衡量比较优势产业因素。④ 外商直接投资（X_4）。⑤ 固定资产投资额（X_5）。⑥ 前 4 位国家和地区进出口贸易额（X_6）。⑦ 人民币汇率（X_7）。

以上变量选取 2004—2014 年的数据进行实证分析。

（二）模型的建立和回归分析

将出口作为因变量，其他 7 个变量作为自变量，同时，为了消除变量的不平稳性，对变量取对数，建立以下模型：

$$\ln XM = a_0 + a_1 \ln X_1 + a_2 \ln X_2 + a_3 \ln X_3 + a_4 \ln X_4 + a_5 \ln X_5 + a_6 \ln X_6 + a_7 \ln X_7$$

将上述时间序列进行 OLS 回归，得到结果如表 1-3-1 所示。

表 1-3-1 的结果可以得到如下回归方程：

$$\ln XM = \underset{(5.499)}{29.042} - \underset{(-3.077)}{0.322}\ln X_1 + \underset{(3.079)}{0.919}\ln X_2 + \underset{(8.897)}{0.891}\ln X_3 - \underset{(-0.512)}{0.021}\ln X_4 - \underset{(-0.304)}{0.048}\ln X_5 + \underset{(0.779)}{0.046}\ln X_6 - \underset{(-4.552)}{2.955}\ln X_7$$

回归方程中括号内为回归系数的标准差，R-squared=0.998 9，说明模型的拟合优度较好。

表 1-3-1　进出口额与影响因素回归分析结果

Variable	Coefficient	Std. Error	t-Statistic	Prob.
C	29.041 50	5.280 993	5.499 251	0.011 8
$\ln X_1$	−0.322 997	0.104 959	−3.077 380	0.054 2
$\ln X_2$	0.918 548	0.298 272	3.079 569	0.054 2
$\ln X_3$	0.891 164	0.100 167	8.896 748	0.003 0
$\ln X_4$	−0.019 925	0.038 877	−0.512 518	0.643 6
$\ln X_5$	−0.048 496	0.159 515	−0.304 021	0.781 0
$\ln X_6$	0.046 391	0.059 538	0.779 184	0.492 7
$\ln X_7$	−2.954 824	0.649 071	−4.552 389	0.019 9

R-squared	0.998 965	Mean dependent var	11.281 08
Adjusted R-squared	0.996 548	S. D. dependent var	0.428 499
S. E. of regression	0.025 174	Akaike info criterion	−4.370 717
Sum squared resid	0.001 901	Schwarz criterion	−4.081 339
Log likelihood	32.038 95	Hannan-Quinn criter.	−4.553 130
F-statistic	413.460 0	Durbin-Watson stat	3.181 230
Prob (F-statistic)	0.000 181		

（三）实证结果分析

（1）人均 GDP($\ln X_2$)对青海省进出口总额的促进作用明显。这说明经济的发展是进出口增加的基础，经济增长意味着一个国家或地区出口能力提高，经济发展与出口呈正相关关系。近些年青海省 GDP 和人均 GDP 增速明显，为对外贸易的发展提供了有力的支持。

（2）衡量比较优势产业因素的主要进出口产品出口占 GDP 的比重($\ln X_3$)对青海省的进出口起促进作用。目前，青海省的出口商品中份额较大的主要是硅铁、纺织纱线织物、铝及铝材品等，进口商品以氧化铝、煤、铝矿砂等为主。近些年体现青海省特色优势产业的产品以及部分技术含量较高的产品出口也逐渐形成规模，这些商品基本上和青海省的优势产业相符合。青海省十大优势产业比重占全省 GDP 的比重也在逐步提高，为全省对外贸易商品的出口奠定了产业基础。

（3）反映出口市场的前 4 位国家和地区进出口贸易额($\ln X_6$)对青海省的进出口都起到了促进作用。通过分析近些年青海省进出口市场结构，可以看到青海省主要贸易伙伴主要集中在亚洲和欧盟部分国家，对这些传统市场的进出口基本保持稳定，为对外贸易的发展起到重要作用。

（4）外商直接投资($\ln X_4$)与青海省进出口总额呈现负相关关系，外商直接投资对青海省对外贸易的发展形成了“挤出效应”。这主要是由于青海省外商直接投资规模较小，利用水平较低，而且主要投向资源密集型行业，技术溢出效应不明显，对青海省贸易结构的改善和进出口商品的技术含量没有显现积极的效应。

（5）体现区位及交通等设施的交通运输业共完成货物周转量($\ln X_2$)指标对青海省进出口总额的促进作用为负。货物周转量是指一定时期内，运输部门实际运送的货物吨数和它的运输距离的乘积。对于青海省来说，地缘优势不明显，交通设施相对不完善，对外贸易过程中会加大运输成本，阻碍进出口的发展。

(6) 固定资产投资指标($\ln X_7$)与进出口总额呈负相关关系。社会固定资产投资增加意味着一个国家或地区基础设施建设的加强和国内投资需求的扩大，基础设施的不断完善、交通的便利能够促进企业降低成本、扩大生产规模、提升出口产品质量和国际竞争力，从而提高企业的出口能力。从青海省实际来看，目前青海省地处高原内陆腹地，基础设施不完善，特别是对外贸易有关配套设施缺乏，电子口岸建设相对滞后，航空口岸滞后。基础设施的不完善制约了青海省对外贸易的发展。

(7) 汇率($\ln X_7$)会影响青海省进出口。一般来说，汇率变化会影响进出口商品的价格。人民币贬值，则本国商品相对于外国商品便宜，竞争力较强，出口规模会扩大，如果人民币升值，则情况相反。近几年，人民币保持幅度较小的升值态势。由于青海省出口商品大多属于资源密集型的初级产品，价格较为低廉，附加值较低，人民币不断升值，对青海省的出口也造成了严重的影响。

三、青海省对外贸易形成潜在比较优势的理论分析

(一) 来自比较优势的贸易动力

在主流经济学分析中，贸易发展的一般途径均是各国如何发挥自己的比较优势，寻找贸易机会，继而获得贸易的发展。比较优势原理的提出，虽然最初指的是国家与国家之间的贸易分工问题，但其基本原理同样适用于地区层面的分析。在国际市场上，中国是一个整体落后的经济主体，但在国内，中国地域辽阔，人口和资源分布很不均匀，东部、中部、西部三个地区的要素禀赋差异很大。东部地区由于发展较早，吸纳和积累了大量资本，近年来技术水平也在不断上升，东部汇集了中国大部分的技术和技术人才。与此

同时，由于东部劳动力价格的上涨，使其劳动力资源的相对优势下降。而中西部（主要指中部和西南地区几个省份）拥有大量农村富余劳动力，但资本、知识相对缺乏，劳动力是相对充裕要素。西部地区大都有着丰富的自然资源。这样的要素禀赋差异状况使得地区之间的贸易发展呈现巨大的差异。中国的国际贸易主要由东部发达地区来完成，区际贸易也主要是东部地区在主导。我们知道，影响贸易的因素虽然有很多，但贸易的基础是产业。按照比较优势理论，各地应根据自己的要素禀赋情况，建立和发展自己相对优势的产业模式，各地区之间进行生产分工，通过优势产业的发展来形成扩大贸易的原动力，通过扩大贸易来缩小地区间经济发展水平的差距。落后地区一方面接受这种由比较优势构成的分工，另一方面积极利用比较优势扶持自己的优势产业，这是比较优势所形成的贸易动力的核心所在。落后地区赶超先进地区的方法并不在于要建成和发达地区相似的经济结构和产业模式，关键在于要找到一条能推动本国或本地区经济贸易快速增长的经济结构和产业模式。

青海省属于典型的西部落后地区，经济贸易发展水平较低，比较优势转化为经济优势还需大量相应的条件配合，如技术、资本、制度等，而不仅仅是比较优势的问题。但总体而言，作为贸易理论基石的比较优势原理，在青海省并没有得到充分应用，青海省的贸易水平仍然处于很小的规模，经济外向度较低。为什么出现这样的问题？实际上自比较优势理论产生后，在理论和实践上对它的质疑和争论就一直存在，到今天仍然如此。对于比较优势的争议主要论及两个方面：

（1）比较优势陷阱问题。所谓“比较优势陷阱”，是指不同地区按照比较优势进行专业化分工并通过自由贸易使双方都得利时，生产并出口初级产品或劳动密集型产品的一方，相对于生产技术密集型产品的一方总是处于不利地位，并且这种差距会越来越大，以致前者的潜在比较优势得不到发展，从而落入恶性循环的“陷阱”。这意味着后发地区将始终无法超越先发地区。对于落后地区来说，这样一种比较优势意味着强化了原来比较低的产业结构。这是依靠资源出口的不少落后地区经济发展徘徊不前、发展缓慢的主要原因之一。传统比较优势理论是以各地的供给条件、生产条件不可改变，资源、生产要素不能流动为前提的。而地区之间资源和生产要素本来就是可以流动的，加上技术进步使得自然资源可以被改良、再造和替代，劳动力的技能和素质的提高，又部分克服了劳动力数量不足的矛盾。这样，落后地区所具有的自然资源和劳动力资源的比较优势，在区域竞争和国际竞争中的优势已经被大大削弱，甚至不再具有优势。因此以本地区拥有的资源的相对优势来确定自己的国际贸易结构，虽然能获得贸易利益，但常常达不到预定的目标。

显然，比较优势是动态的，随着时间的推移，旧的比较优势将逐渐丧失，新的比较优势将不断产生。从这个意义上讲，比较优势会带动或引导落后地区顺利地实现产业演进和贸易结构转变，但其中关键的问题是静态比较优势和动态比较优势之间的转化机制本不十分清楚。落后地区在实践上也有不同的做法，效果也各不相同。静态比较优势和动态比较优势由于假定前提已经不同，实际上演化为不同的理论体系。两种不同的比较优势如何转化，至今还没有令人信服的逻辑解释。

（2）比较优势并不必然形成竞争优势。竞争优势是一个国家或地区在市场竞争中实际显现的优势，是其生产力发展水平的标志。落后地区要想在市场上有所作为，拥有竞争优势是根本。问题是拥有比较优势并不必然拥有竞争优势，拥有竞争优势的产品也并不一定是一个地区的比较优势产品，两者常常是分离的。拥有比较优势并不等于拥有竞争优势，比较优势是一种潜在的优势而已。

（二）来自后发优势的贸易动力

后发优势是指后发的一个国家或地区经济发展相对落后和迟缓所形成的有利条件，或存在的各种机遇。后发优势的内容一般主要包含技术和制度两个方面。技术性后发优势表现为后发地区从先发地区引进各种先进技术，并经模仿、消化、吸收和改进提高所带来的利益。制度性后发优势，是指后发地区向先发地区的制度学习，即效仿和借鉴各种先进制度并经本土化改进所产生的效益和益处。制度学习是制度变革的助推器和加速剂。技术学习与制度学习是互动的，技术进步会引发制度学习，而制度革新又会激发新的技术进步。

后发优势可以作为主流贸易理论的补充，它可以在相当程度上解释或弥补比较优势理论的不足。落后地区的贸易由于受其经济发展落后的影响而常常难以在国内外市场形成竞争优势，或者仅仅依靠天然禀赋而维持一个有限的市场份额，并在科技进步的压力下受到贸易条件恶化问题的困扰。在这样的条件下，落后地区的贸易发展如果缺乏后发优势所产生的贸易动力，是很难实现其发展目标的。后发优势在落后地区贸易发展中的作用通常并不为各方面所重视，但它起着极其重要的作用。

从历史的发展经验来看，后发优势应用得当，确实能对贸易的发展起到极大的促进作用，它使得落后地区的贸易有可能实现跨越式的发展，贸易成为经济发展的重要推动力量。不过如何利用后发优势，把后发优势转化为后发利益，却不是每个落后地区都能做到的，这正是落后地区发展差异很大的重要原因。落后地区只要正确认识并善于利用自己的后发优势，采取相应的贸易发展战略，才可以获得后发贸易利益，实现贸易的快速跨越式发展。这主要是因为：

(1) 后发优势是静态比较优势与动态比较优势的转化器。传统比较优势容易使落后地区的贸易发展陷入比较优势陷阱而难以自拔，而动态比较优势的提出更多是一种理论上的论证。落后地区如何摆脱比较优势陷阱而实现贸易的快速和持续增长是落后地区经济发展的重要保证。把静态比较优势转化为动态比较优势，形成竞争优势是合乎逻辑的推理的，但问题是落后地区如何才能形成或创造出动态比较优势。从静态比较优势到动态比较优势的转化，常常意味着新的比较优势产业形成或原来产业的高技术化。在这一过程中，政府的推动、扶持与引导、技术与制度的学习是一个必不可少的环节。后发优势在静态比较优势转化为动态比较优势的过程中起到转化器的作用。

(2) 后发优势是比较优势向竞争优势转变的关键。比较优势在贸易中不一定具有竞争优势，单纯根据资源禀赋来确定自己的贸易结构，企图以劳动密集型产品作为贸易导向，往往容易跌入比较利益陷阱。只有将比较优势转化为竞争优势，才能形成真正的竞争力，因此，落后地区拥有丰富的劳动力资源和自然资源，但并不意味着其产品在市场上就具有竞争优势。

把比较优势转化为竞争优势，转化的关键是将高新技术与丰富的劳动力资源结合，由此产生真正的比较竞争优势。引进资金和先进技术同落后地区丰富而廉价的劳动力结合，生产出在市场上有竞争力的产品。这时的比较优势就在于，同是高技术产品，但在落后地区生产的劳动力成本含量比在其他地区生产的低，具有价格竞争的优势。企业在这一过程中通过技术和制度的学习，在技术上、在组织结构上、在生产规模上均有所改变，比较优势逐步向竞争优势转变。同时，在产业政策引导下，具有潜在竞争优势的新兴产业相应建立起来，在未来形成新的比较优势与竞争优势结合的支柱产业，这实际上就是实现了比较优势的动态化。

在比较优势向竞争优势转化的过程中，后发优势在其中起到了承上启下的关键作用，因为后发优势的利用，比较优势才有可能转化成为竞争优势。就一般意义上看，后发优势和比较优势在理论假说、政策主张上具有很大的差异。两者之间似乎很难协调。但在比较优势、竞争优势和后发优势之间，始终存在着联系的纽带。经济和贸易发展较为成功的落后地区大都能把三者结合或融合起来，发展缓慢或停滞不前的地区，通常三者之间不能相互促进和转化，以至于单纯追求某一种发展战略而使得发展绩效和发展目标之间出现背离。

(三) 贸易双重动力的形成

对于落后地区而言，单纯采用比较优势作为推动贸易发展的动力是不够的。仅仅依靠比较优势，落后地区的企业只能在其所处区域内去识别最佳产品生产，进行专业化分工而获得收益。但今天的经济贸易增长越来越依靠于“创造性资源”(指资本、技术、人力资本、知识等非自然资源)。而这些“创造性资源”在国际和地区间流动性极强，从而使生产受要素禀赋限制减少，在扩大了的市场条件下，可以利用高技术的规模递增效应，利用异地的资源来获得比较优势。

由于存在上述制约因素，实际上实行单一比较优势战略是很难获得成功的。如果从静态的观点来看，比较优势战略只关注短期利益，而难以判断按这种比较优势建立的产业的长期增长及生产率增长的前景如何。比较优势是落后地区贸易发展的一个基本动力，但绝不是唯一的发展动力。另一种发展动力是后发优势。通过由“模仿”到“创新”的学习过程来加速贸易发展的动力。不过单一后发优势的效果是有限的，因为它受环境因素的制约。实际上学习型战略如果只是着眼于那些层次较高，且与本地要素禀赋不相匹配的产业，单纯仿效高增长地区产业模式必将导致地区经济同构。

较好的选择是将两种发展战略结合起来，形成“双重发展动力”。这种发展模式的好处在于两种贸易动力互为补充，可以达到贸易持续增长的目的。从发展经验看，落后国家或地区仅仅依靠比较优势达到贸易目标的例子并不多见（部分拥有垄断性资源的地区如产油国除外）。相反，大多数获得成功的先例均是综合利用比较优势和后发优势而获得成功的。利用源于比较优势的动力，落后地区可以较为容易地建立一批具有相对竞争优势的产业，扩大贸易，达到一定程度的资本积累的目的。而源于后发优势的发展动力，则可以跟踪先发地区经济发展的轨迹，迅速缩小与其的技术与制度差异，进而可以重点发展一批具有长远利益，发展前景看好而在短期内比较优势并不太明显的产业。也就是说它不是致力于要素禀赋不变和成本递增来利用比较优势，而是强调要素的流动性、可获得性以及基于学习曲线和规模经济基础上成本下降的可能性，通过学习、引进和交换来创造比较优势。

利用比较优势可以使一个地区在社会分工中找到自己的位置，建立和自己资源匹配的有竞争优势的产业形成贸易的基本动力。而利用后发优势则可以使落后地区通过学习、模仿和创新来实现追赶，后来居上，成为贸易加速发展的动力。正如前面所分析的，落后地区既有比较优势，又有后发优势，基本的发展思路应是以比较优势原则，建立和巩固一批贸易优势产业，同时利用后发优势缩短在技术、物质资本、人力资本和市场制度等方面与先发地区的差距。它一方面可以一定程度上缓解比较优势动力形成的约束条件，另一方面能先导性地建立一些具有长远贸易动力的新产业。

以后发优势带动比较优势，跨越传统比较优势的束缚，形成一种动态的比较优势，使产业结构既具有自己特色又可以不断地向上升级。这样才可以使得落后地区的贸易具有发展的充足后劲，达到后来居上的目的。

比较优势是基本贸易动力，但落后地区更应注重来自后发优势的贸易发展动力，要努力形成贸易发展"双重动力"。只有这样，才可能实现贸易的快速增长，进而实现经济的增长。

第四节　青海省对外贸易发展的动力机制与经济效益的关联性分析

对外贸易的发展在给一个国家或地区带来贸易利益的同时，也会促进技术进步和当地产业结构的优化升级。通过分析青海省对外贸易对全省产业结构调整和经济增长之间的关系，可以达到提高青海省对外贸易竞争力和优化升级全省产业结构的目的。

一、青海省对外贸易与产业结构调整的关系

青海省对外贸易近年来呈现快速发展的势头，对全省产业结构调整的作用也愈发明显。青海省对外贸易对全省产业结构调整的途径主要包括以下三个方面：

(1) 通过对外贸易改善本地要素禀赋程度来促进全省产业结构的优化升级。

(2) 通过进口贸易引进国内外先进技术和设备，并消化吸收再创新，促进全省产业结构升级，特别是对第二产业的贡献较大。另外，出口贸易中的技术壁垒等会促使出口企业加大技术改造和创新力度，提升产品科技含量，间接促进相关产业的升级。

（3）通过对外贸易参与国际分工，获得比较优势，从而促进产业结构调整。虽然青海省加工贸易占比还很小，但是近两年也在稳步提升，意味着参与国际化的程度也在慢慢提升。

近些年，青海省对外贸易与产业结构之间的关系主要体现在以下两个方面：

（1）对外贸易规模扩大，进出口商品结构不断优化。自1990年以来，青海省对外贸易呈现着一种快速发展的趋势。进出口贸易总额由1990年的7 027万美元增加至2014年的171 896万美元，提高了23.5倍。特别是在2012年，青海省进出口贸易总额首次突破10亿美元大关，2014年更是迎来了105.6亿元（约合17.2亿美元）的新里程碑。近年来，青海省始终保持以硅铁、纺织纱线织物、铝及铝材品等为主的出口商品结构，和以氧化铝、煤、铝矿砂等为主的进口商品结构模式，但进出口商品结构呈现出不断优化的特点：一些技术含量较高、增值率较高的产品逐渐成为出口的主要产品，特别是机电产品的出口每年均有大幅增长，尤其是2014年机电产品和高新技术产品出口同比增长了83.1%，增速迅猛。另外，体现青海省特色的生物制品、制剂、农产品以及新能源、新材料产品、地毯、山羊绒等商品逐步走出国门，出口规模大幅增长。进口商品中，随着全省经济的快速发展，一大批项目的开工建设，机电和高新技术产品进口额也大幅增加。

（2）产业结构不断优化。随着改革开放和西部大开发战略的实施，全省产业结构中三次产业的比值也发生了质的变化。第一产业比重由1993年的20.25%下降到2014年的9.38%，第二产业比重由1993年的43.88%上升到2014年的53.54%，第三产业比重由1993年的35.87%上升到2014年的37.07%。

通过青海省进出口商品结构与产业结构演进的过程可以看到，伴随着对外贸易规模的快速增长和进出口产品结构的优化，青海省产业结构的布局也趋于合理，第一产业所占比重缩小，第二产业和第三产业所占比重不断增加。

二、青海省对外贸易与产业结构调整的实证分析

对外贸易的发展在给一个国家或地区带来贸易利益的同时，也会促进技术进步和当地产业结构的优化升级。通过分析青海省对外贸易与全省产业结构调整和经济增长之间的关系，可以达到提高青海省外贸竞争力和优化升级全省产业结构的目的。对外贸易商品结构会对全省的产业产生不同的影响，青海省通过出口贸易一方面能够换取部分外汇，另一方面也可以利用资本与技术密集型商品的国际产业关联效应推动本省产业结构优化升级。同时，通过进口资本与技术密集型的产品，为产业结构优化升级提供技术以及设备的支持。

（一）对外贸易发展对青海省三次产业结构的影响

1. 模型的构建

为了探讨进出口贸易额对产业结构的影响，以出口贸易额和进口贸易额作为自变量，三次产业产值作为因变量，考察出口贸易额和进口贸易额对产业结构的影响，建立如下方程式：

$$\ln(Y_i) = C_{i0} + C_{i1}\ln X (i = 1,2,3)$$

$$\ln(Y_i) = C_{i0} + C_{i1}\ln M (i = 1,2,3)$$

式中，$Y_i(i=1,2,3)$分别表示青海省三次产业产值，X、M 分别表示青海省出口贸易额和进口贸易额。

2. 实证过程及结果分析

运用 Eviews7.2 软件，利用 1993—2014 年青海省进出口数据，对上述公式进行估算，结果如表 1－4－1 所示：

表 1-4-1 相关指标和检验结果

<table>
<tr><th colspan="3">项　目</th><th>Coefficient</th><th>T</th><th>Prob.</th><th>R^2</th><th>F</th><th>Prob.</th></tr>
<tr><td rowspan="4">第一产业</td><td rowspan="2">出口</td><td>C_{10}</td><td>1.996 8</td><td>7.310 1</td><td>0.000 0</td><td rowspan="2">0.776 6</td><td rowspan="2">69.540 6</td><td rowspan="2">0.000 0</td></tr>
<tr><td>ln X</td><td>0.750 1</td><td>8.339 1</td><td>0.000 0</td></tr>
<tr><td rowspan="2">进口</td><td>C_{10}</td><td>3.307 6</td><td>30.459 8</td><td>0.000 0</td><td rowspan="2">0.828 4</td><td rowspan="2">96.539 0</td><td rowspan="2">0.000 0</td></tr>
<tr><td>ln M</td><td>0.488 2</td><td>9.825 4</td><td>0.000 0</td></tr>
<tr><td rowspan="4">第二产业</td><td rowspan="2">出口</td><td>C_{20}</td><td>1.625 6</td><td>3.812 5</td><td>0.001 1</td><td rowspan="2">0.809 0</td><td rowspan="2">84.733 0</td><td rowspan="2">0.000 0</td></tr>
<tr><td>ln X</td><td>1.292 5</td><td>9.205 1</td><td>0.000 0</td></tr>
<tr><td rowspan="2">进口</td><td>C_{20}</td><td>3.837 3</td><td>29.932 7</td><td>0.000 0</td><td rowspan="2">0.916 1</td><td rowspan="2">218.299 2</td><td rowspan="2">0.000 0</td></tr>
<tr><td>ln M</td><td>0.866 7</td><td>14.775 0</td><td>0.000 0</td></tr>
<tr><td rowspan="4">第三产业</td><td rowspan="2">出口</td><td>C_{30}</td><td>2.118 4</td><td>6.053 7</td><td>0.000 0</td><td rowspan="2">0.808 6</td><td rowspan="2">84.517 7</td><td rowspan="2">0.000 0</td></tr>
<tr><td>ln X</td><td>1.059 4</td><td>9.193 3</td><td>0.000 0</td></tr>
<tr><td rowspan="2">进口</td><td>C_{30}</td><td>3.951 6</td><td>32.425 5</td><td>0.000 0</td><td rowspan="2">0.887 2</td><td rowspan="2">157.241 2</td><td rowspan="2">0.000 0</td></tr>
<tr><td>ln M</td><td>0.699 3</td><td>12.539 6</td><td>0.000 0</td></tr>
</table>

从结果来看，回归方程和相应的系统都通过了 T 检验和 F 检验，青海省对外贸易与三次产业呈现正相关关系，并且拟合程度较高。这说明青海省对外贸易的发展，对全省三次产业的发展规模和结构调整都起到了很大的促进作用。

另外，从出口和进口分别对应三次产业的系数来比较，进出口对三次产业的贡献率也不相同。在出口方面，当出口增长一个百分点时，三次产业的产值分别增长 0.750 1%、1.292 5%、1.059 4%，即青海省出口贸易的发展对第二产业产值的贡献最大，而对第一产业产值的贡献最小。同时，出口贸易的快速发展会使第二产业和第三产业在全省产业结构中的比重增大，第一产业所占比重减少。进口方面，当进口增长一个百分点时，三次产业的产值分别增长

0.488 2%、0.866 7%、0.699 3%。说明进口贸易的发展对第二产业产值增长贡献度比较高，而对第一产业的贡献度较低。这意味着进口贸易的发展也会使第二产业和第三产业在全省产业结构中的比重增大，第一产业所占比重减少。这样的变动会进一步优化全省产业结构的调整和升级，为全省经济的快速增长提供强劲的动力。

从出口、进口分别对三次产业产值的贡献来看，出口对三次产业的拉动作用要明显大于进口对三次产业的拉动作用。出口对三次产业的拉动作用分别比进口多 0.261 9%、0.425 8%、0.360 1%。由此可以看出，青海省发展对外贸易有助于调整和优化全省产业结构，特别是青海省处于产业结构调整和升级的机遇期，一方面，通过发展对外贸易带动全省经济的快速增长，加速全省产业结构调整和升级，另一方面，产业结构的升级又会反过来促进对外贸易规模的进一步扩大。当前，青海省产业结构还存在着一些深层次的矛盾，发展方式仍然是粗放型的，产品技术含量低、资源和能源消耗大、产业链条短、企业规模小、竞争力弱等。在这种情况下，一方面通过发展对外贸易，从其他国家和地区引进先进的技术并消化和创新，带动全省产业结构的优化升级。另一方面，通过扩大出口贸易，出口具有比较优势的商品，带动本省企业自主创新，提高出口产品的规模和技术含量，在激烈的国际竞争中提高产业技术水平，促进产业结构升级。

(二) 产业结构调整对青海省对外贸易发展的影响

为了探讨产业结构调整对外贸的影响，以三次产业增加值作为自变量，进口贸易额和出口贸易额作为因变量，建立如下多元回归方程式：

$$\ln X = C_0 + C_1 \ln Y_1 + C_2 \ln Y_2 + C_3 \ln Y_3$$

$$\ln M = C_0 + C_1 \ln Y_1 + C_2 \ln Y_2 + C_3 \ln Y_3$$

其中，ln X、ln M 分别表示青海省出口额和进口额的对数，$\ln Y_1$、$\ln Y_2$、$\ln Y_3$分别代表三次产业的增加值。

（1）对出口贸易额与三次产业增加值之间的关系进行检验，得出如表 1－4－2 的结果：

表 1－4－2　ln X 与 $\ln Y_1$、$\ln Y_2$、$\ln Y_3$关系检验结果

Variable	Coefficient	Std. Error	t-Statistic	Prob.
C	−0.730 091	0.866 467	−0.842 606	0.410 5
$\ln Y_1$	−0.035 697	0.598 671	−0.059 627	0.953 1
$\ln Y_2$	0.339 338	0.595 090	0.570 231	0.575 6
$\ln Y_3$	0.378 309	0.646 141	0.585 489	0.565 5
R-squared	0.812 610	Mean dependent var		2.943 825
Adjusted R-squared	0.781 378	S. D. dependent var		0.762 301
S. E. of regression	0.356 430	Akaike info criterion		0.937 605
Sum squared resid	2.286 757	Schwarz criterion		1.135 977
Log likelihood	−6.313 660	Hannan-Quinn criter.		0.984 336
F-statistic	26.018 72	Durbin-Watson stat		1.084 919
Prob (F-statistic)	0.000 001			

从结果来看，模型中的 R-squared＝0.812 610，Adjusted R-squared＝0.781 378，模型总显著性 F 检验 F 值为 26.018 72，P 值为 0.000 001，意味着模型总体是显著的；但是单个变量的 T 检验中，三个指标回归系数的 T 检验均未通过，因此，可以认为模型中存在多重共线性。采用逐步回归法消除多重共线性，得到的最终结果如表 1－4－3 所示：

表 1-4-3　ln X 与 ln Y_1、ln Y_2、ln Y_3 关系检验消除多重共线性后的结果

Variable	Coefficient	Std. Error	t-Statistic	Prob. *
ln Y_2	0.545 220	0.013 293	41.017 06	0.000 0
R-squared	0.795 063	Mean dependent var		2.943 825
Adjusted R-squared	0.795 063	S. D. dependent var		0.762 301
S. E. of regression	0.345 094	Akaike info criterion		0.754 389
Sum squared resid	2.500 886	Schwarz criterion		0.803 982
Log likelihood	−7.298 278	Hannan-Quinn criter.		0.766 071
Durbin-Watson stat	0.998 229			
Selection Summary				
Added ln Y_2				

相应的回归结果为：

$$\ln X = 0.545\,220 \ln Y_2$$

$$(41.017\,06)$$

$$R^2 = 0.795\,063 \quad DW = 0.998\,229$$

上述回归结果表明，青海省三次产业增加值的变化中，只有第二产业增加值对出口贸易额有十分显著的影响，第二产业增加值每增加 1 个单位，出口贸易额增长0.545 220个单位。另外，第一产业和第三产业增加值对出口贸易额的影响不显著。

（2）对进口贸易额与三次产业增加值之间的关系进行检验，结果如表 1-4-4 所示：

表 1－4－4　ln M 与 ln Y_1、ln Y_2、ln Y_3 关系检验结果

Variable	Coefficient	Std. Error	t-Statistic	Prob.
C	−2. 373 057	0. 808 440	−2. 935 353	0. 008 8
ln Y_1	−1. 209 346	0. 558 578	−2. 165 043	0. 044 1
ln Y_2	2. 007 506	0. 555 237	3. 615 587	0. 002 0
ln Y_3	−0. 306 517	0. 602 869	−0. 508 430	0. 617 3
R-squared	0. 935 214	Mean dependent var		1. 838 190
Adjusted R-squared	0. 924 416	S. D. dependent var		1. 209 638
S. E. of regression	0. 332 559	Akaike info criterion		0. 798 970
Sum squared resid	1. 990 725	Schwarz criterion		0. 997 341
Log likelihood	−4. 788 666	Hannan-Quinn criter.		0. 845 700
F-statistic	86. 612 63	Durbin-Watson stat		1. 455 412
Prob (F-statistic)	0. 000 000			

从结果来看，第一产业和第二产业的系数均通过 T 检验，而第三产业的系数在 T 检验时，伴随概率为 0. 616 7。现将常数项剔除后再进行回归分析，得到如表 1－4－5 的结果：

表 1－4－5　ln M 与 ln Y_1、ln Y_2、ln Y_3 剔除常数项后关系检验结果

Variable	Coefficient	Std. Error	t-Statistic	Prob.
ln Y_1	−2. 273 739	0. 502 878	−4. 521 450	0. 000 2
ln Y_2	3. 288 526	0. 406 285	8. 094 131	0. 000 0
ln Y_3	−1. 229 860	0. 608 713	−2. 020 425	0. 057 7
R-squared	0. 904 202	Mean dependent var		1. 838 190
Adjusted R-squared	0. 894 118	S. D. dependent var		1. 209 638
S. E. of regression	0. 393 610	Akaike info criterion		1. 099 213
Sum squared resid	2. 943 651	Schwarz criterion		1. 247 991
Log likelihood	−9. 091 338	Hannan-Quinn criter.		1. 134 260
Durbin-Watson stat	1. 400 642			

从剔除了常数项之后的估计结果来看，三个指标的回归系数都通过了T检验，同时也通过了F检验，说明多元回归方程拟合较好，三次产业的增加值对进口贸易额的影响效果显著。三次产业对进口贸易额的影响也不尽相同。第一产业和第三产业增加值的增长会导致青海省进口贸易额的减少，而第二产业增加值的增长则会引起进口贸易的增加。

进口与三次产业增加值的回归结果可以表示为：

$$\ln M = -2.273\,739 \ln Y_1 + 3.288\,526 \ln Y_2 - 1.229\,860 \ln Y_3$$

$$(-4.521\,450) \qquad (8.094\,131) \qquad (-2.020\,425)$$

$$R^2 = 0.904\,202 \quad DW = 1.400\,642$$

上述回归结果表明，在其他因素保持不变的前提下，第一产业和第三产业增加值分别增长1个单位，进口贸易额就会分别减少2.273 739个和1.229 860个单位。第二产业增加值增长1个单位，进口贸易额就会增长3.288 526 1个单位。

三、对外贸易发展与经济增长的关联性分析

(一) 对外贸易与经济增长关系的理论分析

1. 对外贸易是促进经济增长的外在动力机制之一

进口作为促进经济增长的外在动力机制主要体现在：

(1) 技术引进和高端设备的进口不仅直接促进生产力发展和生产率提高，而且还可以节省研发的时间和成本以及规避研发失败的风险。

(2) 根据产品生命周期理论，新产品的输入对生产和消费活动可能产生“示范”效应，因而可加速对新产品的开发并进行替代型生产，以自行生产替代进口促进经济增长。

(3) 持续进口需求弹性大的必需品，必将加速低效率企业退

出市场，并促使生产企业通过资源的有效配置、实现规模经济等方式提高生产率，从而优化产业结构。

出口促进经济增长的运行机制更为直接：

(1) 出口的扩大，意味着外汇收入的增加，即通过资本的积累进行扩大再生产，加速经济增长。

(2) 通过扩大出口可以促使按比较优势原则配置资源，从而提高劳动生产率，进而扩大出口并实施“市场多元化战略”，以规模经济实现利益最大化和增强国际竞争力，这无疑有助于经济增长。

(3) 扩大出口将导致外商直接投资的流入，从而解决长期投资不足的困境，而利用外商直接投资的同时所引进的先进技术和管理知识对经济增长是至关重要的。

(4) 扩大出口可以扩大产品市场，刺激企业进行技术创新，从而促进经济增长。

2. 对外贸易成为促进经济增长外在动力机制的条件

对外贸易是促进经济增长重要的外在动力机制，但这一外在动力机制的顺利运作却需要一定的条件。

(1) 合理的经济结构。以出口为例，如果经济结构不合理，出口的扩大会导致资源分配过度倾斜于出口部门，从而加大出口部门与非出口部门的差距，使出口增长的牵引作用极为有限，出口的增长并不能带来经济的增长，进而影响出口的进一步扩大。

(2) 健全的市场机制。以进口为例，如果缺乏生产要素市场，由进口所引起的资源流动以及在地区、行业和企业之间的重新配置都难以实现。

(3) 完善的基础设施。实现对外贸易成为经济增长外在动力机制的关键是保证贸易利益的获得，而降低产品生产成本是实现这一目标的前提条件，即利用本国完善的基础设施从源头降低生产成本、运输成本等。如果外国相关组织在每一个环节都参与贸易利益的分配，则本地区的生产企业和商业组织所能获得的贸易利益就极其有限，这必然减少创汇的能力，从而削弱贸易对经济的刺激。

（4）成熟的产业链。出口产业与其他产业部门在生产、技术和市场等方面必须形成上下游产业关系，这种关系越广泛、越深入，其对经济的刺激就越大，因而对经济增长的贡献也越显著。如果这种联系程度低，即使出口产品有潜在发展动力，也会由于产业链传递渠道的中断而不能使对外贸易真正成为实现经济增长的外在动力机制。

（二）对外贸易与经济增长关系的实证分析

1. 进出口总额与GDP的相关关系分析

对外贸易是拉动经济增长的动力之一。从出口方面看：① 出口贸易的扩大，意味着增加外汇收入，即可以通过资本的积累扩大再生产，促进本地经济发展。② 出口贸易的发展有利于青海省按比较优势原则进行资源配置，提高劳动生产率，从而实现规模经济，进一步扩大出口规模和增强国际竞争力。③ 出口贸易的增长会促使外商直接投资的流入，从而解决青海省长期投资不足困境的同时吸收和消化外资企业先进的技术和管理知识，提高本地企业的学习和创新能力。④ 出口的扩大会相应扩大产品市场，刺激本地企业进行技术升级与创新，从而促进经济增长。

从进口方面看：① 高新技术和产品的进口不仅带动本地生产力发展，还可以弥补本地企业研发和创新能力偏弱的缺陷。② 进口产品可以对本地生产和消费产生示范效应，加速本地产品的开发来替代进口商品，从而促进经济发展。③ 进口贸易的扩大会加剧本地市场竞争的程度，促使本地企业有效配置资源，提高竞争力，从而优化升级全省产业结构。

本部分选取了青海省1993—2014年进出口总额(XM)和地区生产总值(GDP)两个时间序列来实证分析青海省对外贸易对经济增长的影响。为了消除时间序列中存在的异方差现象，对进出口总额(XM)和地区生产总值(GDP)分别取对数ln XM和ln GDP，变换后的变量不改变原序列的关系。

2. 单位根(ADF)检验

在ADF检验中，最优滞后期选取的标准：在保证残差项不相关的前提下，同时采用AIC准则与SC准则，作为最佳时滞的标准，在两者值同时为最小时的滞后长度即为最佳长度。在ADF检验回归中包括常数，常数和线性趋势，或两者都不包括三种情况。本部分选择的标准：通过变量的时序图观察，如果序列好像包含有趋势(确定的或随机的)，序列回归中应既有常数又有趋势；如果序列没有表现任何趋势且有非零均值，检验回归中应仅有常数；如果序列在零均值波动，检验回归中应既不含有常数又不含有趋势。

由于数据的自然对数变化不改变原来的协整关系，分别以ln GDP、ln XM表示青海省的国民生产总值和进出口总额取自然对数后的值。由图1-4-1可以看出，1993—2014年的ln GDP和ln XM基本上都呈上升趋势，即原数据系列表现不平稳。但是ln GDP和ln XM一阶差分后，由图1-4-2可以表明，新得到的数据序列并没有明显的上升或者下降趋势，调整后的时间序列完全趋于平稳，即青海省的进出口总额XM和地区生产总值GDP是一阶单整的。

运用Eviews7.2软件对数据进行ADF检验，结果如表1-4-6所示。

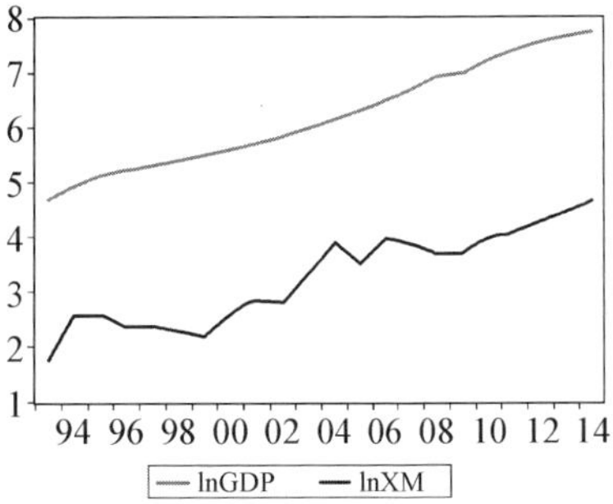

图 1-4-1　ln GDP 与 ln XM 变化趋势图

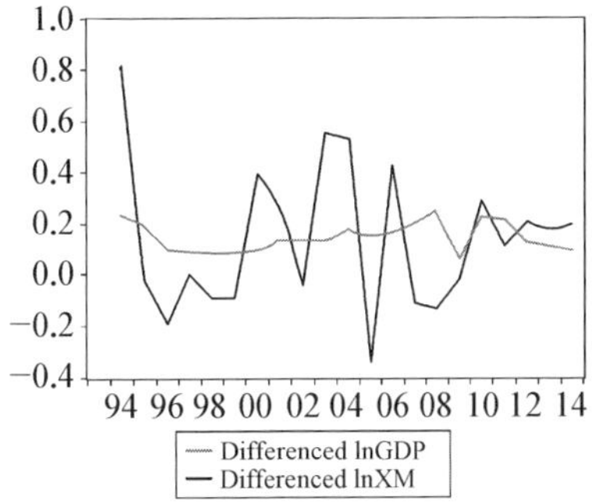

图 1-4-2　ln GDP 与 ln XM 一阶差分图

表 1-4-6　ADF 单位根检验结果

变　量	差分次数	(C,T,K)	DW 值	ADF 值	5%临界值	1%临界值	结论
ln GDP	1	(C,0,1)	2.10	−4.92	−3.04	−3.85	I(1)*
ln XM	1	(C,0,1)	1.97	−2.96	−1.96	−2.69	I(1)*

注：(C,T,K)表示 ADF 检验式是否包含常数项、时间趋势以及滞后期数；* 表示变量差分后在 1%的显著水平上通过 ADF 平稳性检验

从 ADF 单位根检验结果来看，ln GDP 和 ln XM 在 5%的显著水平下都没有通过平稳性检验，即都是非平稳序列。而在经过一阶差分之后，两个时间序列都在 5%的显著水平下通过了平稳性检验。说明这两个变量具有一个单位根，即 ln GDP 与 ln XM 是一阶单整性 I(1)。

3. 协整关系检验

根据协整理论，如果两个序列满足单整阶数相同，有可能通过线性组合构成低阶单整变量，而且如果两个非平稳序列之间存在协整关系，则这两个变量之间就存在长期稳定的关系，从而可以有效避免伪回归的问题。因此，对于经过平稳性检验后为非平稳的序列来说，要进行协整检验分析它们之间的协整关系。由于 ln GDP和ln XM 两个序列单整阶数相同，意味着这两个变量可能存在一定的协整关系。本部分采用 Johansen 协整检验来分析两者的协整关系，结果见表 1-4-7。

表 1-4-7 序列(ln GDP, ln XM)Johansen 协整检验结果

Hypothesized No. of CE(s)	Eigenvalue	Trace Statistic	0.05 Critical Value	Prob. **
None*	0.450 523	12.726 82	12.320 90	0.042 7
At most 1	0.036 857	0.751 062	4.129 906	0.443 9

从青海省的检验结果来看，从零假设 H0：r=0 开始，由于迹统计量值 12.726 82 大于 5%显著水平的临界值 12.320 90，并且没有协整关系的零假设的伴随概率值 0.042 7 小于 0.05，表明应拒绝零假设，认为 ln GDP 和 ln XM 之间存在协整关系。进一步检验，由于迹统计量值 0.751 062 小于 5%显著水平的临界值 4.129 906，因此，在 5%的显著水平上不能拒绝零假设 H0：r≤1，意味着青海省 ln GDP 和ln XM 在 5%的显著水平上至少存在着一个协整关系，且在最优滞后期内，ln GDP 和 ln XM 之间至少存在一个长期稳定的关系。

故以 ln GDP 为被解释变量，ln XM 为解释变量建立方程：

$$\ln GDP = \alpha + \beta \ln XM$$

利用 Eviews7.2 软件对上述方程进行 OLS 回归方法估计，其结果为：

$$\ln GDP = 2.729\,9 + 0.184\,7 \ln XM$$

$$(16.673\,8) \quad (0.562\,1)$$

$$R^2 = 0.985\,1 \quad DW = 1.956\,4$$

上述方程即为变量 ln GDP 和 ln XM 之间的长期均衡关系式。从长期均衡关系式可以看出，青海省的地区生产总值 GDP 和进出口总额 XM 呈现出正相关的关系。通过观察参数估计量系数的符号和数值，可知 1993—2014 年青海省进出口总额每增加一个百分点，将导致全省 GDP 增加 18.47%。

一般而言，对外贸易作为拉动经济增长的三驾马车之一，是促进经济增长的外在动力机制之一。对外贸易的增长会带来大量的外汇收入，从而促进当地经济的发展。而 GDP 的增长反过来又会促进对外贸易的发展，为对外贸易发展提供更大的条件和平台。因此，进出口总额的增长和 GDP 的增长应该是一种相互促进的正相关关系。青海省的进出口总额与 GDP 的长期均衡的关系式，表明青海省对外贸易与经济增长确实存在着这种相互促进的正相关关系，并且进出口总额越大，对经济增长的贡献也越高。

4. Granger 因果检验

协整检验结果说明青海省的 ln GDP 和 ln XM 之间存在长期的均衡关系，但是这种均衡关系是否构成因果关系以及因果关系的方向如何，还需要进一步的验证。利用格兰杰因果关系检验进一步验证青海省 ln GDP 和 ln XM 的相互关系，根据赤池信息准则(AIC)确定变量的滞后期为 2。格兰杰因果关系检验结果见表 1-4-8。

表 1-4-8　ln GDP 和 ln XM 的 Granger 因果关系检验结果

零　假　设	F 统计值	P 值	判断结果
ln XM 不是 ln GDP 变化的 Granger 原因	1.762 88	0.205 3	接受
ln GDP 不是 ln XM 变化的 Granger 原因	2.237 10	0.141 2	接受

关于 ln XM 不是 ln GDP 的 Granger 原因的原假设，拒绝它

犯第一类错误的概率为 P 值。从表 1－4－8 的检验结果来看，应当接受原假设，这说明 ln XM 不是引起 ln GDP 变化的格兰杰原因。同理，关于 ln GDP 不是 ln XM 的格兰杰原因的原假设，拒绝它犯第一类错误的概率为 P 值，从 F 统计值来看，也应该接受原假设，说明 ln GDP 也不是引起 ln XM 变动的格兰杰原因。出现这种结果的可能性解释之一是：青海省地处西北偏远地区，无地缘优势，产业比较薄弱，经济外向度较低，对外开放度不高，在对外贸易中没有明显的比较优势。同时，相对落后的经济发展水平和粗放式的经济增长方式也在一定程度上制约了青海省对外贸易的发展。

通过上述实证分析，可以得出以下结论：

(1) 青海省对外贸易与经济增长之间具有长期稳定的正相关关系，而且拟合优度较好。这表明对外贸易对经济增长确实起到了一定的拉动作用，进出口规模的扩大对全省经济增长有很好的促进作用。但是也应该注意到，这种促进作用相比于对外贸易发达的省份来说仍然显得不明显。这主要是由于对外贸易规模和质量都不高，进出口商品结构基本以低附加值的资源和劳动密集型商品为主，高新技术和产品进出口比重偏低。一方面，出口商品结构单一，科技含量较低，加工贸易比重过低，粗放式、外延式的贸易扩张模式影响了出口贸易对经济增长的边际效应。另一方面，进口贸易最大的好处是可以引进和消化国外的先进技术和创新成果，发挥技术溢出效应带动相关产业的优化升级，提升产业整体竞争力。但是在青海省的进口商品中，以氧化铝、煤、铝矿砂等资源密集型商品为主，缺乏资本和高新技术产品进口，使得本身企业并没有获得太多的技术进步和创新，进口贸易对经济的促进作用有限。

(2) 经济增长带动对外贸易发展的效果也不明显。通过实证分析可以看到，青海省经济的增长不是对外贸易的格兰杰原因，这说明青海省的经济增长并没有很好地带动全省对外贸易的发展。造成这种结果的主要原因是青海省经济和社会带动对外贸易快速发展的动力机制还不完善。① 产业结构不合理，自主创新能力不足。青海省的主要产能过剩行业集中在电解铝、水泥、钢铁、光伏制造和水泥等行业，这种产业结构决定了青海省进出口商品中硅铁、铝及铝材品、氧化铝、煤、铝矿砂等占据绝大比重。而对外贸易政策常常是作为产业政策的补充而起作用的，为了实现优化和升级产业结构的发展目标，出口的主要目的是为了增加外汇收入，重数量而轻质量和技术含量，对外贸易的增长并没有带来技术的进步和企业创新能力的提升。② 基础设施落后。落后的基础设施意味着生产成本和运输成本等相对于沿海城市较高，特别是在发展加工贸易上优势不明显，无法保证贸易利益的获得。由于青海省经济开放程度较低，产业配套设施落后，人力资源较贫乏，在承接中西部产业转移方面条件还不完全具备，导致参与国际分工的程度非常低，对外贸易的发展受到很大制约。③ 不具备成熟的产业链。当进出口产业与其他产业部门在生产、市场和技术等方面形成了广泛和深入的上下游产业链时，对外贸易与经济增长之间的关系会越显著。而目前青海省还没有形成进出口产业与其他产业部门的上下游产业链，经济增长和产业结构与对外贸易的关系并不显著。

5. 进口额、出口额与经济增长的相关性分析

假定进口额 X、出口额 M 与 GDP 之间都具有一般线性关系，为消除时间序列中存在的异方差现象，对变量进行对数变换，变换后不改变原序列的关系，即：

$$\ln GDP_i = C_i + b_i \ln X_i, \ln GDP_i = C_i + d_i \ln M_i$$

其中 X 表示出口额，M 表示进口额，i 表示第 i 年，C_i 是常数项，b_i、d_i 分别表示回归系数，ln GDP_i 表示青海省地区生产总值。数据选用时间为 1993—2014 年。分别作出口额 X 与 GDP 以及进口额 M 与 GDP 相关关系的回归分析。

出口额与 GDP 相关关系结果：

$$\ln GDP = 2.8844 + 1.1249 \ln X$$
$$(7.8214) \quad (9.2623)$$
$$R^2 = 0.8109 \quad D.W = 0.8 \quad s.e = 0.4242$$
$$F = 85.7903 \quad T = 22$$

进口额与 GDP 相关关系结果：

$$\ln GDP = 4.8220 + 0.7474 \ln X$$
$$(39.9237) \quad (13.5227)$$
$$R^2 = 0.9014 \quad D.W = 0.7479 \quad s.e = 0.3064$$
$$F = 182.8626 \quad T = 22$$

由以上的回归结果我们可得出：

(1) 青海省出口额 X、进口额 M 与地区生产总值 GDP 之间存在密切的正相关性，并且拟合度也较好。这说明对外贸易在对青海省经济的快速增长中扮演了较重要的角色，对全省经济增长的拉动作用明显。通过回归分析的结果可以看到，当出口增长一个百分点，全省 GDP 增长 1.124 9 个百分点；进口增长一个百分点，全省 GDP 增长 0.747 4 个百分点。无论是进口还是出口，对全省经济增长都有较大贡献。

(2) 出口系数大于进口系数。这意味着出口贸易对全省 GDP 的边际效应大于进口贸易的边际效应，即出口对经济增长的拉动作用大于进口。主要原因在于青海省经济开放程度较低，对外贸易总规模偏小，并且在青海省外贸结构中，出口比重远大于进口比重。另外，随着近年来产业结构的调整，青海省大力发展工业，出口产品主要是以硅铁、铝及铝材品等为主，这些出口产品正是近年来青海省工业增长较快的行业。近年来青海省出口贸易增速较快，出口商品结构也有了一定的提升，对全省经济的贡献也增加。

虽然从实证结果来看，青海省进口和出口贸易都对经济增长有一定贡献，但是，我们也应该清楚地认识到青海省的进口和出口贸易还存在很大的问题，比如说出口商品结构仍显得单一、科技含量较低、加工贸易比重过低，仍然属于粗放式、外延式的贸易扩张模式，这也影响了出口贸易对经济增长的边际效应。另外，进口贸易最大的好处是可以引进和消化国外的先进技术和创新成果，发挥技术溢出效应带动相关产业的优化升级，提升产业整体竞争力。但是在青海省的进口商品中，主要以氧化铝、煤、铝矿砂等资源密集型商品为主，缺乏资本和高新技术产品进口，使得本省企业并没有获得太多的技术进步和创新，进口贸易对经济的促进作用有限。

第五节　“十三五”时期青海省对外贸易发展环境及走势分析

一、国际环境

从国际环境来看，在各国宽松政策的刺激下，世界经济复苏步伐依然缓慢且不平衡，经济增长仅有小幅回升，主要由新兴市场经济体带动。一些经济体的经济表现和抗冲击能力已经改善，金融市场的近期风险已基本缓解。然而全球经济仍处于政策刺激下的脆弱复苏阶段，发达国家经济仍低于潜在增长率，由于一些大型新兴市场经济体和石油出口国的增长前景减弱，预计新兴市场和发展中经济体的增长将放缓，新兴经济体经济也难以恢复到之前的高增速。美元进一步大幅升值可能导致其他经济体，特别是新兴市场出现金融压力。发达经济体的增长停滞和低通胀的风险依然存在。全球范围内贸易保护主义仍在加剧，也将在一定程度上影响全球贸易复苏。发达国家经济实力虽日渐衰落，但在短期内其主导和影响世界经济的能力仍未发生根本的变化，仍是控制国际贸易规则制定及全球治理的主要力量。与此同时，欧、美、日正在不断强化其在新一轮贸易规则中的话语权，美国推动的 TPP 和 TTIP 谈判，以高端开放为契机，企图掌控和影响下一轮国际贸易规则主导权，这些对我国都将构成新的挑战和威胁。

二、国内环境

从国内看，中国经济实现从高速增长到中高速增长的转换。

（1）工业化、信息化、城镇化、农业现代化深入推进，将创造新的消费和投资需求，拓展国内市场空间。新一届政府实施更加积极主动的开放战略，中国（上海）自由贸易试验区的成功运行使得党中央、国务院决定在更大范围推开（上海）自由贸易试验区建设经验，推动实施新一轮高水平对外开放。广东、天津、福建特定区域再设三个自由贸易园区。广东、天津、福建自由贸易试验区和扩展区域后的上海自由贸易试验区，将以构建开放型经济新体制、探索区域经济合作新模式等方面为目标。目前，包括大连、武汉、兰州、重庆等城市在内的诸多城市都着手第三批自贸区的申报，部分城市已经完成自贸区的建设方案并上报国家层面。从上海自贸区到粤、闽、津自贸区，自贸区的试点范围在逐步扩大，而通过前两批试点，自贸区的探索之路正在逐步完善，国家也鼓励放大自贸区的杠杆，目前初步具备将自贸区的范围进一步扩大的基础。自贸区的扩容，构筑起了各具优势、各有侧重的全方位对外开放新高地。

（2）“一带一路”倡议的提出和实施，对推进我国新一轮对外开放和沿线国家的经贸发展意义重大。30多年来，我国对外开放取得了举世瞩目的伟大成就，但受地理区位、资源禀赋、发展基础等因素影响，对外开放总体呈现东快西慢、海强陆弱格局。“一带一路”将构筑新一轮对外开放的“一体两翼”，在提升向东开放水平的同时加快向西开放步伐，助推内陆沿边地区由对外开放的边缘迈向前沿。“一带一路”沿线大多是新兴经济体和发展中国家，总人口约44亿人，经济总量约21万亿美元，分别约占全球的63%和29%。这些国家普遍处于经济发展的上升期，开展互利合作的前景广阔。深挖我国与沿线国家的合作潜力，必将提升新兴经济体和发展中国家在我国对外开放格局中的地位，促进我国中西部地区和沿边地区对外开放，推动东部沿海地区开放型经济率先转型升级，进而形成海陆统筹、东西互济、面向全球的开放新格局。

（3）经济体制改革全面深化，将有利于激发市场活力，提升广大进出口企业的信心。但部分产业供过于求矛盾突出，传统制造业产能普遍过剩，一些行业利润大幅下滑，中小企业普遍经营困难，对进出口增长产生一定抑制。

三、自身发展

从青海省自身看，随着丝绸之路经济带建设步伐的加快，青海省对外贸易有望实现大幅增长。丝绸之路经济带建设中，中亚各国在寻找交通、邮电、纺织、食品、制药、化工、农产品加工、消费品生产、机械制造等行业的投资。特别是它们急需在农业、沙漠治理、太阳能、环境保护等方面进行合作，青海省恰恰在这些方面具有一定优势。青海省有丰富的矿藏资源、盐湖资源和动植物资源，具有资源加工方面的人才和技术优势。中亚国家的盐湖资源很丰富，青海省的技术与它们的资源相结合，前景十分广阔。青海省现有30多个民族，与丝绸之路经济带关联的中亚各国的宗教信仰有相同的地方，为青海省与中亚国家进一步开展人文交流奠定了良好基础。加快融入丝绸之路经济带建设，对于发挥青海省资源优势、文化优势等，促进全省对外贸易转型升级意义重大。另外，随着青海省基础设施建设的完善，高铁的开通，西宁到格尔木的铁路的建成，格尔木到敦煌的格敦铁路与西格铁路的建设步伐的推进，格尔木到新疆库尔勒的铁路的开工建设，“一主八副”机场网络格局的建设，曹家堡保税物流中心的投入运行等都会对全省进出口贸易的快速发展提供基础条件。深入实施“一带一路”倡议构想，有利于进一步深化青海省对外开放度，加快开放型经济和外向型经济的发展，促使青海省同中西亚国家以及丝绸之路经济带沿线的西北省区城市更加深入广泛地开展交流合作。同时，“一带一路”上升为国家、国际战略后，能够为青海省在国家方面争取到更多的支持，有利于促进青海省自身的发展，这是继西部大开发战略之后，又一次难得的发展机遇。

综上所述，“十三五”时期，预计青海省对外贸易将保持稳定、持续增长的走势，进出口商品结构会进一步优化，增速会继续位居全国前列。

第六节 科技协同创新视角下推动青海省对外贸易发展的政策建议

青海省对外贸易结构的调整应该立足于本省经济发展与资源禀赋的实际，把提高资源密集型产品的附加值和扩大技术密集型产品出口相结合，科学合理地制定出口战略；把对外贸易出口增长与产业结构优化升级相结合，形成出口商品结构和产业结构演进相互促进的联动机制。随着国家"一带一路"倡议的推进，作为新丝绸之路经济带的战略通道、重要支点和人文交流中心，青海省要抓住这难得的机遇期，使新丝绸之路经济带成为青海省向西开放的主阵地和推动全省经济发展的新增长极。

科技协同创新，就是将科技与其他相同或相似的单元之间通过合作，产生相互作用关系和共振放大效益，形成高效有序的创新机制。对于科技协同创新包含的范围，可以从技术创新、产品创新、市场创新、资源配置创新、组织创新五个层面进行解释。强化科技协同创新是青海省对外贸易快速发展的必然选择，也是推动对外贸易、促进青海省经济发展和产业结构调整的必由之路。对于科技协同创新视角下青海省对外贸易发展的政策建议，也相应从技术创新、产品创新、市场创新、资源配置创新、组织创新五个层面提出。

一、技术创新是对外贸易发展的源动力

(一) 提高技术创新能力，加快转变贸易增长方式

(1) 提高对外贸易中的技术创新能力，将贸易增长方式由粗放式、外延式的增长转变为集约式的增长方式。目前，青海省的进出口商品基本上是以资源和能源高消耗为主的商品，附加值和技术含量都较低，对于扩大对外贸易规模和质量都不利。一方面，要进一步提升进出口商品中对经济增长效益较好的传统优势商品中的科技含量，做好可持续发展规划，充分挖掘其比较优势，带动相关产业的发展。同时，对一些薄弱的但有巨大发展潜力的商品加大扶持力度，鼓励相关企业进行技术创新，充分发掘其潜力，带动对外贸易与经济的增长。另一方面，结合本省资源优势，加快科技创新步伐，将潜在的资源优势转化为对外贸易的比较优势：① 强化科技对贸易的渗透，通过引进和消化国内外先进技术，创新发展模式，逐步提高高新技术产业在出口中所占的比重，带动全省产业

结构的优化和升级，实现对外贸易增长方式的转变。② 通过科技来提高产品的附加值。当前青海省出口商品中部分深加工程度不高，导致附加值低，影响贸易利益的获得。比如体现青海省特色的生物制品、制剂、农产品以及新能源、新材料产品，虽然近年来出口份额增加较快，但是这些商品存在产业规模小、产业聚集效应不明显、集约化程度较低等问题，因此要进一步增强这些行业的技术创新，提高产品的科技含量，加大产品出口的附加值，带来更大的经济效益。

（2）提高进口产品的技术含量。在进口产品上技术含量高、附加值高的产品不仅可以带来直接经济效应，还可以带来溢出效应。在当前及今后一个时期，青海省应把竞争的基点和发展的立足点逐步移向具有一定科技含量的产品和品牌上来，要继续推行"科技兴贸"战略，优化出口商品结构，提高国际竞争力。

（二）适度扩大进口贸易，重视进口贸易所带来的技术溢出效应

从青海省对外贸易与产业结构之间的实证检验结果来看，进口对三次产业的拉动作用要小于出口，但这并不意味着进口贸易不重要。从理论上说，通过进口商品，特别是高新技术商品的技术溢出效应，可以带动相关产业的快速发展，同时带动相关企业的技术创新。目前青海省由于进口商品中更多的是以氧化铝、煤、铝矿砂等资源密集型商品为主，高新技术商品进口比重偏小，技术溢出效应不明显，带动本省相关企业的技术创新步伐较缓慢。因此，加大出口贸易的同时应该适度扩大进口贸易，进口贸易尤其是高新技术产品和生产要素的进口是引进国外先进设备技术和管理方式的重要渠道。进口贸易尤其是高技术含量的商品和生产要素，如果能有效地利用、吸收和改进，便能有效地促进青海省科技水平的进步和管理水平的提高，激发技术溢出效应，有利于提高出口商品的国际竞争力，同时也带动全省产业结构的优化升级。

（三）注重人才资本和知识资本的发展

传统的国际贸易理论认为劳动生产率不同是国际贸易产生的根本原因。而劳动生产率的高低则与从事生产劳动人员的受教育程度和知识程度等有关，劳动者知识水平越高，生产效率也会提高，出口产品的比较成本也相对较低，在国际市场上的竞争力也越强。目前，青海省外贸企业数量少、规模小、业务范围有限，掌握专业技术、懂外语、精通世贸规则和经济法律的高素质外贸人才严重缺乏。同时，青海省是少数民族聚集区，教育资源配置不均衡，教育水平落后，导致全省缺乏大量技术人才，企业的生产效率亟待提高。随着青海省融入丝绸之路经济带建设，对外开放程度提高，可以预见未来对外贸易专业人员的需求缺口将会更大。为此，要注重人力资本与知识资本优先发展战略，全面推进专业人员素质教育，提升技术创新步伐，充分利用技术、教育、知识、信息等要素促进青海省经济和社会的全面发展。在知识发展上，加速发展各类教育，扩大劳动者吸收知识的能力。增加教育投入，加大对民族地区教育的扶持力度，改善教育条件。加快普及基础教育。大力扶持和发展职业教育，扩大办学规模，提升办学质量，鼓励更多青少年接受职业教育，提高劳动者技能，努力提高接受高等教育的人数。针对目前青海省从事对外贸易发展的专业型人才严重缺乏的局面，可以采取“走出去”与“引进来”相结合的形式。一方面，积极鼓励从事经济发展和对外贸易的相关人才到经济和贸易发达地区学习、进修，吸收并消化内地先进的管理经验和发展理念并运用到青海省的实际中。另一方面，充分结合“一带一路”倡议的历史机遇，将高素质人才的引进和有效使用作为重点。特别是要把拥有较高专业技术、懂外语、精通世贸规则和经济法律的高素质人才作为引进的重点对象。强化对现有人才的培养措施，创造再学习条件，制定和落实有利于人才流动的各项优惠政策。同时还要健全人才激励机制，形成有利于人才成长、创业的分配制度和奖励办法，鼓励人才积极创业。

二、产品创新是对外贸易发展的根本

（一）优化进出口产品结构，促进产业结构升级

目前，青海省出口贸易商品结构中与第二产业相关的商品占较大比重，这些商品一方面属于资源密集型的商品，附加值太低，虽然在一定程度上促进了第二产业的发展，但是作用机制并没有充分发挥；另一方面，机电产品和高新技术产品出口占比仍旧偏低，同时，体现青海省特色产业的出口商品科技含量不高，没有形成规模效应。因此，在稳定出口的同时，应优化出口商品结构，扩大出口产品的多样性。

（1）青海省在出口商品的多样性方面与一些对外贸易发达的省份相比仍然有差距。要在保持出口优势产品的同时发掘其他具有比较优势产品的出口。在加强与丝绸之路经济带沿线相关国家政府部门签订经贸合作意向框架的基础上，不断推动产业深度对接，加强与各国在现代农业、特色纺织、新能源等领域的合作。紧跟中亚、西亚市场，充分挖掘在清真食品用品、民族特色服饰、藏毯方面的市场潜力，发展相关产业，逐渐实现向西转向。重点推进青海省绒业土库曼斯坦地毯展示中心、湟源宗喀文化旅游休闲度假综合开发等项目建设。加大对中亚国家在藏毯、“三绒”制品、农产品等方面的出口，扩大从中亚国家进口羊毛（绒）、驼毛（绒）、药材等原料的规模。通过能源开发、承包工程等方式带动机电商品、高新技术产品的出口，并推动初级出口商品向产业链高端延伸。

（2）扩大高新技术产品的进口。以大型项目建设为契机，鼓励关键零部件、重大技术装备进口，增加先进技术设备、关键零部件、国内短缺资源和节能环保产品的进口，促进对外贸易平衡发展。

(3) 鼓励企业加大技术创新投入，提高产品质量档次，打造国际知名的特色品牌；鼓励企业以参股、控股、并购等多种形式避免贸易壁垒，降低企业经营成本；鼓励有条件的企业“走出去”，在境外设立专卖店、零售店，打造自有销售。通过优化全省进出口商品结构，提高出口企业自主创新能力，将科技与产品进一步结合，形成以出口技术密集型商品为主的出口结构。同时，要加大对传统产业的调整升级，促进全省产业结构高级化。

(二) 推进出口品牌战略，提升出口商品知名度

目前青海省出口商品中，有部分商品虽然出口数量占出口比重不是很高，但是这几年增速迅猛，在国际市场上逐渐有了知名度。截至目前，青海省出口产品品牌中有青海省“著名商标”12个，“国家驰名商标”3个，如“柴达木”“布哈拉”“藏羊”等。再如青海枸杞产品凭借阳光、纯净的自然环境赋予的有机、绿色、无公害等优势，也逐步进入国际高端市场。2014年，青海省枸杞出口达到880多吨，创汇1 338.31万美元，枸杞产品出口到德国、法国、西班牙、荷兰等欧盟国家，成为中国有机枸杞主要出口地。贵南县藏绣产品远销到了美国、英国、法国、日本、肯尼亚等国家和地区，随着“贵南藏绣”产品知名度的提高，订单源源不断，截至2014年上半年，累计出口创汇达32.8万美元。除此之外，还有很多具有青海省特色优势的商品出口也逐渐走出国门，积极开拓国际市场。目前，这些商品在国际市场上的知名度亟须得到更大提升，才能形成有效的产业规模和产业聚集效应，提高对青海省的出口贡献率。实施出口品牌战略要以市场为导向，以企业为主体，政策为支撑，以提高国际市场的竞争力为目的，通过对一批重大项目、重点企业的支持，培育一批在国际上有较高知名度的出口产品，提升产品的技术含量和在国际市场上的竞争水平。对基础条件好、发展潜力

大的自主品牌要使其继续保持良好的发展态势，集中力量进行培育，通过提升品牌附加值增强企业参与国际竞争和抗风险的能力，扩大出口规模，进一步提高品牌的知名度；对于一些在国内市场确立了明显优势，并在国际市场竞争中崭露头角的品牌产品，应给予大力的扶持，使之尽快地成长起来，成为国内名牌，并逐渐扩大在国际市场的知名度，最终成为国际品牌。同时鼓励和引导出口企业与国际知名品牌企业"联合"，借助其品牌优势和国际影响力，提升青海省企业的竞争力，带动青海省产品出口。

三、市场创新是对外贸易发展的导向

(一) 积极实施进出口市场多元化战略，规避市场风险

出口市场过度集中不仅容易形成买方垄断、失去出口商品市场和价格的控制、影响出口贸易的发展，而且容易形成产品单一和出口市场过度依赖几个国家和地区的局面，当这些国家和地区的经济不景气时，会造成出口规模缩减，影响本地区经济增长。只有实现进出口市场多元化的格局，才能保证在对外贸易中处于积极主动的地位，从而获得贸易利益。同时，多元化的市场战略也有利于提高参与国际分工的程度和地位，有利于分散市场风险。因此，青海省发展对外贸易在继续开拓传统贸易市场的同时加大新兴市场的开拓，特别是新丝绸之路经济带的建设为青海省开拓新丝绸之路周边国家市场提供了战略机遇。在周边省份都在利用新丝绸之路经济带向西开放的形势下，青海省要提前筹划，通过积极地走出去、请进来的方式，不断建立和完善国际营销网络，开拓中亚、南亚和中巴经济走廊所涉及的新兴市场，推进国际市场多元化，扩大与新兴市场的经贸往来。一方面深化与周边省份的区域经济合作，共同建设向西开放经济贸易体。另一方面应避免与其他省份的同质竞争，突出自己的特色优势。进一步集聚高能级、有活力的

贸易主体，实现全省对外贸易规模放量增长。

（二）优化产业结构，促进对外贸易与产业结构的良性互动

青海省对外贸易与产业结构之间的实证检验的结果显示第二产业对进出口都具有明显的正效应，而第一和第三产业对出口贸易影响不显著，与进口贸易呈现负相关关系。这说明青海省产业结构和对外贸易之间尚未建立起有效的互动性。因此，要大力发展与贸易相关的第一和第三产业，加大对产业和相关企业的扶持力度，提高产品附加值，加强技术创新，以技术带动传统行业相关产品的出口，强化对外贸易与产业结构的关联性。目前，青海省三次产业结构还不尽合理。2014 年，全省第一产业增加值 215.93 亿元，增长 5.2%；第二产业增加值 1 232.11 亿元，增长 10.0%；第三产业增加值 853.08 亿元，增长 8.8%。第一产业增加值占全省地区生产总值的比重为 9.4%，第二产业增加值比重为 53.5%，第三产业增加值比重为 37.1%。对贸易影响显著的第二产业存在一些深层次的矛盾，主要表现在：① 发展方式粗放。主要工业产品大多为工业初级产品，资源和能源消耗较高，工业能耗占青海省全社会综合能耗的 80%以上；② 生产力布局重复。产业结构趋同，轻重工业比例不协调，重工业占 92%，轻工业占 8%，轻工业发展明显滞后；③ 产业链条短、企业规模小，竞争力弱。优化产业结构，促进三次产业与对外贸易的良性互动，要以青海省特色优势资源为依托，促进绿色经济发展；以科技创新为动力，大力推进高科技含量、高附加值产业发展；以现有产业为基础，延伸产业链条，推动循环经济产业的发展；不断促进产业结构优化升级，加快新能源、新材料、先进装备制造业、特色生物资源开发等战略性新兴产业的发展；立足结构调整，加速高原旅游、物流、金融等现代服务业的发展。

(三) 对外贸易企业要积极应对人民币汇率升值带来的风险

面对人民币的升值,青海省对外贸易企业的对策可以从以下几个方面考虑:

(1) 人民币汇率水平的变动是国家宏观经济政策的一部分,但承受这个变动的却是微观经济主体。既然如此,微观主体所要做的就是根据宏观经济基本面的变化,尽可能地预测汇率的可能的变动趋势。当然,要想较为准确地预测汇率的变动趋势是困难的,但却是必须做的。

(2) 既然人民币汇率水平的变动是微观经济主体所不能左右的,因此,微观经济主体只有用降低出口产品成本(生产成本、采购成本、汇兑成本)的办法,以求得出口平均换汇成本与官方的和市场的名义汇率差距的正的扩大,从而尽可能地赢得更多的利润。

(3) 企业要尽可能地采用一切可能的避险手段避免由于汇率变动带来的汇率风险。企业一方面要努力拓展人民币跨境贸易,提升企业的抗风险能力,减少汇兑风险;另一方面要逐步形成双向套保、锁定汇率风险的业务习惯,用银行所提供的远期、期权等汇率避险工具,来有效降低风险。

(4) 企业避免外汇风险的根本出路在于调整出口产品结构、提高出口产品的附加值、转变对外贸易增长方式、促进出口产品结构的优化和升级。

四、资源配置是对外贸易发展的催化剂

(一) 积极吸引外商直接投资,引导外资投资方向

在理论上外商直接投资与国际贸易关系有两种截然不同的观点:第一种是蒙代尔提出的贸易与投资替代模型,资本流动会阻碍贸易的发生,而贸易障碍会促使资本流动;第二种观点是小岛清提出的国际投资与国际贸易存在互补关系,外资企业通过技术转

移、知识外溢，优化产业结构，提高东道国产品竞争力，有利于东道国扩大出口。一般情况，外商直接投资与东道国出口的互补关系更明显，外商直接投资往往伴随着大量机械设备的进口，可以提高进口国的技术水平。另外，外商投资企业生产的产品有一部分是面向国外市场的，可以提高出口能力和数量，因此外商直接投资与出口贸易呈正相关关系。

由于青海省外商直接投资更多的是投向资源等领域，而这些资源的进出口都属于产品初加工阶段，没有形成有效的技术溢出效应，对改善全省贸易结构和提高出口商品国际竞争力没有发挥积极的效应。因此，在今后的发展过程中：① 要加强和改善外商投资融资环境，加大外资招商力度，提高外资利用效率。② 促进利用外资由数量型向质量型转变。提高利用外资的水平，吸取外商投资企业的先进技术和管理，充分发挥外资的技术传导效应，重视对引进技术的消化、吸收和创新，促进本地企业技术水平的提高。③ 制定科学合理的政策，灵活诱导外资投资方向，使其与全省经济发展方向一致。鼓励和引导外资对产业带动效应较强的行业进行投资，对于一些投向高新技术和产品的外资企业可给予一定的优惠政策支持其发展。④ 加强省内企业与外资企业的联系与合作，以先进的外资企业带动省内企业的发展，提高省内企业的生产经营水平，增强企业竞争力。

(二) 依托特色优势产业，大力发展加工贸易

通过对青海省贸易方式的分析，可以看到近些年一般贸易所占比重都基本在90%左右，加工贸易所占比重过小。加工贸易的持续低迷在很大程度上限制了青海省对外贸易的进一步发展。因此，青海省要重视加工贸易的作用，加强其对产业结构优化升级的推动作用。目前，青海省确定了十大特色优势产业，即煤化工、盐

湖化工、新能源、油气化工、新材料、有色金属及加工、特钢、装备制造、生物、特色纺织，这为青海省发展加工贸易提供了良好的平台。从近年来的对外贸易看，青海省依托青藏高原特殊的地理气候条件和纯天然资源，制造出了全世界独一无二的特色产品，出口的主要产品为成箔、镁合金等新材料以及低碳、山羊绒、民族服饰、冬虫夏草、枸杞等特色产品。随着新丝绸之路经济带的建设，青海省向西开放的程度也会加大，这必将改善和优化全省的投资环境，同时交通等基础设施的改善也将进一步弱化青海省的地缘劣势。而中西部地区由于产业结构调整，部分劳动密集型产业正在向西部转移，青海省应把握住这次产业转移的机遇，在保护生态环境的前提下，有选择性地承接中东部转移的产业，提高自身加工水平，大力发展加工贸易。另外，在大力发展加工贸易的同时也要引导加工贸易向产业链上游发展，鼓励和引导企业加大技术研发力度和科技创新水平，培育具有核心竞争力的企业和自主知识产权的名牌产品。鼓励本省配套产业的发展，进一步吸引技术水平较高的加工贸易企业落户青海省。

（三）加大服务贸易投资力度，积极培育服务贸易作为新的增长点

服务贸易目前已成为发达国家扩大出口的重要手段，青海省应充分发挥服务贸易所具有的独特优势，包括文化、旅游等资源优势，大力发展服务贸易，促进服务贸易出口。为了培育服务贸易的发展：① 要提高货物贸易和服务贸易的互动性，即在一些已经开拓了货物贸易市场的国家和地区，加快发展服务贸易，通过货物贸易带动青海省服务贸易的出口。② 要进一步拓宽服务贸易发展的领域。青海省目前服务贸易基本是以旅游服务为主，而来青海省旅游的游客中国内游客占绝大部分，境外旅游人数相对较少，服务贸易发展有限。在未来的发展中，青海省要以生态文明建设现

行示范区为依托，以促进全省经济发展水平为目的，以提高服务业竞争力为核心，以科技进步为动力，按照积极推进新兴服务贸易出口与扩大传统劳动密集型服务贸易出口相结合的原则，积极培育服务贸易企业和项目，做大产业规模，形成产业集群。巩固、扩大旅游等传统服务贸易进出口规模，积极推进少数民族文化、藏药材等新兴服务贸易的发展，加快青海省服务贸易的发展。③ 要抓住当前国际服务业转移的机遇有序承接服务贸易领域的转移，积极营造服务市场开放环境，引导外资更多投向服务业。重视发展商业存在的服务贸易，要抓好以下三个方面：要加强宣传力度，提高人们对商业存在的认识，营造商业存在的政策和法律环境；外资管理和统计部门加强对商业存在的统计、分析，发现青海省发展服务贸易存在的问题、缺陷，探索提升青海省商业存在水平的最佳路径；根据产业发展的需要，将服务行业，如旅游、运输、物流、商贸流通等，放在优先发展的位置。

五、组织创新是对外贸易发展的保障

(一) 转变发展观念，调整政府导向

彻底转变发展观念是转变传统的外贸发展模式的根本前提。从理论上讲，发展观念是关于发展的本质、目的、内涵和要求的总体看法和根本观点。其内涵随着社会生产力的发展、人类文明和社会进步而越来越丰富，有什么样的发展观，就会有什么样的发展道路、发展模式和发展战略，就会对发展的实践产生根本性、全局性的重大影响。科学发展观的基本内涵是坚持以人为本，树立全面、协调、可持续的发展观，促进经济社会和人的全面发展。它是在更高理论层面上适应我国经济社会发展新阶段、新情况的需要而提出的新的发展思路；是统领我国社会经济发展全局的指导思想，它既为破解我国当前发展中存在的种种问题提供了一把新钥

匙,又为我国经济社会发展提供发展目标和方向,理所当然地在转变对外贸易发展模式中发挥着重要作用。要认真落实党中央、国务院全面深化改革决策部署,适应经济发展新常态,深化对外贸易及投资体制改革,要加强对外贸易的顶层设计,谋划大棋局,既要谋子更要谋势,积极融入"一带一路"建设,构建开放型经济新体制,培育对外贸易竞争新优势,开创对外开放新局面,建立一套有利于对外贸易发展模式转变的科学合理的考核指标体系。同时,要积极搭建公共性的对外贸易促进政策平台,制定有利于转变对外贸易发展模式的贸易政策,编制对外贸易发展的专项规划,引导全省对外贸易持续健康发展。

(二)加大简政放权力度,促进贸易便利化

坚持改革创新抓落实,加大简政放权力度,创新对外贸易管理方式,服务企业健康发展。坚持突出重点抓落实,促进外贸与内贸、规模与结构、线上与线下、项目与渠道、展会与产业融合发展。坚持强化合力抓落实,顺应商务工作要素深度交叉趋势,增进成员单位之间,部门地区之间,商务系统内部外贸、内贸、投资部门之间的协调推进,推动青海省对外贸易持续稳定发展。① 政府的角度应进一步转变职能,简化审批,正确处理政府与市场的关系,充分发挥政府作用,保障市场在资源配置过程中的决定性作用。同时,在转型发展过程中,坚持集聚带动,以产业集聚促进人口集聚,以人口集聚促进要素集聚,壮大县域经济,依靠集聚带来的规模经济,充分利用丝绸之路经济带这个向西开放的平台,进一步推进旅游业与会展业以及商贸、物流、金融等各产业的深度融合发展。② 根据《国务院关于推广中国(上海)自由贸易试验区可复制改革试点经验的通知》,充分借鉴吸纳上海自由贸易试验区改革试点经验,着力解决市场体系不完善、政府干预过多和监管不到位等问

题,逐步构建与青海省经济发展相适应的新体制、新模式。通过创新行政审批管理服务、深化工商服务便利化改革、创新市场监管体制、探索建立综合执法体制、构建社会信用体系、创新金融服务、建立促进科技创新的体制机制、构建对外开放服务体系,最大限度地释放各类市场主体投资、创新和创业活力,争创体制机制的比较竞争优势。与周边城市海关关区合作,推进通关作业无纸化改革、区域通关一体化。推进口岸各部门信息互换、监管互认、执法互助,与检验检疫部门合作开展"一次申报、一次查验、一次放行"和旅检通道"一机两屏"查验模式。按照整体设计、分步实施、逐步完善的原则,努力把青海省打造成为西北地区的开放高地。提升对外贸易便利化水平,是深化改革、扩大开放,积极参与国内外产业分工的重要举措,将推动青海省成为西部地区重要的特色产业转移承载区。

(三) 积极落实对外贸易政策,加大政策支持力度

目前,经济下行压力仍然较大,对外贸易形势复杂严峻,为促进对外贸易稳增长、调结构,国务院于2014年连续出台《关于促进进出口稳增长、调结构的若干意见》《关于支持外贸稳定增长的若干意见》等指导性意见。相关部门要围绕政策落实兑现,从实际出发制定各自配套细则,确保相关职能部门将优惠政策措施落到实处,力求充分发挥政策效应,营造对外贸易发展良好的外部环境。充分利用现有专项资金政策,加大对贸易发展的支持力度。鼓励政策性金融机构在业务范围内加大对贸易的扶持力度,支持对外贸易重点项目建设。安排小微对外贸易企业融资风险专项资金,委托商业银行配套安排信贷资金,向小微对外贸易企业发放融资风险专项资金贷款,加强对小微企业的融资支持。用足用好国家各类资金政策,积极争取国家外经贸等各类资金。创新通关模式,力保企业通关畅通,在推进"绿色通道、专门窗口"通关便利措施常

态化的基础上，打造青海省对外开放的“新窗口”，推进青海省跨境贸易电子商务发展，营造良好的对外开放环境。

（四）推动与周边省份特别是涉及“一带一路”倡议的省份相互协作

积极参与“丝绸之路经济带”“上海合作组织”“中日韩合作机制”“金砖国家合作机制”等区域合作机制和多边合作平台，紧紧抓住国家实施“向西开放”战略发展机遇，充分发挥地缘民族优势，把推进经贸合作项目落地和互联互通作为构建全方位开放新格局的重要途径，积极打造开放型经济发展新高地。认真研究青海省与中亚、西亚、南亚、欧洲等的合作，在同这些地区的合作中寻找切入点，抢占转型发展先机，为青海省的经济和贸易发展做好服务。“一带一路”建设将大幅拉动对外投资，加快国内产业结构升级，带动生产性服务业等产业发展和出口增长。“一带一路”也是国内区域经济结构调整的大战略，它可以让省份优势互补、相互促进，释放更大潜力。在《愿景与行动》划定的“一带一路”图景中，全国18个省份成为战略重点，陕西、宁夏、青海、新疆等内陆或边疆省区，即将成为对外开放的“新高地”，跟国际产业分工接轨，在新的价值链体系里重新找到自身定位，形成一个更大的、互利共赢的新经济体系。青海省作为丝绸之路的重要途经之地，要充分发挥特色产业、民族文化、资源能源和区位条件等优势，积极与沿线国家和地区开展交流合作，进一步拓展合作领域，深化合作内涵，提升合作水平。鼓励企业在基础设施、新能源、轻纺、食品加工、生物医药、信息通信、生态环保、装备制造以及现代服务业等领域开展务实合作，实现优势互补、共同发展。积极挖掘“一带一路”的历史和文化内涵，支持鼓励民间开展深层次交往，广泛开展文化交流、学术往来、人才交流合作等，为深化双边多边合作奠定坚实的民意基础。开展多层次、多形式的互访交流、论坛研讨等活动，构建政府间交流合作机制，在产业政策、发展规划和重大项目建设等方面加强沟通协商，签署合作框架，完善政策措施，特别是发挥中国（青海）国际清真食品用品展览会这一既有平台的作用，共同推动建立长期高效的合作机制。

（五）加强现代综合物流体系建设，完善公路、铁路、航空等基础物流设施

相对于沿海发达贸易省份和边境省份，青海省的区位优势并不明显。空间距离是阻碍青海省对外贸易发展的主要因素之一。主要体现在资源的开发成本较高，远离终端消费导致运输成本也高。落后的基础设施和高新技术的缺乏导致难以延伸贸易上下游产业链，出口加工贸易的产业辐射能力和聚集效应不能充分释放。目前，青海省运输通道的规模和运输能力明显不足，空间布局不合理，交通基础设施薄弱，现有的交通和口岸条件制约了生产要素流动和经济的发展。因此，改善交通运输条件，节约运输和劳动力成本，提高产品的市场效率和竞争力等，对于发展对外贸易具有重要意义。在新丝绸之路经济带战略下，青海省应该加大基础设施的建设力度，特别是完善与新丝绸之路经济带及周边区域的交通，构建公路、铁路、航空为一体的现代交通网络，使青海省成为连接我国东部与西部、西南与西北、内地与边陲的交通枢纽，形成连接周边省区以及西北通往华中、华东、西南地区乃至中亚及欧洲各地的陆路铁路运输大通道，充分发挥青海省在丝绸之路经济带上的交通枢纽的战略地位。在建成曹家堡保税物流中心的基础上，发挥保税物流中心对经济增长的带动作用，将曹家堡保税物流中心作为青海省向西开放的有效平台。积极推进国际货运场所建设，巩固已开通国际（地区）航线，积极培育新航线。加强与沿边口岸的交流合作，建立区域通关合作机制。

（六）积极争取设立保税物流区，为今后谋划建立自由贸易区做准备

保税区是中国继经济特区、经济技术开发区、国家高新技术产业开发区之后，经国务院批准设立的新的经济性区域。由于保税区实行比其他开放地区更为灵活优惠的政策，已成为中国与国际市场接轨的“桥头堡”。综合保税区是目前我国开放层次最高、优惠政策最多、功能最齐全、手续最便捷、运行规则与国际接轨的一种新的自由贸易港区模式。目前，西北五省市中，甘肃省已经获批兰州新区综合保税区和武威保税物流中心；宁夏回族自治区被确定为内陆开放型经济试验区以及获批银川综合保税区；新疆维吾尔自治区被确定为“丝绸之路经济带核心区”，拥有阿拉山口综合保税区、喀什综合保税区、乌鲁木齐综合保税区；西藏自治区在积极申报那曲综合保税区；青海省目前只有曹家堡保税物流中心已投入运行，曹家堡保税物流中心的主要作用就是解决一般贸易出口商品退税问题、解决一般贸易进口商品保税问题和解决加工贸易中的深加工和结转货物问题，有利于降低物流成本和增加物流服务价值。

在曹家堡保税物流中心的投入运行平稳之后，青海省应该着手加快保税物流中心向综合保税区的升级，升级为综合保税区，将有助于提高开放层次、获得优惠政策、完善功能，将来还能享受到自贸区的各种优惠政策，并为纳入自贸区做好准备。虽然短时间内青海省还不具备申请自贸区的条件，但是可以通过与周边省份的合作，为今后长期规划做准备。目前，与青海省毗邻的兰州正在积极申报自贸区，新疆维吾尔自治区也拟以喀什综合保税区为主体，联合乌鲁木齐出口加工区、阿拉山口保税区等几个口岸共同申报新疆自贸区，宁夏回族自治区也在积极申请设立中阿自由贸易区。加强与这些省市的合作，有助于青海省对外贸易的快速发展。

(七) 改革完善金融、财税政策，助力青海省对外贸易发展

充分发挥金融对贸易发展的支撑作用、带动作用和导向作用。鼓励金融机构积极开展进出口信贷业务，扩大出口信用保险规模，提高出口信用保险覆盖率，扩大对风险国别和市场的承保范围，为全省各类出口企业安全收汇保驾护航。以跨境金融业服务创新为主线，在货币流通、市场准入、审慎监管和维护区域金融稳定等方面加强与贸易伙伴国家的深度合作，争取上海合作组织开发银行、亚洲基础设施投资银行、丝路基金等机构的大力支持，全面梳理和统筹利用好现有的各项外贸政策，形成政策合力。重点加强与进出口银行、信保等政策性金融机构的衔接和沟通，充分利用以上机构在丝绸之路经济带的政策支持，加大对青海省企业在开拓中亚等国际市场中的支持力度。充分发挥出口信用保险的政策导向作用，支持符合青海省经济结构调整方向的货物、技术和服务的出口。加强对优势产品出口提供政策性金融支持。完善财政对外贸支持的稳定机制，推动外贸和相关产业结构调整及转型升级。财政加大对"具有自主知识产权、自主品牌、自主营销、高科技含量、高附加值及高效益"出口产品的支持力度。简化一般性退(免)税审批手续，积极配合国家财税部门完善出口退税政策，争取改进出口退税负担机制，进一步下调出口退税超基数地方负担比例，实行出口退税基数动态调整。

参考文献

[1] Awokuse, Titus O. Trade Policy and Economic Growth: A Skeptic's Guide to the Cross-National Evidence[J]. NBER Macroeconomics Annual, 2010(15).

[2] [美] 保罗·克鲁格曼. 克鲁格曼国际贸易新理论[M]. 黄胜强，译. 北京：中国社会科学出版社，2001.

[3] [美] 保罗·克鲁格曼,茅瑞斯·奥伯斯法尔德. 国际经济学理论与政策(第六版)[M]. 海闻,潘圆圆,张卫华,等译. 北京：中国人民大学出版社,2006.
[4] 曹玉平. 出口贸易、产业空间集聚与技术创新：基于20个细分制造业面板数据的实证研究[J]. 经济与管理研究. 2012(9).
[5] 陈丽静. 知识产权保护、技术创新与贸易结构优化[D]. 浙江大学,2012.
[6] Davis, D R. Intra-industry Trade: A Heckscher-Ohlin-Ricardo Approach [M]. mimeo, Harvar University, 1994.
[7] 段世德,许建业,王靖. 科技创新与中国国际贸易竞争力互动研究[J]. 科技进步与对策,2009(13).
[8] Findlay, R. Factor Proportions, Trade, and Growth [M]. Cambridge, MA: MIT Press, 1995.
[9] Grossman, G. , and Helpman, E. Innovation and Growth in the Global Economy. [M]. Cambridge, MA: MIT Press, 1991.
[10] 郭国峰,温军伟,孙保营. 技术创新能力的影响因素分析——基于中部六省面板数据的实证研究[J]. 数量经济技术经济研究,2007(9).
[11] Harmse, C. C. A. Abuka. The links between Trade Policy and Total Factor Productivity in South Africa's Manufacturing Sector[J]. South African Journal of Economics, 2012(73).
[12] 黄锦明. 科技创新对国际贸易的影响及我国的对策[J]. 经济纵横,2007(21).
[13] 胡江辉. 科技创新推动我国贸易结构转型[J]. 经济问题探索,2009(12).
[14] 江小涓,杨圣明,冯雷. 中国对外经贸理论前沿Ⅲ[M]. 北京：社会科学文献出版社,2003.

[15] Krugman, P. R. A "Technology Gap" Model of International Trade, in Jugen and Hague[J]. Structureal Adjustment in Developed Open Economics, 1986(13).

[16] Lucas, Jr. Robert E. On the Mechanics of Economic Development[J]. Monetary Economics, 1988(22).

[17] 李向阳. 世界经济前沿问题(上、下)[M]. 北京：社会科学文献出版社,2007.

[18] 李平,田朔. 出口贸易对技术创新影响的研究：水平溢出与垂直溢出——基于动态面板数据模型的实证分析[J]. 世界经济研究,2010(2).

[19] 李小平,卢现祥,朱钟棣. 国际贸易、技术进步和中国工业行业的生产率增长[J]. 经济学(季刊),2008(2).

[20] Lemoine, Deniz. Assembly Trade and Technology Transfer: The Case of China[J]. World Development, 2004(5).

[21] Makusen, J. R. and L. E. O. Svenson. Trade in foods and factors with international differences in technology[J]. International Economic Review, 1985(26).

[22] Matsuyama, K. Agricultural Productivity, Comparative Advantage, and Economic Growth[J]. Economic Theory, December, 1992(58).

[23] Marinescu, L D. Innovation and Globalization of Manufacturing [J]. International Journal of Industrial Engineering, 2000(6).

[24] Melitz, J. The Impact of Trade on Intra-industry Reallocations and Aggregate Industry Productivity[J]. NBER Working Paper No. 8881. 2002.

[25] 裴长洪. 中国对外经贸理论前沿(4)[M]. 北京：社会科学文献出版社,2006.

[26] 裴长洪. 中国国际商务理论前沿(6)[M]. 北京：社会科学文献出版社，2011.

[27] 青海省人民政府. 青海省"十二五"规划纲要(2011—2015 年)[R]. 2011.

[28] R. Van Elkan. The Economic Implications of Learning by Doing[J]. Amercian Economic Review, 1996(45).

[29] 唐杰英. 技术溢出、技术创新和对外贸易——基于一般均衡视角的一个理论分析框架[J]. 世界经济研究，2011(10).

[30] Wagner, Joachim. K. Endogenous Growth and Cross-Country Income Di. erences [J]. American Economic Review, 2011(90).

[31] Wyn Morgan, Bruce Morley. Causality between Experts, Productivity and Subsidies in EU Agriculture[R]. Research paper, 2007.

[32] 魏守华. 国家创新能力的影响因素——兼评近期中国创新能力演变的特征[J]. 南京大学学报(哲学社会科学版)，2008(3).

[33] 许培源. 贸易结构与贸易溢出的技术创新效应[J]. 亚太经济，2012(1).

[34] Young, Alwyn. Learning by Doing and the Dynamic Effects of International Trade[J]. The Quarterly Journal of Economics, 1991(2).

[35] 张晓峒. 计量经济学基础(第二版)[M]. 天津：南开大学出版社，2005.

[36] 赵静敏. 科技创新与对外贸易增长方式的转变研究——基于江苏数据的实证分析[J]. 中国管理信息化，2009(14).

[37] 曾卫锋. 国际 R&D 溢出、贸易方式与中国的经济增长[J]. 财贸经济，2008(8).

第二章 金融生态视阈下的小额信贷与青海省藏区经济可持续发展研究

小额信贷创立于20世纪70年代，这种专门针对贫困和低收入人口以及小微企业提供金融服务的信贷方式，作为一种有效提高农民收入的政策手段和制度创新得到了越来越多的关注，被国际上公认为是降低贫困的有效方法，现已在全世界上百个国家实践和应用，在发展中国家得到巨大发展，在金融界乃至消除贫困领域，创造出了一个神话。由于传统的、正规的金融制度设计难以适应低收入、无抵押、无信用记录群体的融资需求，长期以来我国低收入群体金融服务严重缺位。

1998年12月，联合国会员大会指定2005年为“国际小额信贷年”，2005年11月18日，“国际小额信贷年”在美国纽约的联合国总部正式启动，目标是到2015年，全球每天收入1美元以下的贫困人口比例比1990年减少一半。国际上小额信贷发展在经历了最初主要依靠捐赠资金的项目经营阶段之后，已经逐渐实现了较高覆盖率与可持续发展的双重目标,小额信贷在农村金融领域中占据着越来越重要的位置。在许多发展中国家,小额信贷已不仅仅致力于扶贫,更加关注的是为尽量多的中低收入群体提供全方位的金融服务。小额信贷不仅为农村经济发展注入了新的活力,也使得我国在农村资金的投入和利用上进入了新的阶段。中国的扶贫事业从20世纪80年代开始,尤其是20世纪90年代以后,孟加拉乡村银行模式的小额信贷就被引入到我国,致力于农村经济增长和扶贫的双重目标。经过20多年的发展,我国小额信贷项目和机构形成了自己的特点。但从实践来看,完全照抄孟加拉乡村银行模式是行不通的,比如这种小额信贷模式在运行中存在诸如缺乏发展小额信贷的政策环境、小额信贷机构及其人员严重依附于地方政府、小额信贷实行的贷款模式比较单一等诸多问题,只有认清中国国情,根据中国小额信贷发展现实来研究中国小额信贷问题,才能够从实践中来、到实践中去。

小额信贷机构作为金融生态主体之一,与其运行的外部金融环境构成了一个彼此相互联系、相互依赖的体系。因此研究中国小额信贷的发展,探求符合本国国情和本地区实践的小额信贷模式,对小额信贷的发展研究有着极其重要的理论价值。本章从优化金融生态环境的视角出发,探寻小额信贷与藏区经济增长之间的关系,并提出相应的策略与建议。对小额信贷的研究,有利于普惠性金融体系的构建,在加大民族地区农村金融资源配置力度、增加农民收入、减少贫困人口等方面发挥重要作用。本章研究对青海省藏区小额信贷的发展研究具有极强的实践价值,特别是金融生态环境的优化对于缓解青海省藏区农牧民融资困境,促进青海省藏区地方经济发展都具有重要的现实意义。

第一节　金融生态与小额信贷基础理论

国内外社会各界和理论界对小额信贷的研究给予了极大的重视与关注，形成的各种理论也较多。以下将分别对金融生态与小额信贷的国内外研究理论成果作简要概述。

一、金融生态与金融生态环境

(一) 关于金融生态内涵的研究

金融生态在英文文献中没有对应的词，金融生态的引入及所涉问题是我国所特有的，其研究具有很强的中国特色。在国外，虽然没有专门的“金融生态”的命题，但学者利用生物学的原理、技术去观察经济问题，早已有之。马歇尔在其经济学巨著《经济学原理》中提出“经济学家的目标在于经济生物学，而不是经济力学”，并用“适者生存”规则论述工业组织之间的竞争。作为诺贝尔经济学奖获得者的赫伯特·西蒙，也努力融合经济学与生物学的思想，在其《现代决策理论的基石》中讨论了适应、生态环境和文化的进化。而真正吸收生物学的本质思想，把其应用于经济学研究并形成理论的，可以追溯到生态经济学、演化经济学。

中国人民银行行长周小川于 2004 年 12 月 7 日在《金融时报》上一篇题为《完善法律制度，改善金融生态》的文章中，系统地提出了“金融生态”这个对金融业的拟生化概念，之后众多学者开始对金融生态这一领域进行研究，使之成为金融问题研究的新热点。

李扬等认为金融体系并不是独立创造金融产品和金融服务的系统，它的运行与各种环境要素、环境的构成和变化以及主体行为的异化有关。

徐诺金利用生态学的概念来分析金融生态系统的特征，并将金融生态系统定义为金融与非金融成分环境之间通过资金和信息的流动相互作用、互相依存而构成的一个整体，它由金融生态主体、金融生态环境、金融生态调节三部分组成。从上述理论研究不难发现，金融生态的概念逐渐从模糊走向清晰，从抽象变为具体，学科的融合度逐步地提高，相应的分析也更贴近我国金融的实际。

（二）关于金融生态环境的研究

周小川提出金融生态环境的概念，为我国经济发展的核心推动力——金融发展的依赖路径研究提出了新的指引方向。周小川表示人民银行各分支行的角色定位之一就是要改善地区的金融生态，促进地区信用环境和金融环境的优化。

苏宁则指出“金融生态”是一个比喻，它不是指金融业内部的运作，而是借用生态学的概念，来比喻金融业运行的外部环境，主要包括经济环境、法制环境、信用环境、市场环境和制度环境等。李扬等创建了城市金融生态评价体系，通过经济基础、企业诚信、地方金融发展、法治环境、诚信文化、社会保障程度、金融部门独立性等因素综合指数的设计，运用数据包络分析（DEA）模型对我国的城市金融生态环境进行了定性和定量的分析。

杨子强对金融生态环境的概念从广义与狭义两个层面进行了阐述，他指出狭义的金融生态环境是指包括法律、中介服务体系、信用体系、银企关系等方面的微观层面的金融环境。广义的金融生态环境则是指在金融业生存、发展中与其具有互动关系的社会、自然因素的总和，包括政治、经济、文化等一切与金融业相互影响、相互作用的因素。同时，他还主张商业银行应当重视对金融生态环境的研究和利用，深刻把握金融生态主体与环境之间的密切关系。

南旭光、罗慧英在《金融生态视角下我国农村金融体系改革与重构》一文中指出，我国农村金融体系实际上是一种具有很多生态特征的组织活动。金融生态可理解为在一定时间和空间范围内，金融生态主体之间、金融生态主体与金融生态环境之间等各种关系的总和，是通过分工、合作所形成的具有一定结构特征、执行一定功能的动态平衡系统。要改进与优化金融生态体系，就需要从完善金融生态环境、金融生态主体、金融生态调节机制三个方面入手。

综上所述，金融生态借用生态学的观点，为金融体系的运行及其与社会环境之间的关系提供了新的视角，金融体系各要素之间具有相互依存、彼此影响的动态关系，金融体系的运行绝非只是创造金融产品和金融服务，它与其赖以活动的政治、文化、法制、经济等基本环境要素，构成错综复杂、相互影响的关系，而且环境因素的构成与其变化对整个金融生态系统会造成重大的影响。

二、小额信贷的基本理论

近年来，国内外许多专家、学者从不同角度对小额信贷的发展问题进行了大量研究，相关的研究成果很多。主要集中在小额信贷的内涵、类型、可持续发展、小额信贷与经济增长的关系等方面。

(一) 关于小额信贷内涵的研究

对于小额信贷的概念界定，目前理论界并没有统一的认识。国际上普遍认为它是一种较为成功的扶贫手段，是一种关注中低收入人群发展的方式。美国学者 Murdoch 指出，小额信贷是一种向贫困农户直接提供的无资产担保的信贷模式，并通过高利率保持了较高还贷率的扶贫到户方式。Bankakaemie International 阐述了小额信贷是金融领域的一部分，主要为满足那些从未或很少得到正规金融服务的家庭和企业的金融需求。因而,小额信贷机构的主要客户群体是低收入家庭。世界扶贫协商小组(CGAP)所给出的小额信贷定义为:对贫困者提供贷款、储蓄、汇款等各项金融服务用,以满足他们生产、经营、消费等需要。杜晓山、孙若梅指出,小额信贷主要为低收入阶层(包括贫困户)提供存款和贷款服务。通常具有小额度、分期还款、短期、不需要担保或灵活多样的担保形式、市场利率水平、贷款成员自我组织等特征,小额信贷中的"小额"是相对的综合概念。

20 世纪 80 年代的世界性债务危机,促使一些经济学家提出通过鼓励小型经营活动来激发穷人的工作动机,对反贫困中出现的问题进行反思。Lucarelli 认为,到了 90 年代,小额信贷逐渐成为以市场为导向的新发展战略的重要组成部分,新发展战略强调自我雇佣,使非正规部门通过投资创造就业,在加速原理的作用下,增加资本积累,提高就业、收入和消费,这种作用可以用标准的储蓄贷款模型来加以阐释。从理论上看,许多经济学家将小额信贷视为从微观层面解决发展战略失效的对策,NGO 取代政府成为小额信贷的主要提供者。商业化小额信贷强调消除贫困要依靠提供工作机会、加强 NGO 领导力和市场力量的运用来实现,反对长期依赖补贴。

国务院扶贫办于 1998 年对小额信贷的定义为"通过特定的小额信贷机构为具有一定潜在负债能力的穷人提供信贷服务以帮助他们摆脱贫困的特殊信贷方式"。

研究小额信贷的学者、专家普遍认为,小额信贷主要包括以下几个方面的特征:

(1) 使借款人易于接近并使其交易成本最小化;

(2) 便于客户根据自己的现金流程按时归还贷款;

(3) 较低的管理成本和交易成本;

（4）利息不过高，但足以弥补包括资金成本、交易成本以及风险成本在内的成本；

（5）通过宣传分享参与权（贷款将在小组成员间轮流发放）促进还款；

（6）充分掌握贷款人及其业务活动、所在社区一般状况等信息；

（7）运用特殊的融资技术，如小组集体借款、小组共同责任和小组作为共同债务人的身份，提高还款率；

（8）小额信贷机构鼓励小组成员储蓄，并鼓励这些成员相互进行储蓄动员，使其从单一的放款行为转变为真正意义上的金融中介；

（9）提供金融服务时，对资金用途不进行过多限制。

纵观国内外小额信贷理论，各种模式的小额信贷大都包括以下两个基本层次的含义：① 为大量低收入（包括贫困）的人们提供金融服务；② 保证小额信贷机构自身的生存和发展。这既相互联系又相互矛盾的两个方面，构成了当今小额信贷的完整要素，两者密不可分、缺一不可。从本质上讲，小额信贷是将金融创新、组织制度创新的信贷活动与扶贫到户项目有机结合成一体的金融方式。

由此，本章研究对小额信贷的概念提出了较完整的定义：小额信贷是指一种面向特定目标人群的可持续性提供金融产品或服务的金融创新方式。这里所谓的特定目标人群，主要是指贫困农户或微型企业。所谓的可持续性，既包括提供这种信贷的服务机构自身盈利性和可持续性发展，也包括小额信贷服务模式的可持续性发展。小额信贷这一概念不仅包括了传统的扶贫模式，还包括现代的商业盈利模式，是一种扶贫和金融创新相结合的金融服务模式。其主要目的就是解决贫困农户和微型企业融资困难的问题，为他们提供小规模的资金以发展生产，最终获得收入或利润，从而达到借款者和贷款者“双赢”的目的。

(二) 关于小额信贷分类的研究

小额信贷的分类方法很多，但是从宏观方面区分，总体上可以分为福利主义小额信贷和制度主义小额信贷。福利主义小额信贷是最早产生的小额信贷形式，是指为解决一部分人生产生活的困难而向低收入人群提供贷款的小额信贷，其目的主要是扶贫的作用，它更注重项目对改善贫困人口经济和社会福利的作用，以孟加拉乡村银行为代表。最初的福利主义小额信贷大多从非政府组织基于农村经济增长和消除贫困的社会实验开始，以社会发展为己任，通过向贫困社区提供小额金融服务以及其他非金融社会服务如技术培训、教育、医疗等，来努力实现经济增长和减贫的目标。在首要目标定位于社会发展的同时，这些组织也努力通过员工激励和严格财务制度等手段来实现可持续发展的目的。而制度主义小额信贷是现代小额信贷的发展趋势，它指不仅仅对穷人提供小额贷款，还要对微型企业和一部分需要资金进行生产但又无法提供担保品的人提供小规模信贷支持，其区别于福利主义的最基本特点就是它注重管理和目标设计中的可持续性和盈利性。其主要的代表模式是印度尼西亚的人民银行、乡村信贷机构和玻利维亚的阳光银行。它们最主要的是关注商业可持续性，来为更多低收入人口提供金融服务。

虽然这里把小额信贷分类为制度主义小额信贷和福利主义小额信贷两类，但是它们之间又是相互联系的，其目标差异主要是程度上的而不是性质上的，如强调机构可持续性的制度主义小额信贷类型同样也关心扩大贫困人口的存款和贷款；强调改善贫困人口经济和社会地位的福利主义小额信贷同样注重机构的可持续发展。

杜晓山根据项目的宗旨和目标、资金来源和组织机构，将小额信贷划分为三个类型：① 主要依靠国际机构捐助贷款资金，以民间或半官半民组织形式为运作机构的小额信贷实验项目；② 主要依靠国家财政资金和扶贫贴息贷款为资金来源，政府机构和金融机构（农业银行）为运作机构的政策性小额信贷贷款扶贫项目；③ 根据中央银行信贷扶持"三农"的要求，由农村信用社存款和央行再贷款为资金来源，在地方政府的配合下，开展对农户小额信用贷款和联保贷款。

何闽峰将小额信贷功能与城乡金融机构功能定位有机结合起来，将其分为城乡商业性金融开办"纯商型"小额信贷、政府性金融开办"政策性"小额信贷、合作金融机构开办和其他金融机构开办"政策性、商业结合型"小额信贷。有的学者指出这种分类没有把小额信贷公司等非正规小额信贷组织开展的小额信贷包括在内。

（三）关于小额信贷可持续发展的研究

一些批评者认为机构的持续性和小额信贷的延伸性具有内在矛盾，追求盈利的商业化小额信贷将导致对社会目标的偏离。Dichter 认为，大多数以储蓄、贷款为导向的项目既不能增进社会福利，也不能提高小型经营活动的经济效率。也有人担心盈利动机会导致小额信贷机构放弃居住在偏远和自然条件恶劣的农村地区的人群，而转向接近商业活动和制造业中心的城市居民。

2005 年中央 1 号文件提出"有条件的地方可以建立更贴近农民和农村需要、由自然人或企业发起的小额信贷组织"。2005 年 12 月 27 日，中国人民银行以山西省平遥县作为首批小额贷款试点，在全国率先挂牌成立了"晋源泰""日升隆"两家小额贷款公司。我国小额信贷开始由试验和政策性扶贫向商业化运作转变，小额信贷机构开始走向商业化和多元化。

汪三贵指出，小额信贷机构因没有明确的合法地位，资金来源方面受到严格的限制，大多只能依靠外来资金捐赠和部分扶贫贷款。扶贫贷款的资金有限，品种单一，小额信贷机构不能靠吸收储蓄来扩展自己的业务，也无法获得商业性贷款用于小额信贷，仅仅依靠捐赠和贷款来实现小额信贷的可持续发展是困难的。

河北省农村小额信用贷款课题组认为，目前中国小额信贷项目的可持续性发展动力不足，多数项目处于需要外来资金注入或需要部分补贴的阶段。而中国小额信贷资金来源主要是政府的扶贫资金，其他诸如公开吸收储蓄、基金储蓄、代扣罚金和吸收入股等国际上常见的储蓄形式中国都没有。由于没有组织的资源存款，因而缺少稳定资金来源渠道。

北京大学王曙光从哲学的角度说明小额信贷强调商业性而不是慈善性。商业上的可持续性也是吸引大量投资者加入小额信贷事业的重要条件之一，小额贷款（包括小额保险）已经被证明是可以实现商业上的可持续性并获得可观利润的，这一点已经被越来越多的国际投资者所肯定。

人民银行小额信贷中心支行从近几年的统计数据出发，通过对小额信贷在青藏地区实施效果的分析，挖掘制约青藏地区小额信贷的关键性影响因素，以及这些因素与金融机构支持的密切关系，进而就如何完善小额信贷对农户、在校贫困生、下岗失业人员的金融支持，有针对性地提出相关对策建议。

（四）小额信贷与经济增长的关系

墨达克回顾了以往研究小额信贷对反贫困影响的文献，指出尽管许多研究的质量尚待改进，但大量的研究正在证实小额信贷具有增加信贷者收入的效果。Remenyi 发现："得到信贷的家庭收入比没有得到信贷的家庭明显提高。在印度尼西亚，12.9%的贷款户年平均收入增加，来自非贷款的数据只有3%增加(控制组)。”

海新权、杨林娟在《农村金融与经济增长关系的实证分析——以甘肃为例》一文中，运用甘肃省1990—2007年农村经济增长数据和有关金融数据，分析了甘肃农村金融发展对农业经济的影响。认为甘肃农村金融的发展有助于农村消费的增长，但拉动的作用比较有限。甘肃农村金融发展与农业经济增长存在行业间或部门间的金融压抑现象。

宁慧在《青海农牧区小额信贷现状与发展对策》一文中提出，农村小额信贷是对农村低收入居民提供的金融服务，是金融体系的重要补充。青海省农牧区小额信贷业务发展迅速，为增加农牧民收入起到重要作用，但是也存在着如供给量不足、结构单一、利率高、期限短、不良贷款率高等问题，严重阻碍了青海省农牧区经济的发展，因此提出促进农牧区经济增长、增加农牧民收入、加快农牧区金融服务体系的完善和创新步伐、完善农牧户小额信贷发放工作、科学合理确定贷款利率和期限、建立规范的信用评级制度等措施。

严万寿从大通县的实际出发，提出农户小额贷款是农业银行金融服务“三农”的主要抓手，但由于承贷主体的特殊性，经营面临很大风险。并通过分析农户小额贷款经营管理中存在的现实问题，就如何实施精细化管理、提高放贷质量提出对策和建议。

马占贤对乐都县小额信贷业务状况进行了调查，提出了应完善小额信贷运行机制、创新小额信贷模式、改善信用环境等建议。

三、对国内外研究概况的简要评述

(1) 目前，学术界对金融生态的研究，较多集中在金融生态内涵与外延的探讨、金融生态对经济增长重要作用的规范分析以及金融生态环境改善的政策提出上，对金融生态与经济增长相关性的实证研究则较少。金融生态问题是我国所特有的一个现象，它是由于中国各个地区之间的区域差异性所造成的。

（2）目前国内外对小额信贷的研究着重从小额信贷的内涵、分类、可持续发展、小额信贷与经济增长等某个方面进行讨论，主要以个案分析为主，或者是对某一方面、某一地区进行研究，如利率问题，缺乏系统性和完整性。特别是已有的研究更多是把小额信贷视角置于扶贫的框架下，把小额信贷作为一种有效扶贫到户的工具。针对中国小额信贷问题的规范的宏观研究也不多见，缺乏从整体上把握中国小额信贷的视角和方法。

（3）对小额信贷机构可持续性发展的研究主要侧重加强内部治理和指标分析，注重小额信贷机构资金的可持续性，很少从外部环境，特别是金融生态环境进行分析。

（4）目前基于小额信贷发展的实证研究较为丰富，大多集中在农村金融与经济增长的关系研究、小额信贷与农民收入增长的关系研究等，而以青海省藏区为背景在金融生态的环境下进行研究的文献则是凤毛麟角。

第二节　国外小额信贷模式的成功运用

国外对于小额信贷的研究开始于20世纪70年代，最早深入研究者及实践创始人是孟加拉国的穆罕默德·尤努斯博士，他创建的孟加拉乡村银行（GB）模式一直被各国公认为发展小额信贷的基础模式。小额信贷从20世纪80年代以来，在亚洲、南美和非洲等许多国家和地区得到了广泛推广，在解决微小企业和贫困农户融资问题上取得了成功，典型的小额信贷机构包括孟加拉乡村银行（GB银行）、印度尼西亚人民银行（BRI）、FINCA（国际社会资助基金会)村银行、玻利维亚阳光银行、乌干达的村银行互助组模式等,小额信贷成功的国际经验值得我们借鉴和推广。

一、国际小额信贷的主要模式

(一) 孟加拉乡村银行

由孟加拉国的穆罕默德·尤努斯博士创建的孟加拉乡村银行又被称为格莱铭银行,其性质属于民间金融机构,孟加拉乡村银行的服务对象主要是贫困人口,尤其是农村贫困妇女,为他们提供存贷款、保险等综合服务。该银行以提供不到100美元的小额贷款为主,它的收入主要来源于利差,善于控制资金的回笼周期。为了维持银行的持续经营,孟加拉乡村银行先吸收国内外资助组织的资金,然后以收取利息的形式借贷给贫困需求者,期间的利差收入就是构成其收入的主要来源。在为贫困人口提供生产生活资金、促进贫困人口发展和改善其经济条件方面起到了积极作用。

(二) 印尼人民银行小额信贷部(BRI)

成立于1895年的印尼人民银行是印尼的主要商业银行之一,主要经营农村小额信贷、商业银行业务、投资银行业务等。其小额信贷部是国有商业银行运营小额信贷业务成功的典范,与孟加拉乡村银行不同的是,印尼人民银行是一家正规金融机构,是正规金融机构从事小额信贷的代表。从1984年政府取消了对农村小额信贷业务的财政补贴,印尼小额信贷的贷款对象是农户、佃农、家庭作坊加工者、小养殖户、小渔民及小商贩等。与孟加拉乡村银行有所不同,印尼银行的贷款对象并非完全是贫困群体,贷款对象比较广泛,是贫困户中具有还款能力的人,不是真正意义上的贫困农户,其小额信贷业务服务的对象限制于贫困线以上、具有合格的信用标准。BRI的贷款额度根据贷款小组的还款能力来确定,贷款期限一般为12个月，贷款资金一般只能用于购买固定资产或流动资产，不能用于消费。还款方式一般采取每月等额还息的方式。贷款金额在300美元以下的不需要抵押物，在300美元以上的需要房产或土地作抵押。

（三）玻利维亚阳光银行

玻利维亚阳光银行是由非营利性组织发展而来的。1992年才获得政府当局批准成为一家私人银行，专门从事小额信贷业务。与传统商业银行相比，阳光银行可以采取相对简单的贷款手续，无担保贷款并不被列为高风险业务。玻利维亚阳光银行占有玻利维亚银行系统1%的资产，但却服务于整个银行系统30%以上的客户。玻利维亚阳光银行可以说是非政府组织开展小额信贷业务的成功典范，它资金运用灵活，投资组合的设计、发掘市场和跟踪市场的能力都更强，能够及时供给需求者所需的金融产品及服务。

（四）乌干达的村银行互助组模式

成立于1984年的乌干达国际社会资助基金会，是一种村银行模式，成立的初衷是消除贫困，为低收入家庭提供信贷服务。该模式在世界范围内，为各国小额信贷组织普遍采用。村银行类似于孟加拉小额信贷模式，由30—50名邻居组成互助小组，以村庄为设立单位，小组成员由互相了解、愿意互相帮助与合作的邻居组成，小组成员之间实行民主集中自治的管理形式。由小组成员投票选举出领导，组内自主设计规章制度，小组长负责记账和贷款。

二、国际小额信贷模式的主要经验

（一）政府支持是小额信贷获得成功的前提

金融业关系着国家的经济安全，因此许多发展中国家都对金融机构和金融活动实行严格管制。初期的小额贷款机构，多是非营利性组织，不能合法地向客户提供全方位金融服务，尤其是不能吸收存款。后来随着小额贷款的成效越来越显著，亚洲和拉美一些国家，如孟加拉国、印度尼西亚、玻利维亚等采取了一系列措施，政府在政策上支持其发展，在法律上通过制定有关资本充足率、坏账准备金及信息发布等方面的专门法律法规，给予其合法地位。同时还通过免税、贴息贷款等方式给予其资金支持，这些举措使得小额信贷被纳入国家金融体系，并实现了赢利和可持续发展双赢的目的。

（二）合理的担保方式保证了小额信贷较高的还款率

缺乏正式的抵押品，如土地和房屋，是贫困人口获得正规金融机构贷款的主要障碍。而小额信贷机构则依靠抵押品的替代方式进行贷款。如孟加拉乡村银行采用小组信用联保方式，将农户组成联保小组，小组成员相互担保各自的贷款，如果借款集体中的任何一个人无法还贷，该小组的其他成员今后的贷款就会受到制约，这种方法的实现促进成员间起到相互监督和连带责任的作用。在这种机制下，很大程度上解决了“信贷市场失灵”的问题，不仅帮助了50%以上的借款者成功摆脱了贫困，也保证了银行超过98%的总体还款率。目前成功的农村小额信贷模式大多数都采取了灵活的抵押担保模式，对于贫困农户，一般不具备提供担保物品的能力，主要以发放信用贷款为主。小额信贷服务的宗旨，主要是为了帮助贫困人口尽快脱贫，其服务对象本身就是低收入的贫困人口。事实证明，如果采取的方法得当，无担保小额信贷，例如联保机制，是能够在农村地区普遍推行的。这种贷款模式不仅满足了农户对小额信贷资金的需求，同时也降低了小额信贷机构的运作风险，保证了资金的按时回收，保障了小额信贷机构的可持续发展。

(三) 银保合作大力推进了小额信贷的发展

从世界范围来看,低收入群体一般得不到商业性保险公司的关注与覆盖,特别是边远地区的农村人口。2006 年 2 月,国际保险监督官协会(IAIS)将发展小额保险作为推动低收入群体人群风险保障的一项重要工作。至此,小额信贷与小额保险相结合成为国际小额信贷发展的一大趋势。赞比亚的商业性金融机构与保险机构联合创新推出一些适合小农户的金融产品,如"Zyonse 金融产品组合",该产品由商业银行提供信贷融资,由保险公司提供财产保险、生产信贷和抵押担保等。农户事先只需存入一些款项作为保险金,并以生产地库存收据作为抵押向银行申请贷款,小额贷款得到了保险公司的担保,提高了银行对农户的贷款发放率,促进了小额信贷的发展。

(四) 高利率是国际小额信贷的共同特点

低利率可以帮助穷人获得贷款的观念已经被很多国家的实践证明是不可行的,这不但不能实现财务的可持续性,还会给贪污、寻租以可乘之机。一般而言,小额信贷机构需要靠利率来维持以下三种成本:即获得贷款本金的成本、风险成本及管理成本。为了保证贫困人口能够长期得到小额贷款,必须保证小额信贷机构的可持续发展。印尼政府在 1983 年 6 月实施了利率市场化改革,BRI 可以自主制定利率。孟加拉乡村银行贷款的年利率在 20%左右,玻利维亚阳光银行的贷款年利率通常是 47.5%—50.5%。小额信贷运作成功的一些国家的现实表明,高利率贷款的需求极为旺盛,这也说明在资金稀缺的农村地区资本的可得性比低利率更重要。

表 2-2-1　部分小额信贷机构及小额信贷利率

贷款机构	贷款利率	市场利率	还款率及赢利能力
孟加拉乡村银行	20%	10%	还款率为 96%—100%
印度尼西亚人民银行(BRI)	26%—32%	20%左右	还款率为 96.5%
FINCA(国际社会资助基金会)村银行	36%—48%	20%左右	实现了赢利
玻利维亚阳光银行	47.5%—50.5%	20%左右	实现了赢利

注：资料来自曹辛欣：《小额信贷的利率分析》,《黑龙江对外经贸》2007 年第 5 期

(五) 福利型向商业型转变已成为小额信贷的发展方向

各国成功的小额信贷经验表明，其成功的关键在于遵循小额信贷的两大基本目标与原则：① 为一定规模的穷人或中低收入者持续提供金融服务；② 实现小额信贷机构的自负盈亏与可持续发展。以孟加拉乡村银行为代表的福利主义小额信贷的首要目标是促进社会发展和消灭贫困，它们主张在提供各类金融服务的同时，向贫困人口提供教育、技术培训、医疗等社会服务。制度主义小额信贷认为小额信贷是在金融深化过程中衍生出来的金融创新，它们主张走商业化道路，通过金融监管将小额信贷机构纳入整个金融体系。随着小额信贷在国际范围内的迅速发展，对机构可持续性的关注逐渐得到了广泛的国际认同，福利型向商业型的转变是未来小额信贷的发展方向[①]。

① 朱乾宇：《中国农户小额信贷影响研究》，人民出版社 2009 年版。

第三节　青海省藏区小额信贷供需体系

受整体经济水平落后的制约以及商业银行“扁平化”经营策略的影响，青海省藏区金融业基础薄弱，金融组织体系不健全，金融服务功能弱化。整个藏区除海西州外，其他自治州一般仅有农业银行的分支机构，相当一部分县域无国有商业银行网点，金融生态环境严重恶化。青海省藏区农村金融生态的供给主体包括正规金融机构与非正规金融机构，正规金融机构主要以农村信用社为主导，而非正规金融机构则包括农村合作基金会、小额贷款公司、私人钱庄等。对青海来说，藏区六州是全省经济的重要组成部分，高度关注藏区经济，抓住国家扩大内需和支持藏区经济发展的契机，创新金融支持青海省藏区经济的路径和措施，是落实科学发展观、实现青海省跨越式发展的关键环节。

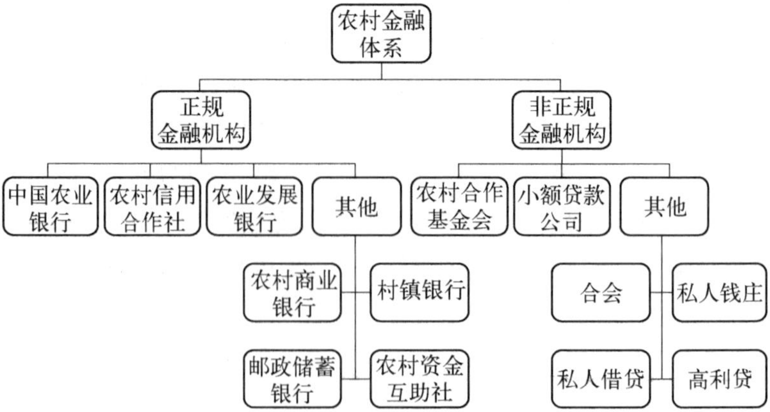

图 2-3-1　青海省藏区农村金融体系分布表

一、小额信贷的供给方

青海省藏区金融业基础薄弱，金融组织体系不健全，金融服务功能弱化。农村供需体系作为一个独立的系统，是由供给主体和需求主体所构成，连接供需双方的是适应不同金融需求特征的信贷产品。在农村金融体系内部，不同的供给主体根据不同的需求者的金融需求特点提供相应的信贷产品，以实现农村金融系统的有效运作，农村金融系统的功能实现就体现在供需关系之中，如图2-3-2所示。当前农村金融体系的主要银行业金融机构包括农业发展银行、农业银行、邮政储蓄银行、农村信用社、农村合作银

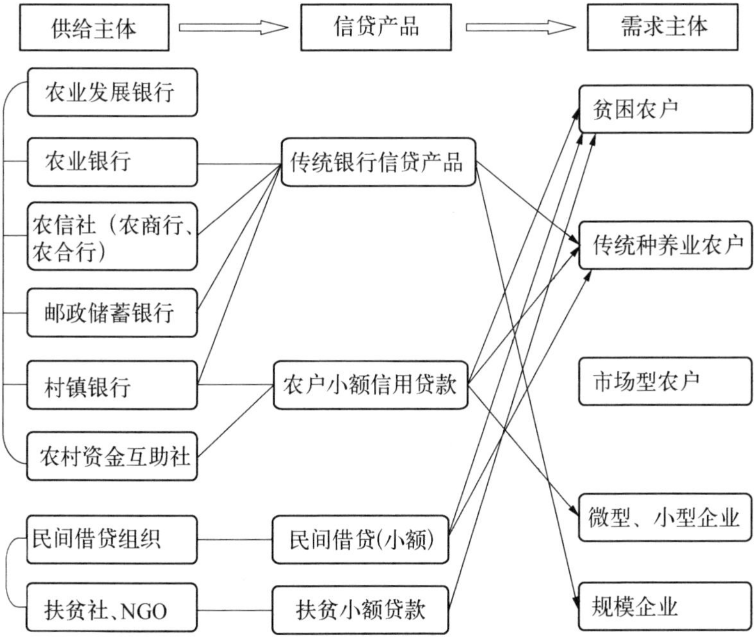

图2-3-2　农村金融信贷产品供需体系

注：资料来自朱乾宇：《中国农户小额信贷影响研究》，人民出版社2009年版

行、农村商业银行、村镇银行、贷款公司、资金互助社等几大类。其中资金实力雄厚、网点众多的当属农业银行、邮政储蓄银行和农村信用社。从现有农村金融供需体系可以看出,传统的银行信贷产品往往只对市场型农户和规模企业提供商业信贷。虽然民间小额借贷和扶贫小额信贷也会为贫困农户提供一定的资金,但是前者利率很高且管理很不规范,后者资金量少但不具可持续性。因此为广大贫困农户、传统种养业农户和微型、小型企业提供信贷的,主要是开展农户小额信用贷款这种信贷产品的农村金融机构。

小额信贷主要有三种业务模式:政府扶贫与非政府组织小额信贷项目、正规金融机构小额信贷项目、非正规金融机构小额信贷项目。

(一) 政府扶贫与非政府组织小额信贷

政府扶贫与非政府组织援助是我国实施扶贫性农村小额信贷金融服务的两种主要类型。

1. 政府扶贫小额信贷

政府扶贫的小额信贷模式以国家财政资金和扶贫贴息贷款为资金来源,借助小额信贷服务这一金融工具,以实现扶贫任务为宗旨。中国扶贫基金会是我国最大的政府扶贫机构,也是政府运作的政策性扶贫小额信贷机构该基金会自 1996 年以来开始实施农村小额信贷扶贫项目。其目标是通过农村小额信贷支持项目区贫困户发展生产,增加收入,提高其自立和自我发展能力,并为解决农村地区贫困农户“贷款难”问题探索道路。自 2007 年以来,青海省先后在全省 8 个州、16 个县的 206 个贫困村开展试点,主要以财政扶贫为引导,村民自愿按一定比例缴纳互助资金为依托,无任何附加条件的社会捐赠资金为补充。如 2010 年以来,海北州在 58 个村开展村级互助资金试点项目,累计投入互助资金总额达到 1 370 万元,每村安排财政扶贫资金 15 万—35 万元,入会农牧户共计 1 385

户，为贫困户发展家庭增收产业发挥了不可替代的作用。第一批试点的湟中、玉树两县10个村，各投入财政扶贫资金150万元，吸收群众交纳互助资金23.55万元，总资金规模达到173.55万元，累计发放借款数140.6万元。2008年9月份开始试点的乐都、循化两县共20个贫困村，投入财政扶贫资金300万元。循化县10个试点村农户交纳互助资金达13.45万元，截至2010年，已累计发放借款达64万元。省级试点的大通、民和、乐都三县，共投入辽援资金200万元，在11个贫困村开展互助资金试点工作。2010年，青海省争取国家互助资金600万元，在10个扶贫开发工作重点县、40个贫困村开展了村级发展互助资金试点工作。至此，共有116个贫困村开展村级发展互助资金试点工作。

2. 非政府组织援助小额信贷

中国社会科学院农村发展研究所采用“乡村银行”模式，组建了“易县信贷扶贫合作社”。该机构到了1995年才得到中国人民银行的批复，同意按照试验项目继续开展试验活动。随后商务部交流中心的小额信贷项目也得到人民银行的认可。但是，国家对非金融小额信贷机构的政策规定不允许吸收公众储蓄。经过20几年的实践，非政府小额信贷没有在中国取得预期的成功，而是逐渐出现了萎缩的局面。国际无偿援助扶贫贷款项目1995年进入青海省，主要采用孟加拉乡村银行模式结合青海省实际进行小额信贷扶贫工作。据估计，目前中国非政府小额信贷机构和项目能够正常运作的不到五分之一，即使那些正常运行的机构，能够实现自负盈亏的也屈指可数。

(二) 正规金融机构小额信贷项目

正规金融机构的小额信贷项目主要包括农村信用社、农业银行分支机构、邮政储蓄银行、农业发展银行、农村商业银行、村镇银行等开展的小额信贷项目，上述金融机构根据中国人民银行信贷扶持“三农”要求，以吸收的存款和人民银行再贷款为资金来源，在地方政府的配合下，开展的小额信贷业务。

1. 农村信用社开展的小额信贷

农村信用社系统开展的小额信贷项目是青海省藏区小额信贷的主力机构，农村信用社在农村地区有地缘优势，国家相关法律政策为农村信用社提供了相对宽松的开展业务的空间。该机构主要采取农户联保小额贷款产品，2—4 户农牧民只要组成一个联保小组，经过银行审查，每户就可拿到 3 000 元到 5 万元不等的小额贷款。

2. 农业银行开展的小额信贷

农业银行发放的农户小额贷款是按照普惠制、广覆盖、商业化的要求，对农户家庭内单个成员发放的小额自然人贷款。这项业务自开办以来产生了较好的社会效益和经济效益，成为农行“三农”信贷品种的重要组成部分。截至 2015 年，农业银行青海省分行已累计发放各项涉农扶贫贷款 228.23 亿元，余额达 152.08 亿元。对青南贫困牧区的扶贫工作，该行择优选择养殖业、牛羊育肥、农用车购置和牧民定居点工程等项目，为农户提供各类小额贷款产品；对青甘川交界的贫困地区，该行以西宁郊县和东部贫困农业区为主阵地，积极配套相应信贷产品，重点扶持种养业、农副产品加工、经商、温棚种植等农户发展壮大。

3. 邮储银行开展的小额信贷

根据银监会的部署，邮储银行的市场定位是：主要面向城市社区和农村居民提供基础金融服务，以零售和中间业务为主。邮储银行青海省分行自 2008 年成立以来，针对农牧民小额贷款“量小、农户贷款能力差”的特点，开办的小额贷款轻抵押、重评审、放款速度快、产品灵活，受到了客户和市场的青睐。利用百分百覆盖县城的庞大营业网点，在农牧区开发了农户联保小额贷款产品。

2—4 户农牧民只要组成一个联保小组，经过银行审查，每户就可拿到最高 5 万元贷款，贷款期可达 1 年。截至 2014 年，已发放个人零售贷款 4 亿元，业务已覆盖青海省绝大多数县，惠及 10 万多普通农牧民及个体商户。

4. 地方性商业银行的小额信贷

以玉树州农村商业银行为例。为促进“三农”发展，改善农村金融环境，促进整体经济的和谐发展，哈尔滨商业银行推出“赚通”农户贷款系列产品。包括农户种植业贷款、农户养殖业贷款、农户服务业贷款、农机具贷款。产品种类全，可以满足农户种植、养殖、购买农机具和从事农产品加工以及开办特色小作坊等多方面的需求，农户可以选择利随本清、等额还款等多种方式还款，采用集中上门放贷、收贷的模式，让农户足不出村即可获得贷款等特点。

目前，青海省藏区共有 15 家农村信用联社，3 家农村商业银行，1 家农村合作银行及 10 家支行；农业银行分支机构 6 家，其中支行 12 家、分理处 10 家(表 2-3-1)。

表 2-3-1　青海省藏区正规金融机构分布表

地区 金融机构	海南州	黄南州	玉树州	果洛州	海北州	海西州	合　计
农村信用社	贵德县 贵南县 同德县 兴海县	同仁县 尖扎县 泽库县		果洛农村信用合作联社	海晏县 门源县 祁连县 刚察县	都兰县 天峻县 乌兰县	15 家信用联社
农村商业银行			玉树农商银行			格尔木农商行 柴达木农商行	3 家农商行

续 表

金融机构＼地区	海南州	黄南州	玉树州	果洛州	海北州	海西州	合 计
农村合作银行	共和农村合作银行						1家合作银行 10家支行
农业银行	海南州分行	黄南州分行	玉树州分行	果洛州分行	海北州分行	格尔木分行	6家分行 10家分理处 12家支行

(三) 非正规金融机构的小额信贷项目

1. 小额贷款公司开展的小额信贷业务

小额贷款公司是由自然人、企业法人与其他社会组织投资设立、不吸收公众存款、经营小额贷款业务的有限责任公司或股份有限公司。目前,小额贷款公司已成为我国农村小额信贷非正规金融服务的生力军。自2009年6月4家小额贷款公司挂牌成立以来,青海省小额贷款公司发展迅速,截至2013年末,青海省共有小额贷款公司62家,其中海南州2家,海西州2家,注册资本总额40.97亿元。累计为小微企业、个体工商户及“三农”发放贷款总额126.24亿元,贷款余额36.26亿元。2013年,全省小额贷款公司的贷款总额中,小微企业和“三农”贷款占比达56%,较好地满足了信贷薄弱领域的融资需求。如,2012年7月海南州成立的宏丰小额贷款有限公司,注册资本2 000万元,截至2012年12月,共累计发放各项贷款2 546万元。其中为81户农户累计发放贷款1 076万元,占发放额的42.26%。

2. 其他小额信贷机构开展的小额信贷项目

其他非正规金融机构主要包括典当行、担保公司等。青海省于1999年9月设立第一家担保机构,到目前已发展为60家担保机构，其中法人机构59家，分支机构1家。国有独资或国有控股、参股的融资性担保机构23家，占38.33%；民营机构37家，占61.67%。截至2013年6月末，60家融资性担保机构注册资金87.04亿元，其中国有独资或国有控股、参股的融资性担保机构注册资本62.96亿元，占总资本的72.25%，民营机构注册资本24.18亿元，占总资本的27.75%。注册资本最高的为19.73亿元，最低的仅有500万元。截至2013年6月末，青海省融资性担保机构新增担保额67.11亿元，同比增长13.30%，资产总额103.32亿元，净资产90.36亿元，担保责任贷款余额174.28亿元，同比增长44.46%。全省融资性担保机构实现担保业务收入1.41亿元，同比增长16.53%，营业利润0.35亿元。中小微企业、"三农"担保责任余额132亿元，占担保余额的75.74%，同比增长46.48%。

青海省典当行业协会于2014年12月8日正式挂牌成立，截至2014年末，青海省经省商务厅批准成立的典当行共有46家。西宁市区有38家，6州2市共有8家。青海省典当机构起步时间短，运作模式各有特色，业务规模相差悬殊，业务操作规范性不够，彼此之间欠缺沟通，与金融机构的协作关系也不够深入，典当行业的发展环境尚不完善，抵御风险能力较弱。

3. 青海省藏区民间借贷情况

近年来，民间借贷活动对促进农村经济社会发展和支持"三农"建设方面更加显示出其独特的优势。民间借贷作为正规金融的一种有效补充，对其正身已成为金融业、民营经济和农村经济又好又快发展的一种必然要求。通过对青海省海南藏族自治州的五个县，即共和县、贵德县、同德县、兴海县和贵南县，随机调研表明，海南州农牧区民间借贷金额呈逐年递增趋势。民间借贷以一年期的短期借贷为主，农牧民开展民间借贷主要用于生产资金以及扩大生产规模等方面。富裕的农牧民不再囿于简单的农牧业生产，而是将历年积蓄通过亲缘、血缘和地缘将资金贷给亲戚、朋友或第三人，利率受人情关系和市场因素的影响而变化。以农牧户民间借款金额为例，2008 年民间借款金额比 2007 年同比增长 166%，2009 年比 2008 年同比增长 52%（图 2-3-3）。

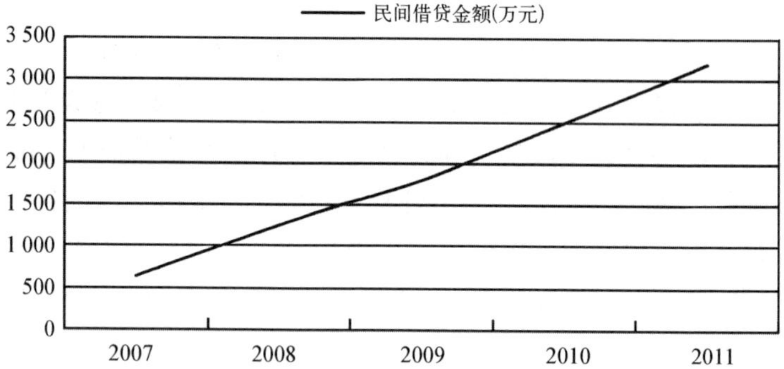

图 2-3-3 青海省海南州民间借贷金额折线图

二、小额信贷的需求方

（一）小额信贷的需求主体

小额信贷的目标即为整个低收入阶层提供便利的金融服务，帮助他们减缓贫困和促进发展，同时实现整个小额信贷机构的自我生存和发展。目前，青海省藏区小额信贷的需求方主要包括贫困农牧民、普通农牧民、市场型农牧民、缺乏必要资金支持的微型企业、少数具有一定规模的企业（表 2-3-2）。

表 2-3-2 青海省藏区小额信贷主要需求方的特征

信贷需求主体层次		主要信贷需求特征	信贷需求的主要方式
农牧民	贫困农牧民	生活开支、小规模种养生产贷款需求	民间小额信贷、小额信贷（包括商业性小额信贷）、政府扶助资金、财政资金、政策金融

续　表

<table>
<tr><th colspan="3">信贷需求主体层次</th><th>主要信贷需求特征</th><th>信贷需求的主要方式</th></tr>
<tr><td rowspan="2">农牧民</td><td rowspan="2">普通农牧民</td><td>一般种养殖户</td><td>小规模养殖业生产贷款需求、生活开支</td><td>自有资金、民间小额信贷、合作金融机构、小额信用贷款、少量商业性贷款</td></tr>
<tr><td>市场型农牧民</td><td>专业化、规模化生产工商业贷款需求</td><td>自有资金、商业性贷款</td></tr>
<tr><td rowspan="2">企业</td><td colspan="2">微型、小型企业</td><td>启动市场、扩大规模</td><td>自有资金、民间金融、风险投资、商业性信贷(结合政府担保支持)、政策金融</td></tr>
<tr><td colspan="2">有一定规模的企业</td><td>面向市场的资源利用型生产贷款需求</td><td>自有资金、商业性信贷</td></tr>
</table>

贫困农牧民为了生存的需要，必须吸收小额贷款来解决其生活开支不足和小规模种养生产贷款的需求。这类农户的金融需求主要是农民生活性融资需求，即非生产性支出的资金需求，包括子女上学、看病和婚丧嫁娶，其次才是扩大再生产的资金需求。其经济行为特征侧重于满足基本生活需要，收入主要是实物收入，现金收入很少。他们一般通过非正规小额信贷提供资金，也有一部分是政府扶贫项目资金和财政资金，而真正的商业性小额信贷大部分不会流入贫困农户手中，因为商业性小额信贷主要考虑其贷款的盈利性和可持续性，而对生活开支都没有保障的贫困农牧户来说，其风险是相当大的。

普通农牧民相对于贫困农牧户来说已经基本解决了温饱问题，不想再依靠借贷进行生活开支的维持，但是由于其收入水平也比较低下，没有必要的资金进行生产性投资，因此不能发展必要的农业生产。而普通农牧户又包括一般种养殖户和市场型农牧民，一般种养殖户贷款的目的主要是为了进行小规模养殖的需要，贷款的来源也主要是非正规金融部门的资金和扶贫项目，只有市场型农牧户才把贷款资金用在专门化、规模化生产中，其来源大部分是商业性贷款。

（二）小额信贷金融需求的特点

由于受农业、牧业这一产业特性制约，农业生产的季节特征所决定，青海省藏区农牧民对小额信贷的金融需求呈现如下特点：

（1）低收益和高风险。

（2）季节性和时间性。

（3）借贷额度小，农户土地规模狭小造成了小农经济特征，导致农户的贷款需求表现为以小额为主的特征。

（4）缺少传统意义上的抵押品。

（5）信息不对称程度更为普遍和严重。具体表现在：金融机构很难在事前知晓农村借款人所从事项目的风险程度、是否按照合同约定使用贷款、是否存在策略性赖账的可能性等。

（6）对借贷交易成本更敏感。具体表现在：贫困农村地区地域广阔、人口和经济密度低、金融机构同借款者的距离相对更远、交通成本更高；农民受教育程度低，填写同样复杂程度的表格对农民的成本更高。农村较低的收入水平对这些交易成本便显得尤为敏感。

第四节　青海省藏区小额信贷的发展现状

一、青海省藏区经济发展现状

青海省藏区位于青藏高原东北部，昆仑山东西横贯中部，南有唐古拉山，西北有阿尔金山，东北祁连山屹立，东部以日月山为界，海拔平均 3 500 米以上。是生态环境脆弱的地区，是长江、黄河、澜沧江的发源地，也是很多珍稀动植物的栖息地和生长地。包括海北、黄南、海南、玉树、果洛 5 个藏族自治州和海西蒙古族藏族自治州，占全国除西藏以外 10 个藏族自治州的 60%，分设环湖地区、柴达木地区和三江源地区。藏区面积 69.9 万平方千米，占全省面积的 96.5%。藏区辖 33 个县、243 个乡镇、1 722 个行政村，人口 118 万人，占全省总人口的 22%，占全国藏区总人口的 25%，是西藏以外全国最大的藏族聚居区。青海省藏族大多数分布在果洛、玉树、海南、海北、黄南等藏族自治州和海西蒙古族藏族自治州，主要从事牧业生产，其余少量分布在海东地区各县和西宁市的大通县，主要从事农业生产。因此，青海省藏区主要指海南、海北、黄南、玉树、果洛、海西以及乐都、循化、化隆、湟中、湟源、大通等县的部分区域。青海省藏区经济发展以牧业为主，工业总体上处于工业化初级阶段，工业总量小、整体运行质量不高，经济发展水平落后于全省平均水平，且地区间经济发展也极不平衡。青海省藏区经济社会发展中存在经济基础相对滞后、资源开发对生态环境的破坏加剧、社会事业基础薄弱、专业技术人才缺乏、社会教育事业水平相对落后、产业结构不合理等制约地区经济社会发展的因素。海西蒙古族藏族自治州因有盐化工、石油、天然气等重大矿产资源项目开发而成为“热点”，近年来经济发展迅速，财政收入逐年增加；其余 5 个州的经济发展都依赖于财政的转移支付，自给能力弱，发展乏力。青海省 6 个藏族自治州的 GDP 只占全省的45.79%，除条件较好的海西州外，其余 5 个州 GDP 只占全省 17.30%。青海省藏区经济发展以牧业为主，工业总体上处于工业化初级阶段，经济发展水平落后于全省平均水平。青海省藏区金融业基础薄弱，金融组织体系不健全，金融服务功能弱化。金融生态环境较差，青海省藏区金融生态的供给主体包括正规金融机构与非正规金融机构，正规金融机构主要以农村信用社为主导，而非正规金融机构则包括农村扶贫社、农村互助储金社、民间借贷、国际组织、国内非政府组织等。金融生态供给主体严重不足。

青海省藏区小额信贷的发展远远落后于西部其他省区，与东部沿海地区更是不可同日而语。其制约因素有三：① 金融体系不健全，金融机构种类和数量少、信贷资金匮乏；② 地区市场经济不发达，社会组织发育和信用培植程度低是制约小额信贷资金发展的需求性因素；③ 地区整体经济水平落后，金融生态环境差制约了小额信贷的发展。

小额信贷机构作为金融生态主体之一，与其运行的外部金融环境构成了一个彼此相互联系、相互依赖的体系。因此研究中国小额信贷的发展，探求符合本国国情和本地区实践的小额信贷模式，对小额信贷的发展研究有着极其重要的理论价值。本节从优化金融生态环境的视角出发，探寻小额信贷与藏区经济增长之间的关系，并提出相应的策略与建议为研究的最终目的。通过小额信贷研究，有利于普惠性金融体系的构建，在加大民族地区农村金融资源配置力度、增加农民收入、减少贫困人口等方面发挥了重要作用。研究对青海省藏区小额信贷的发展具有极强的实践价值，特别是金融生态环境的优化对于缓解青海省藏区农牧民融资困境，促进青海省藏区地方经济发展都具有重要的现实意义。

二、青海省藏区小额信贷的主要现状

青海省自 2007 年开办农牧区小额信贷业务以来，贷款对象由传统农牧户拓展至农村多种经营户、个体工商户以及农村各类小微企业，在解决农牧民贷款难问题，为农牧民发展生产、增加收入等方面提供了资金保障。为深入了解青海省藏区小额信贷发展现状，探寻小额信贷与青海省藏区经济可持续增长之间的关系，以提出优化金融生态促进小额信贷发展切实可行的措施，本研究采取了实地调查与问卷调查相结合的方式，通过对青海省藏区六州所辖 33 个县、243 个乡镇及 1 722 个行政村的农户、牧民融资需求、收入来源、资金来源、融资结构、小额信贷发放以及金融机构、信用担保机构对农户、牧民融资服务的整体状况进行了问卷调查与实地调查。本次调查共发放了问卷 500 份，调查问卷的发放与回收历经 3 个月（2014 年 5—7 月），剔除无效问卷与不符合要求问卷，共计收回有效问卷 440 份，占全部问卷总数的 88%。通过调查取得了翔实的第一手资料，并通过专业的统计分析软件对数据进行加工处理，对青海省藏区小额信贷的运用状况及发展障碍进行了全面分析与阐述。为下文优化金融生态环境、促进小额信贷发展所提出的策略建议提供依据。

本次调研对象分两部分：一部分针对农户、牧民的基本情况、收入来源、资金来源等进行调研；另一部分针对青海省藏区农村金融机构工作人员进行访谈，主要从小额信贷发放额度、期限、利率、用途、风险因素、与农民增收的关系、对农牧民的金融服务状况等方面展开调研。调研显示，小额信贷为促进农牧民增收、促进藏区经济增长提供了资金保障，但青海省藏区小额信贷的发展远远落后于西部其他省区，存在着如供给量不足、期限短、信用环境差等问题，严重阻碍了青海省藏区经济的发展。

（一）小额信贷的供给主体现状分析

目前我国的小额信贷产品主要由农信社等正规金融机构而非真正意义上的“小额信贷”机构提供。专业小额信贷组织发展非常落后，农村信用社成为青海省藏区小额信贷的供给主体。从 1999 年开始，国有银行大规模撤县及县以下基层机构，目前仍在农村开展业务的国有银行分支机构寥寥无几。随着国有商业银行逐步从县域经济以下撤退，中国农村信用社成为分支机构最多的农村正规金融机构。农业银行在机构设置和资产业务方面进行了大规模的转型，不断撤并农村网点和上收信贷管理权限，使基层机构沦为只存不贷或少贷的吸储机器，从农村吸收的资金更多地投向回报高的产业和地区，对于农村地区的项目投资较少。民间机构、村镇银行、小额贷款公司尚处于试点或发展初期，规模较为有限。农村信用社依然是贷款投放与支持三农的主力军。目前信用合作社提供的小额信用贷款还不能充分服务于贫困农户。农村信用合作社所选择的信贷对象还局限于信贷需求规模较大、还款风险相对较小的中等收入农户，而大量的贫困农户和微小型乡村企业还是难以获得信贷支持。加上农村信用社的历史遗留问题和管理效率、技术等问题，小额信贷的供给者在农村市场上还是存在缺位现象。

青海省藏区小额信贷供给状况详见表2-4-1。

表2-4-1 青海省藏区小额信贷供给状况

一级模式	非政府组织	银行类金融机构			非银行金融机构
二级模式	NGO、国际组织操作的小额信贷	农业银行	农村信用社	邮政储蓄银行	小额贷款公司
贷款额度	1 000—5 000元一笔	1 000—5 000元一笔	1 000—3 000元 3 000—5 000元 5 000—8 000元 8 000—3万元等	1 000—10万元，最高50万元	平均贷款约一笔10万元
贷款利率	3%—18%	2.21%—3%	基准利率的0.9—2.3倍		平均大于20%
运作方式	小组贷款	小组贷款	信用、联保、个人抵押贷款	信用、质押、联保	抵押或担保

从玉树州的情况来看，建行与青海银行实行城市发展战略；邮储银行小额贷款基本处于停滞状态；农发行、农业银行及农信社成为满足农村各群体金融需求的主力军，在支农方面开始由单一的支持农牧户向农牧户与农村企业并重转变。特别是人行玉树中支充分利用支农再贷款，引导玉树农村信用合作联社立足农村金融主力军地位，加大支农力度。2010—2012 年 6 月末，累计发放支农再贷款 7.9 亿元，解决了玉树农村信用合作联社支农资金不足的难题。在玉树州，截至 2012 年 6 月末，全州涉农贷款 37 409 万元，其中农户与农村企业分别占全州涉农贷款的 36.33%和 45.16%。从海北州的情况看，截至 2013 年底，农村信用社贷款余额占海北州贷款余额的 74.38%，其次是农业发展银行，其贷款余额占全州贷款余额的 10.89%。各机构贷款占比情况如图2-4-1所示。

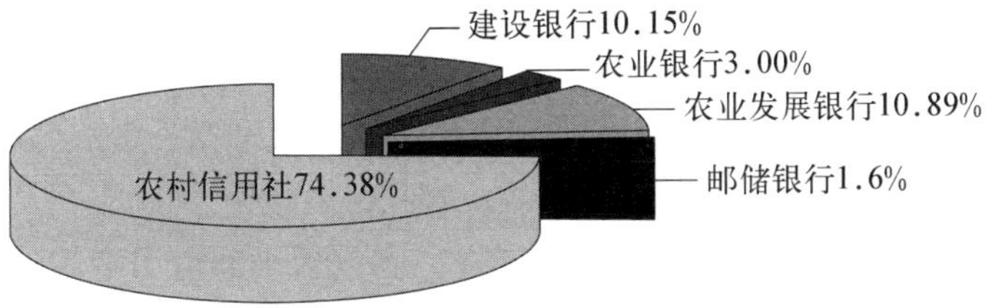

图 2-4-1 海北州银行业金融机构贷款占比情况

从黄南州的情况来看，农村信用社小额信贷发放额呈逐年上升态势，从 2012 年的 43 249 万元，上升至 2013 年的 68 570 万元，截至 2014 年，小额信贷额达到 71 245 万元。

(二) 小额信贷产品供给现状分析

各类小额信贷机构提供的产品在期限、额度、还款方式、放款方式上与农牧民的需求存在很大差别，小额信贷供给产品严重不足。

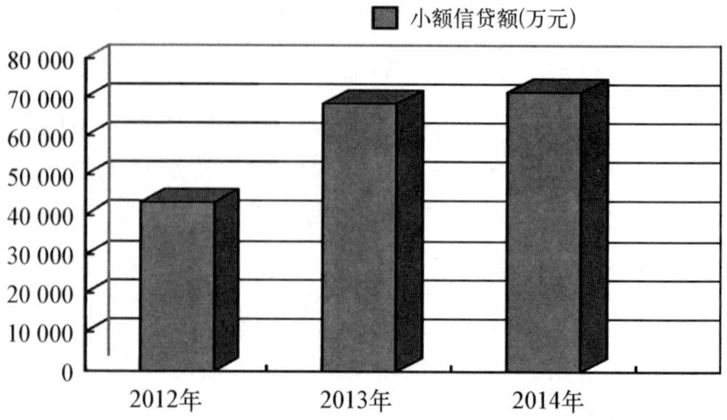

图 2-4-2 2012—2014 年黄南州农村信用社小额信贷额

(1) 借款期限短。农户小额信贷的发放多沿袭“春放秋收冬不贷”的做法，贷款周期限制在 1 年以内，由于农业生产周期较长，特别是养殖业和特种经济作物的种植业，牛养育肥需 2—3 年。1 年借贷周期往往不能满足农户生产真实需求。一些农户贷款到期可能尚未产生效益，无法偿还贷款。为如期还贷、免遭罚息之苦，一些农牧民只有通过民间借贷获取资金还贷或将未育肥的牛羊变现还贷，降低了经济效益，致使农牧民返贫率较高。

(2) 贷款种类较少。小额信贷一般包括小额信用贷款、担保贷款与抵押贷款。并且信贷产品大多是整贷零还，产品设计过于单调，无法根据客户的需求量身定制信贷产品。

(3) 贷款额度小。调查显示，小额信用贷款最高额可达 3 万元，联保贷款最高限额 5 万元，如星海县小额信用贷款额度为 3 000 元—3 万元，黄南州泽库县宁秀乡额度为 3 000 元—1 万元，果洛州玛沁县小额信用贷款额度为 5 000 元—3 万元，难以支持农户在高效农业、高效养殖、农产品加工和流通等方面的大额资金需求。使得小额信贷在促进农村经济发展中难以发挥更大的作用。

(三) 小额信贷需求主体特征分析

1. 小额信贷的需求主体融资用途分析

问卷中设置了“若您申请小额信贷,您的贷款用途是什么?”的问题来考察农牧户的借款用途。问卷主要将选项设置为以下几项:建房购舍、看病、供子女上学、开办企业、从事农牧业生产、其他等。通过对 440 户农牧民“借款用途”的调查显示,即对借贷原因的调查表明(可多选),325 户将贷款用于农牧业生产,购买基本的生产资料,占借贷样本的 73.86%;有 180 户将贷款用于建房购舍,占借贷样本的 40.91%;250 户将贷款用于子女教育费用,占借贷样本的 56.82%;有 80 户,占借贷样本 18.18%的农户用于医疗费用;11.36%的农户,即 50 户用于开办企业;44 户用于其他用途,占借贷样本的 10%(图 2-4-3)。

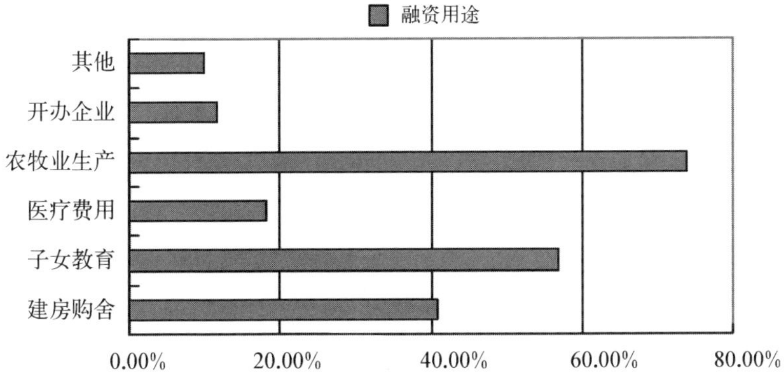

图 2-4-3　青海省藏区农牧民融资用途分布

从上述数据可以看出,农户借款投向的前三位分别是从事农牧生产、子女教育、建房购舍。这三项为生产、生活性借贷,可见在青海省藏区,农牧民进行小额借贷的主要用途是满足日常生产生活的需要。农户生产借贷可分为两类:一类是维持性生产借贷,即农户将借款用于购买化肥、种子、牛羊等生产资料,用于维持其日常生产活动;另一类是发展性生产借贷,即农户将借款用于扩大生产规模或进行创业。调查发现维持性生产借贷的发生率高于发展性生产借贷,前者将近后者的6倍。由于青海省藏区整体经济落后,农牧民的收入仅能满足其日常生产生活的基本需要,生活压力较大,而农户自有资金较少,对于生产所需要的资金只能依靠借贷。农牧民若要扩大生产规模,就意味着背上数额更大、期限更长的债务。同时,因为欠发达地区借贷资金供给的约束,使得农牧户无法筹集到必需的初始资金,从而放弃扩大生产的意愿。加上,在欠发达地区由于农户的生存环境以及生活习惯,导致农户拘泥于较为传统的思想之中,对新事物的接受以及评判则显得更为保守,使得大多数农户只能维持自己原有的生产规模,固守着自己传统的生产方式。

2. 小额信贷的需求主体融资渠道分析

对“如果您家有借款需求,您首先选择的借款方式是什么?”的调查表明,在农户急需大额支出时,会首选以下渠道来满足自己的金融需求,其中:亲朋好友占66.49%;信用社占26.54%;农业银行占1.88%;同时有3.22%的农户表示考虑通过私人放款借款,1.88%的农户表示通过其他方式借款,其中包括其他小额信贷机构以及村委会等。440份有效问卷的调查结果显示,有373户表示在2010—2014年里发生过借贷行为(表2-4-2),占样本的84.77%;仅有67户农牧民表示没有发生过贷款行为,占样本的15.23%。数据表明资金运转困难的问题广泛存在于被调查农户的生产生活当中,绝大多数农户需要借助外部资金的支持,这个结果和诸多文献的研究一致。由上述数据我们可以看出,青海省藏区农牧户存在着极其普遍的金融需求,资金对于农牧户的生存与发展起着至关重要的作用。

对“从信用社借款难不难”的调查显示,高达78.90%的被调查农户认为从当地信用社贷款很困难,仅有99户从信用社取得过小额贷款。大部分农户对当地信用社提供的贷款有以下不满：信贷数额过低、限制太多、贷款缺乏公平性、利息过高、缺乏担保或抵押等，其中贷款的公平性在调查中农户反映得比较强烈。从农户所反映的问题以及农户对农信社的态度来看，要想使大多数农户只依靠农信社的贷款扩大生产，基本上是不可能的。

表 2-4-2　农户首选借贷渠道分布

借款渠道	户数(户)	比例(%)
亲朋好友	248	66.49
信用社	99	26.54
农业银行	7	1.88
私人放款	12	3.22
其　他	7	1.88

3. 农牧民自身的局限性制约了农牧民小额信贷的可得性

通过对藏区金融机构的调查显示，当问及“贵银行发放小额贷款最重要的因素”时，按照重要程度排序依次为“还款能力、个人信用、组成联保小组、有合格的抵押品、亲戚朋友担保、有熟人有关系”。其中81.24%的受访者认为还款能力是小额贷款可得性的最重要因素。而金融机构评价还款能力的重要指标则是申请人的收入水平。青海省藏区经济以牧业为主，经济发展薄弱，人民生活水平较为低下。人均纯收入较低，特别是黄南、玉树、果洛三州，2013年人均纯收入均低于5 000元，低于青海省农牧民人均纯收入6 196.39元的平均水平；2014年，六州的人均纯收入虽有所增长，增长率均在10%以上，但黄南州、果洛州仍低于5 000元，总体收入较低，制约了小额信贷的可得性。图2-4-4为藏区六州人均纯收入对比图。

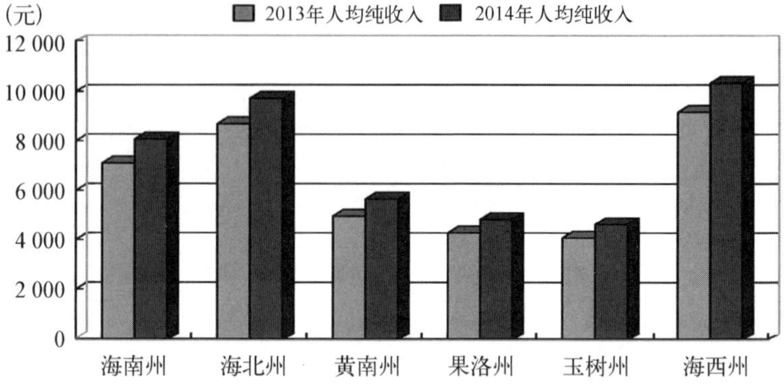

图 2-4-4　青海省藏区六州人均纯收入对比图

从收入构成看，家庭经营性收入和工资性收入占主导地位，第一产业仍是农牧民收入的重要来源。从全省的角度来看，2013 年农牧民人均纯收入中，工资性收入为 2 347.46 元，占总收入的37.88%；家庭经营性收入为 2 570.33 元，占总收入的 41.48%；财产性收入为 165.93 元，占总收入的 2.67%；转移性收入为 1 112.69 元，占总收入的 17.96%。收入来源单一，户均拥有的抵押品与财富严重不足，农户普遍拥有的土地不具有完全的产权，农牧民拥有的房屋、牲畜、生产资料等是其赖以生存的基础，加之农牧民在市场经济中处于弱势地位，农牧民普遍文化水平较低，难以掌控自然风险与市场风险，部分生产经营活动带有一定的盲目性，制约了小额信贷的可得性。

2014 年青海省藏区六州农牧民人均收入情况详见表 2-4-3 所示。

表 2-4-3　2014 年青海省藏区六州农牧民人均收入情况简表(单位：元/人)

地　区	纯收入	比上年增长(%)	工资性收入	家庭经营收入	财产性收入	转移性收入
海南州	8 050.00	13.10	1 487.00	4 695.00	629.00	1 239.00
海北州	9 726.00	12.40	1 848.96	1 787.60	457.10	835.30

续　表

地　区	纯收入	比上年增长(%)	工资性收入	家庭经营收入	财产性收入	转移性收入
黄南州	5 653.79	13.27	1 092.96	3 172.53	61.16	1 327.15
果洛州	4 827.36	13.29	158.72	2 901.24	52.17	1 615.23
玉树州	4 638.00	13.40	100.62	2 801.33	181.55	1 554.42
海西州	10 294.00	12.10	2 546.98	5 845.23	725.00	1 176.79

(四) 青海省藏区信用环境分析

近年来,青海省全面优化藏区金融生态环境,促进了藏区经济金融全面发展。一方面,结合青海省藏区经济金融特点,研究制定了《农牧区信用体系建设经济金融优惠办法》《农牧区互助资金管理办法》等制度,按照信用等级,对信用户、信用专业合作社、信用农业产业化龙头企业,实施了“贷款优先、利率优惠、额度放宽、期限优惠、手续简便”等多方面信贷优惠政策,实行贷款“一次核定、随用随贷、余额控制、周转使用”的管理办法。另一方面,创新农村金融产品和服务方式。依托信用创建,青海省藏区开发了“信用户+农户联保+信用专业合作社”“农户联保+担保基金+特色农业+银行信贷”“担保公司+农村合作组织+信贷”“一县一品一特色”等金融支农模式,金融全面支持农牧产业化、现代化和农牧民增收致富。到 2014 年初,农户贷款、信用户贷款余额分别为 86.85 亿元、12.34 亿元,较上年分别增长 24.59%、17.72%,各地涉农金融机构对 7.72 万信用户让利 4 679 万元。此外,提升央行再贷款政策效力。青海省藏区对积极开展信用创建的地区给予央行支农再贷款激励倾斜政策,2013 年以来,对于着重支持信用创建的黄南和果洛两个藏族自治州累计投放支农再贷款 9.31 亿元。

央行再贷款对各市州信用创建的政策引领作用显著，全省新增信用创建领导小组 35 个，涉农金融机构信贷支农惠农的积极性明显增强，新增涉农贷款 309.65 亿元，同比增速比其他贷款高出 8.94 个百分点，涉农贷款比例达到 38.83%，同比提高 2.65 个百分点。

健全立体化的金融支农风险补偿机制。发挥财政撬动作用，省、县财政按 1∶1 的比例出资建立了农户小额信用贷款风险补偿资金，对成长型、带动产业链的农业产业化龙头企业贷款给予财政贴息和风险补偿，形成了以财政县级支农信贷担保为主体、多种形式农村信用联保机制为补充的立体化金融支农风险分担与补偿机制。2013 年以来，全省财政支农融资担保资金总额达 3.71 亿元，为 5 万户农牧户提供了 19.31 亿元贷款担保，最高放大倍数达到了 10 倍。

近几年，通过开展信用村、镇建设及信用户评选，农村信用体系已初步建立，农户信用意识普遍提高，海西蒙古族藏族自治州按照“政府牵头、信用社实施、农牧民参与、多方配合、整体联动”的运行机制，开展农村信用体系建设。到 2012 年，全州已建立农户电子信用档案 12 040 户，已评定信用户 11 966 户，评定信用村 58 个，信用乡镇 3 个。信用体系建设取得可喜成果。但部分农户仍存有赖账不还的侥幸心理，有的把小额农贷看成是扶贫款、救济款，不愿还贷。缺乏有效的信用评价体系。如青海黄南藏区的金融环境和信用问题严峻。在黄南藏区，对扶贫贷款赖账不还的现象普遍存在，许多农牧民在还款违约问题上甚至存在攀比现象，排斥、指责及时偿还银行贷款的群众，扶贫贷款出现巨额沉淀。对于欠贷的钉子户，由于金额小，起诉成本相对较高，即便起诉后胜诉，又难以执行，存在着收贷难的现象。一些借款者把小额信用贷款误认为是政府部门的扶贫款或民政部门的救济款，没有主动还款的意愿，个别农户没有把小额信用贷款投入生产经营而是转手放高利贷以牟取不法利益，有的地区已经出现借用信用证、身份证冒名借用小额信用贷款、“凑零为整”的现象。

三、青海省藏区小额信贷发展障碍分析

(一) 小额信贷资金供给不足影响了小额信贷的覆盖面

根据2013年青海省藏区人口统计表(表2-4-4)，除海西州外，各州农牧民人口所占比例均在70%以上，青海省藏区农牧民人口所占比重较大，而人均纯收入较低，特别是黄南、玉树、果洛三州人均纯收入低于5 000元，对小额信贷的需求较大。目前，青海省藏区小额信贷的供给主体主要是农村信用社与财政扶贫互助资金，农业银行与邮政储蓄银行的分支机构只到县一级，无法满足广大牧民的资金需求。随着农村城市化进程的不断深入，青海省藏区的储蓄资源大量流向城市，大部分低收入农牧户无法获得正规金融机构的资金支持。

表2-4-4　2013年末青海省藏区人口统计表

地　区	2013年常住人口(万人)	农牧户比例(%)	人均纯收入(元)
玉树州	39.48	71.78	4 090
果洛州	18.98	76.13	4 261
海南州	46.34	75.49	7 120
黄南州	26.34	74.20	4 991
海北州	29.26	77.17	8 650
海西州	50.13	8.08	9 183

(二) 小额信贷产品缺乏创新制约了小额信贷向纵深发展

通过对果洛州玛沁县、玛多县，海南州兴海县、共和县、贵德

县，黄南州泽库县等农村信用社的调查显示，青海省藏区提供小额信贷的机构主要以农信社为主，贷款的主要期限为1年，贷款主要包括小额信用贷款与小额担保贷款。被调查的农牧户普遍认为贷款周期期限太短，而牛养育肥需2—3年，在未取得收益之前，马上面临还款，为如期还贷、免遭罚息之苦，一些农牧民只有通过民间借贷获取资金还贷或将未育肥的牛羊变现还贷，降低了经济效益。

(三) 小额信贷利率定价机制存在诸多弊端

目前，青海省藏区产业扶贫资金的借款费率一般参照当地农村信用社的利率(8%—10%)，由取得借款资格的村民集体讨论决定，将借款费率限定于某一水平，忽视了市场资金价格的变动。只贷不存的小额贷款公司贷款年利率平均高出正规金融机构20%。农村信用社的小额信贷年利率在基准利率的0.9—2.3倍间，一般采取“基准利率+浮动幅度”的定价方式一浮到顶。整个利率定价机制虽然简单易操作，但灵活性不强，加上农村担保抵押物的缺失，也致使农村小额贷款的风险成本居高不下。

(四) 小额信贷机构与农牧民信息不对称制约了小额信贷机构的可持续发展

通过对青海省藏区农牧民小额信贷的问卷调查显示，当问及“您怎样看待欠款不还的现象”时，69.7%的人认为“在道义上是不对的，但拿这种人没办法”，22.4%的人认为“应当受到惩罚”，7.9%的人认为“没有什么大不了的”。青海省藏区信用环境较差，信息不对称现象严重，藏区小额信贷发展缺乏安全保障，制约了小额信贷机构的可持续发展。究其原因：① 青海省藏区70%以上为农牧户，取得的贷款额度有限，贷款缺乏抵押物，整体抗风险能力较差；② 部分农牧民信用意识淡薄，对贷款不还的法律责任认识不到位。

（五）农村小额信贷风险较大

青海省藏区小额信贷的主要形式为小额信用贷款与联保贷款。小额信用贷款原则上不需要抵押担保，联保贷款一般是多户联保，有还款能力与资金实力雄厚的农牧民根本不愿意参与联保贷款，而结成联保小组的多数为收入水平低、还款能力弱的农户，贷款对象都是较贫困的农民，其担保作用与一般金融机构的商业贷款相比也是微乎其微。由于小额农贷主要是用于种植、养殖业，农民一旦遭遇自然灾害，导致收成减少，便会无法及时还贷。一旦遭遇严重的自然灾害，这种风险就会部分转化为信贷风险；借款人的信用水平也会因为一些无法避免的原因而变化，导致信贷机构面临着部分借款人违约的风险，这也是农村小额信贷中最主要的风险。2007—2013 年，青海省农业保险累计承担保险责任 147.54 亿元，累计赔付支出 2.05 亿元，全省参保农牧户达到 42.21 万户次，13.7 万户次农牧民从中受益，占比 12.9%，而大部分农户没投农业保险。农业保险能够使风险发生转移，为农业生产提供一定的保障，但由于要交纳一定的保费，青海省农业保险费率高达 9%—10%，许多农牧户无力承担。农牧户参保意识淡薄，缺乏投保动力，致使许多贷款户无法按时还贷。农村信用社的不良贷款率较高，2007 年之前不良贷款率一直保持 20%以上，高不良贷款率导致产生高信贷风险。中央银行发布的中国货币政策执行报告的数据显示，农村信用社的不良资产逐年下降，2003—2008 年，不良贷款余额从 5 059 亿元下降到 2 965 亿元，不良贷款率从 29.4%下降到 7.9%，但与一些小额信贷发展较好的发达国家相比，不良贷款率仍然较高，仍然需要进一步化解不良贷款，改善资产质量。

第五节 小额信贷与青海省藏区经济增长的实证研究

一、小额信贷对农牧民收入影响的实证研究

开展农户小额信贷业务对农户的绩效可以基于多方面进行考察研究,农户小额信贷对农民收入的影响是通过贷款来实现的。本研究选取对于农户来说比较重要的一方面即农户收入,调查问卷发放时间为2013年5—7月,选取了青海省黄南州的同仁县、泽库县、尖扎县、同德县,海南州的共和县、兴海县,果洛州的玛多县、玛沁县等,随机展开对农户的调查;共投放调查问卷500份,收回有效问卷440份。问卷内容主要包括基本信息、家庭经营情况、农户资金融入情况及农户资金的融出情况。其中基本情况包括性别、年龄、文化程度、家庭成员人数、劳动力人数;家庭经营情况包括家庭年纯收入和收入来源;农户融资情况包括农户借入资金的途径、金额、期限、利率及用途。并在440份有效问卷中抽取了50户有小额贷款经历的农户(包含牧民在内),实地调查了2012年、2013年、2014年三个年度的数据,获得样本150例,对农户小额信贷与农牧民收入之间的关系进行一元线性回归与多元线性回归分析,以此考察农牧民小额信贷促进农民增收的实际作用,以期明确小额信贷对增加农户收入是否有明显的影响。由于贷款对农牧户收入增长的作用需通过连续放贷才能更好地体现,所以研究农户小额信贷对农户收入增长的影响最好是用时间序列数据,并为后面完善小额信贷发展建议的提出做铺垫。实证研究主要围绕以下问题展开:① 农牧户小额信贷对农牧民收入的影响是否有积极作用;② 小额信贷户的家庭人数、受教育程度、自有资产额对农牧户

纯收入是否有显著影响。

(一) 模型构建

尽管随着农村经济的发展和农户经济活动日趋复杂化，农户收入来源渠道呈现出多元化趋势，但从比重上看，青海省藏区农户收入仍主要表现为其从事生产经营活动产出的最终结果。有鉴于此，在实证模型中，会从总体上考虑影响青海省藏区农牧民收入的相关因素。我们知道，影响农户收入的因素是多样的，课题研究的思路是：① 在计量模型的基础上，确定农户的收入与小额信贷额之间的关系；② 确定影响农户收入的各个因素；③ 根据前两个步骤，得出影响农户收入的主要因素。

模型假定影响农户收入的主要因素有农户小额信贷额、农户拥有的耕地面积，还加入了一些与农户特征相关的变量，如户主年龄、受教育程度等。为了更好地了解农户小额信贷对于农民增收的作用，本研究采用最小的二乘法(OLS)，使用 SAS9.1 软件，对研究对象的农户纯收入分别进行了一元线性回归分析和多元逐步回归分析。

1. 农户纯收入与小额信贷额的一元回归分析

(1) 因变量。在对青海省小额信贷与农牧民收入影响的实证研究中，以被调查农户年纯收入 Y 作为因变量，从总体上考虑影响青海省藏区农牧民收入的相关因素。

(2) 自变量。自变量的选择主要基于影响因素的重要性以及数据的可获得性原则，选取被调查农户实际已获得的小额信贷累计额度 X 为自变量，a 是截距，b 是回归系数，建立小额信贷额与农户年纯收入的回归方程为：$Y = a + bX$。

2. 农户纯收入与小额信贷额的多元逐步回归分析

(1) 因变量。在对青海省小额信贷与农牧民收入影响的实证研究中，以被调查农户年纯收入 Y 作为因变量，从总体上考虑影响青海省藏区农牧民收入的相关因素。

（2）自变量。自变量的选择主要基于影响因素的重要性以及数据的可获得性原则，选取以下几个变量：① 选取被调查农户实际已获得的小额信贷累计额度（X_1）；② 被调查农户受教育程度（X_2）；③ 被调查农户户主年龄（X_3）。

建立基本的估计方程如下：

$$Y = B_0 + B_1 X_1 + B_2 X_2 + B_3 X_3 + S$$

同时，为了消除变量的不平稳性，对变量取对数，建立以下基本的估计方程：

$$\ln Y = B_0 + B_1 \ln X_1 + B_2 \ln X_2 + B_3 \ln X_3 + S$$

方程左侧 $\ln Y$ 代表农户的纯收入；右侧是影响农户收入的各项因素，分别是 $\ln X_1$、$\ln X_2$、$\ln X_3$，Y 是待估计参数，X_1 是贷款额，X_2 是户主受教育程度，X_3 是户主年龄，B 为估计参数，S 为随机扰动项。

（二）数据说明

上述变量中，Y、X_1、X_2、X_3 数据来源于笔者所进行的调查问卷；调查问卷情况说明如下：

（1）被调查农户贷款情况。从理论上来说，影响农户收入的因素是多方面的，我们设计的问卷主要涉及影响农户收入的几个方面，从农户家庭的基本信息、农户家庭的收入情况及农户的融资情况进行分析。被调查的 440 户农户中，有贷款经历的 373 户，占 84.77%；有小额贷款经历的 102 户，占有贷款经历农户的 27.35%。小额贷款的最高贷款额度为 5 万元/次，总额为266.8 万元，户均 2.42 万元。

(2) 农户收入水平层次的划分。青海省 2012 年农民人均纯收入为 5 364.38 元,2013 年农民人均纯收入为 6 196.39 元,2014 年农民人均纯收入为 7 282.73 元。以此为依据,笔者将有小额贷款经历的被调查农户分为三个层次,即年纯收入 2 000—5 000 元以下的是相对低收入户,5 000—10 000 元的是中等收入户,10 000 元以上的是高收入户。其中,高收入组 8 户,占 7.8%;中等收入组 35 户,占 34.31%;低收入组 59 户,占 57.84%(表 2-5-1)。

表 2-5-1　各收入层的农户的小额信贷情况

收入层次	低收入组	中收入组	高收入组
收入区间(元)	2 000—5 000	5 000—10 000	10 000 以上
样本数量(户)	59	35	8
农户小额信贷总额(元)	235 900	247 800	252 000
平均每户小额信贷额(元)	3 998.3	7 080	31 500

(三) 实证研究结果

1. 小额信贷对总体农户收入的一元回归分析

课题研究抽取了 50 户有小额贷款经历的农户(包含牧民在内),实地调查了 2012 年、2013 年、2014 年三个年度的数据,获得样本 150 例,对农户小额信贷与农牧民收入之间的关系进行一元线性回归得到的结果如表 2-5-2、表 2-5-3 所示。

表 2-5-2　Analysis of Variance

Source	DF	Sum of Squares	Mean Square	F Value	Pr>F
Model	1	5 353 800 955	5 353 800 955	488.02	<0.000 1
Error	48	526 584 688	10 970 514	—	—
Corrected Total	49	5 880 385 643	—	—	—

表 2－5－3 Sum of Mean

Root MSE	3 312.176 68	R-Square	0.910 5
Dependent Mean	9 702.820 00	Adj R-Sq	0.908 6
Coeff Var	34.136 23	—	—

由表 2－5－2、表 2－5－3 可知，回归平方和为 5 353 800 955，F 统计量的值为 488，相对应 p－值<0.000 1，远小于 $\alpha=0.05$（系统默认），R 平方值是介于 0 和 1 之间的数字，当趋势线的 R 平方值为 1 或者接近 1 时，趋势线最可靠。因为 $R^2=0.9105$，所以这是一个线性特征比较明显的数值，说明拟合直线能够以大于 91.05%的信息解释、涵盖实际数据，具有较好的一般性，能够起到较好的预测作用。可知该方程的拟合度很高，样本观察值有 91.05%的信息可以用回归方程进行解释，故拟合效果较好，于是被解释变量 Y 与解释变量 X 的线性关系是显著的，可建立线性模型。

表 2－5－4 Parameter Estimates

Variable	Label	DF	Parameter Estimate	Standard Error	T Value	Pr>|T|
Intercept	Intercept	1	−1 469.695 76	689.340 53	−2.13	0.038 1
Loan	Loan	1	0.867 43	0.039 27	22.09	<0.000 1

由表 2－5－4 可知，对截距项 T 的检验值为 $T=-2.13$，Pr>|T|的值等于 0.038 1、小于 0.05，说明截距项（即常数项 Intercept）通过检验，估计值为－1 469.70；自变量 X 系数的 T 的检验值为 $t=22.09$，Pr>|T|的值小于 0.000 1、远小于 0.05，说明 X 系数通过检验，估计值为 0.87。农户年收入与小额信贷额的一元线性回归结果表明，农户小额信贷额越高，农民人均年收入的增加额越多，当小额信贷额大于 1 689 元时，农民年收入与小额信贷额呈显

著正相关关系，当贷款额度较低时，信用额度的增加对农民年收入增加的影响不是很大，当贷款额度较高时，信用额度的增加对农民年收入增加的影响较大。综合以上分析可以得到回归方程如下：

$$Y = -1\,469.70 + 0.87X$$

2. 农户纯收入与小额信贷额的多元逐步回归分析

使用SAS9.1软件，对研究对象的小额信贷与农牧民收入之间的关系进行了多元线性回归分析得到的结果如表2-5-5、表2-5-6所示。

表2-5-5　Analysis of Variance

Source	DF	Sum of Squares	Mean Square	F Value	Pr>F
Model	3	5 368 014 618	1 789 338 206	160.64	<0.000 1
Error	46	512 371 025	11 138 501	—	—
Corrected Total	49	5 880 385 643	—	—	—

表2-5-6　Sum of Mean

Root MSE	3 337.439 22	R-Square	0.912 9
Dependent Mean	9 702.820 00	Adj R-Sq	0.907 2
Coeff Var	34.396 59	—	—

由表2-5-5、表2-5-6可知，F统计量的值为160.64。相对应p-值$<0.000\,1$，远小于$\alpha=0.05$(系统默认)，$R^2=0.912\,9$，复测定系数即是复相关系数R的平方，用来说明自变量解释因变量Y变差的程度，以测定因变量Y的拟合效果。可知该方程的拟合度很高，样本观察值有91.29%的信息可以用回归方程进行解释，故拟合效果较好，于是被解释变量与解释变量的线性关系是显著的，可建立线性模型。

表 2-5-7 Parameter Estimates

Variable	Label	DF	Parameter Estimate	Standard Error	T Value	Pr>|T|
Intercept	Intercept	1	−3 183.931 88	3 528.418 24	−0.90	0.371 6
Loan	Loan	1	0.901 01	0.050 80	17.74	<0.000 1
Education	Education	1	−297.013 31	658.132 67	−0.45	0.653 9
age	age	1	470.294 34	565.442 37	0.83	0.409 9

由表 2-5-7 可知,对截距项 T 的检验值为 T=−0.90,Pr>|T|的值等于 0.371 6 而大于 0.05,说明截距项应为 0,没有通过检验;自变量 X_1 系数的 T 的检验值为 T=17.74,Pr>|T|的值小于0.000 1,远小于 0.05,说明 X_1 系数通过检验,估计值为 0.901 01;自变量 X_2 系数的 T 的检验值为 T=−0.45,Pr>|T|的值为 0.653 9,大于 0.05,说明 X_2 系数应为 0,没有通过检验;自变量 X_3 系数的 T 的检验值为 T=0.83,Pr>|T|的值为 0.409 9,大于 0.05,说明 X_3 系数应为 0,没有通过检验。如此大的 P 值说明这些项的自变量与因变量不存在相关性,因此这些项的回归系数不显著。对以上估计结果进行参数的初步判定,可以看出,除了小额信贷额 X_1 通过显著性检验外,受教育程度 X_2、年龄 X_3 的 T 值没有通过显著性检验外,其他自变量的值均通过了 T 检验。由于 X_2、X_3 变量不显著,所以在方程中剔除了 X_2、X_3 变量,重新对模型进行估计。相应的基本估计方程修正为:

$$Y = B_0 + B_1 X_1$$

综合以上分析可以得到农户纯收入与小额信贷额呈正相关性,即有线性关系,可以得到回归方程如下:

$$Y = -1\,469.70 + 0.87X$$

而受教育程度和年龄对农户纯收入影响甚微。模型估计结果说明，在假定其他变量不变的情况下，农户的年收入与农户小额信贷量相关。在模型中可以看到，农户小额信贷量每增加 1%，则农户收入水平增加 0.87%。这与理论分析与经验判断是一致的。

同时，为了消除变量的不平稳性，对变量取对数，建立以下基本的估计方程：

$$\ln Y = B_0 + B_1 \ln X_1 + B_2 \ln X_2 + B_3 \ln X_3 + S$$

使用 SAS9.1 软件，得到的结果如表 2-5-8、表 2-5-9 所示。

表 2-5-8　Analysis of Variance

Source	DF	Sum of Squares	Mean Square	F Value	Pr>F
Model	3	22.654 90	7.551 63	123.18	<0.000 1
Error	46	2.819 99	0.061 30	—	—
Corrected Total	49	25.474 88	—	—	—

表 2-5-9　Sum of Mean

Root MSE	0.247 60	R-Square	0.889 3
Dependent Mean	8.852 05	Adj R-Sq	0.882 1
Coeff Var	2.797 05	—	—

由表 2-5-8、表 2-5-9 可知，F 统计量的值为 123.18。相对应 p-值<0.000 1，远小于 $\alpha=0.05$（系统默认），$R^2=0.889\ 3$，复测定系数即是复相关系数 R 的平方，用来说明自变量解释因变量 Y 变差的程度，以测定因变量 Y 的拟合效果。可知该方程的拟合度较高，样本观察值有 88.93%的信息可以用回归方程进行解释，故拟合效果较好，于是被解释变量与解释变量的线性关系是显著的，可建立线性模型。

表 2-5-10 Parameter Estimates

Variable	DF	Parameter Estimate	Standard Error	T Value	Pr>|T|
Intercept	1	0.377 60	0.849 89	0.44	0.658 9
ln_loan	1	0.940 91	0.077 54	12.13	<0.000 1
ln_education	1	−0.070 78	0.113 90	−0.62	0.537 4
ln_age	1	−0.059 90	0.199 88	−0.30	0.765 8

由表 2-5-10 可知，对截距项 T 的检验值为 T=0.44，Pr>|T|的值等于 0.658 9 大于 0.05，说明截距项应为 0，没有通过检验；自变量 X_1 系数的 T 的检验值为 T=12.13，Pr>|T|的值小于 0.000 1，远小于 0.05，说明 X_1 系数通过检验，估计值为 0.940 91；自变量 X_2 系数的 T 的检验值为 T=−0.62，Pr>|T|的值为 0.537 4，大于 0.05，说明 X_2 系数应为 0，没有通过检验；自变量 X_3 系数的 T 的检验值为 T=−0.30，Pr>|T|的值为 0.765 8，大于 0.05，说明 X_3 系数应为 0，没有通过检验。如此大的 P 值说明这些项的自变量与因变量不存在相关性，因此这些项的回归系数不显著。对以上估计结果进行参数的初步判定，可以看出，除了小额信贷额 X_1 通过显著性检验外，受教育程度 X_2、年龄 X_3 的 T 值没有通过显著性检验外，其他自变量的值均通过了 T 检验。

综合以上分析可以得到农户纯收入与小额信贷额呈正相关性，即有线性关系：

$$\ln Y = 0.38 + 0.94\ln X_1 - 0.07\ln X_2 - 0.06\ln X_3$$

由于 X_2、X_3 变量不显著，所以在方程中剔除了 X_2、X_3 变量，重新对模型进行估计。相应的基本估计方程修正为：

$$\ln Y = 0.38 + 0.94\ln X$$

通过农户年收入与贷款额、农户受教育程度、农户年龄对农户纯收入的影响的多元逐步回归分析表明，贷款额(X_1)对农户收入的影响在5%的水平下是显著的，即使在添加了变量之后，这种影响的显著性并没有改变，而且符号为正，说明小额信贷对农户收入水平具有显著的正面影响，即农户获得的贷款越多，可以投入到生产领域的资金越多，收入增加越快。其次在多元回归中通过添加农户受教育程度、年龄、农户拥有的自有资产量等因素来研究影响农牧民收入的综合因素，结果显示户主受教育程度、年龄等因素对农户收入的影响不显著。由此可以看出，青海省藏区农牧民受教育程度普遍不高，收入水平低下，特别是黄果树地区以牧业生产为主，牧民对资金的需求更多用于满足基本生产生活需要，扩大化的生产需求不旺盛，受教育程度对农牧民收入的影响不显著。但要想获得更多的资金，取得更高的收入，还离不开农户的自身素质，即素质越高，认识水平便达到一个较高的层次，创造财富的能力就更强。

(四) 研究结论

由以上实证分析可得出以下结论：

无论是一元回归分析还是多元回归分析，结果都表明小额信贷是促进农民增收的有效途径，小额信贷对总体农户收入水平具有显著的正面影响。因此，基于农户的信贷需求，小额信贷的推广确实能够解决农户自身积累不足的问题，进而达到促进农民增收的目的。但过低的小额贷款额度，难以有效发挥增加农牧民收入的作用。因此，民族贫困地区开展小额信贷业务应受到政府的充分重视，并进一步加强政策上的倾斜与扶持，从而更好地发挥农户小额信贷在农牧民增收中的作用。

二、小额信贷与青海省藏区经济可持续增长的实证研究

(一) 模型构建

国内外有关文献在研究小额信贷对经济增长的作用上所用的实证方法基本一致,通过建立线性回归方程,检验自变量对因变量的显著性,进而得出自变量对因变量是否有明显的促进作用。课题研究考虑到小额信贷的投放对象为青海省藏区的农牧民,因变量选取第一产业GDP数据,自变量选取农信社、扶贫局、小额贷款公司等主要从事小额信贷的机构数据,做线性回归。

(二) 数据处理

根据资料的可得性,数据区间选取2004—2014的样本数据。课题研究统计10年间青海省三类机构农户小额信贷数据,以及10年间的第一产业GDP数据,对数据取自然对数,分别记作ln GDP和ln LOAN。数据来源于《青海统计年鉴》和《青海金融年鉴》(表2-5-11、图2-5-1)。

表2-5-11 2004—2014年青海省藏区第一产业GDP增加值(单位:亿元)

年 份	黄南州	海南州	玉树州	果洛州	海北州	海西州
2004	6.25	8.01	8.25	2.70	4.8	4.07
2005	6.38	8.66	9.06	2.81	5.6	4.47
2006	6.83	9.39	9.6	3.02	5.5	4.84
2007	8.11	12.11	10.83	3.23	6.98	5.71
2008	10.56	15.26	16.43	3.78	8.9	7.03
2009	10.9	15.74	15.83	4.02	9.15	7.37
2010	12.81	18.73	17.98	4.40	10.42	10.28

续　表

年　份	黄南州	海南州	玉树州	果洛州	海北州	海西州
2011	14.43	21.59	20.71	4.86	11.82	13.7
2012	16.83	24.73	23.08	5.23	13.98	17.6
2013	19.19	29.35	25.65	5.65	16.65	22.1
2014	20.09	31.12	26.1	6.07	17.49	26

注：资料来自2004—2014年各年《青海统计年鉴》、国家统计局网站、2014年青海省国民经济和社会发展统计公报

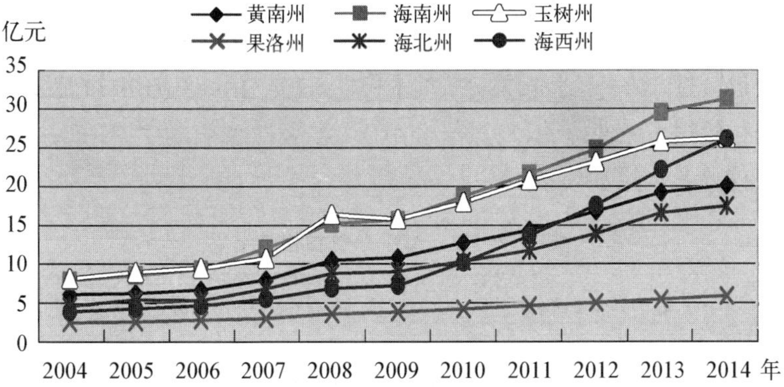

图2-5-1　2004—2014年青海省藏区第一产业GDP增加值折线图

(三) 实证分析

现实经济分析中，时间序列一般都是非平稳的。对于非平稳的时间序列，如果直接进行Granger检验，容易出现“伪回归”现象。为了使回归有意义，通常会对时间序列进行差分使其平稳化，这样会丢失很多有用信息，而这些信息对分析问题来说又是必要的。为解决上述问题，Engle和Granger指出：如果非平稳时间序列的线性组合是平稳的，即变量之间是协整的，那么它们之间至少存在一个方向上的格兰杰(Granger)原因；如果是非协整的，那么

必然不存在任何格兰杰(Granger)因果关系。实证分析中为减少数据变动幅度,对原序列都取了对数。

1. 变量的单位根检验

计量经济学在运用计量方法进行检验时,大多数是基于一定的前提。计量经验显示:只有平稳序列的回归才有意义,否则会导致虚假的结果。但是大多数经济变量如GDP、广义货币供应量M_2等都是不平稳的,所以对变量进行平稳性检验具有重要的意义。单位根检验是平稳性检验的最常用的方法。在进行协整分析之前,首先需要对变量的平稳性进行检验,也只有在变量均是一阶(或二阶)平稳的条件下,才能进行协整分析。课题研究采用ADF单位根检验方法来检验相关变量的平稳性,首先对ln GDP和ln LOAN进行数据平稳性检验,临界值选用5%显著性水平,运用Eviews7.2软件检验结果如表2-5-12所示。

表2-5-12 ADF单位根检验结果

变 量	ADF统计量	P	1%临界值	5%临界值	10%临界值
第一产业GDP增加值	-2.663	0.251 7	-4.380	-3.600	-3.240
差分第一产业GDP增加值	-2.897	0.045 7	-3.750	-3.000	-2.630
小额信贷额	-1.403	0.860 0	-4.380	-3.600	-3.240
差分小额信贷额	-3.023	0.032 8	-3.750	-3.000	-2.630

如果一个时间序列的均值或自协方差函数随时间而改变,那么这个序列就是非平稳时间序列。对于时间序列的平稳性检验一般可以采取ADF检验、PP检验等。根据时间序列图可以得知:第一产业GDP增加值、小额信贷额随时间的增长,具有明显稳定

的向上增长趋势;差分第一产业 GDP 增加值、差分小额信贷额没有明显、稳定的长期变化方向,根据其相应的单位根检验结果表明,变量第一产业 GDP 增加值、小额信贷额的 ADF 统计量值均大于 1%、5%、10%的概率条件下的临界值,接受原假设,因此它们都是非稳定变量,存在单位根。对变量第一产业 GDP 增加值、小额信贷额取一阶差分进行检验,结果差分第一产业 GDP 增加值、差分小额信贷额的 ADF 值均小于 10%的临界值,且差分小额信贷额的 ADF 值还小于 5%的临界值,拒绝原假设,成为平稳变量,即这两个变量具有一阶单整。

2. 协整检验

有些时间序列,虽然它们自身非平稳,但其某种线性组合却平稳,这个线性组合反映了变量之间长期稳定的比例关系,即协整关系。两个变量之间的协整关系的前提是它们的单整阶数相同,但两个以上变量之间的协整关系允许它们具有不同的单整阶数。对于两个变量之间的协整检验,一般用 Engle 和 Granger 的 EG 两步法,对于多变量之间的协整关系的检验,则需要采用 Johansen 协整检验法。通过单位根检验已判定第一产业 GDP 增加值、小额信贷额为一阶单整序列,满足协整检验前提,所以对两者做协整检验,采用 EG 两步法进行协整检验。根据最小二乘回归可得表 2-5-13。

表 2-5-13 第一产业 GDP 增加值的最小二乘回归分析

变 量	系 数	标准误	T	P
小额信贷额	0.000 204	0.000 015 5	13.14	0.000
常量	6.517 692	0.561 992 4	11.60	0.000

最小二乘回归分析结果可知:模型 F 值=172.70,R^2=0.95,

可调整 $R^2=0.945$，$DW=1.57$。对回归分析的残差序列进行平稳性检验，结果如表 2－5－14。

表 2－5－14 时间序列的平稳性检验结果

		T 统计量	P 值
ADF 统计量		−2.430 3	0.022 6
临界值	1%	−2.886	
	5%	−1.996	
	10%	−1.599	

从表 2－5－14 中可以看出，在 10%和 5%的置信水平下，残差序列是平稳的，进而得到序列第一产业 GDP 增加值和小额信贷额具有协整关系。

3. 误差修正模型

根据格兰杰代表定理，具有长期均衡关系的两个变量在短期可以是不均衡的。这种短期的不均衡可以用误差修正模型加以纠正。

根据 EG－ADF 检验部分，得到 ECM 模型方程为：

$$ECM = 第一产业\ GDP(-1) - 0.000\ 204 \times 小额信贷额(-1)$$

从而得到误差修正模型表达式：

$$D(GDP) = -0.223 + 0.000\ 014 \times D(XINDAI) + 0.228 \times Et - 1$$
$$(5.271)\quad (18.36)\quad (-5.25)$$

从误差修正模型可以看出，系数都通过显著性检验，符合修正机制，是一种长期均衡关系对短期变动负反馈的调整机制，即反映了系统本身对偏离长期均衡的动态的调整程度。误差修正项的系数绝对值越大，对偏离长期均衡的调整能力越大，系统自我修正功能就越强。其中误差修正项为 0.228，表明当短期波动偏离长期均衡时,GDP将以0.228的调整力度将非均衡状态拉回到均衡状态。

4. 格兰杰因果关系检验

由于传统的计量方法有可能导致伪相关的问题,即高度相关的两个变量之间有可能几乎没有任何关系。为解决这一难题,1969年美国著名计量经济学家C. W. Granger提出了格兰杰(Granger)检验这一经济学中的经典方法。格兰杰检验的基本思想是:如果X是Y的原因,那么X应该发生在Y之前而且有助于预测Y。基本步骤为:① 利用OLS方法,估计两个模型并计算各自的残差平方和;② 建立原假设后构造统计量;③ 利用统计量和原假设判断结果。通常在应用中,需要对变量进行平稳性检验和协整关系检验后,才进行格兰杰因果检验,并同理检验"Y是否为引起X的原因",从而确定因果关系的方向引。协整检验结果告诉我们变量之间是否存在长期的均衡关系,但是这种关系是否构成因果关系还需要进一步验证。对变量进行格兰杰因果检验所得到的结果如表2-5-15所示。

表2-5-15　变量的格兰杰因果检验结果

零　假　设	Lags=1	
	F统计量	P值
小额信贷额不是GDP的格兰杰原因	0.553 36	0.481 2
GDP不是小额信贷额的格兰杰原因	20.654 7	0.002 7

对滞后1期进行格兰杰检验,小额信贷额不是GDP的格兰杰原因。格兰杰因果检验是接受原假设,即检验的F值小于其显著性的临界值,但对GDP不是FD的格兰杰原因是拒绝原假设,即检验的F值大于其显著性的临界值,说明GDP是小额信贷额的格兰杰原因。

5. 结论

通过以上实证分析,可知:

（1）根据协整检验，第一产业GDP与农户小额信贷额之间存在较强相关性，这种关系是正相关。小额贷款对第一产业GDP的贡献程度呈递增趋势，表明经济主体尤其是农户对小额贷款的需求呈不断增长的趋势，小额贷款覆盖面逐渐变大。

（2）小额信贷额不是GDP的格兰杰原因，GDP是小额信贷额的格兰杰原因。在青海省藏区更多地表现为农村经济增长带动小额信贷的增长，小额信贷的发展滞后于农村经济的增长。第一产业GDP对小额贷款的拉动作用较为明显，并且起到了主导作用，也不存在时滞作用。这说明农村经济增长对农村金融发展的影响是非常明显的。经济的增长必然需要贷款的大力支持，反过来，青海省藏区的发展又会带动小额信贷的发展。我们不难发现：金融体系改革在取得一定成绩的同时始终跟不上农村经济发展的步伐，农村金融体制改革历来完全以政府的意愿为出发点，没有从农村本身出发，与农村的现实不相吻合。

（3）根据误差修正模型，第一产业GDP、农户小额信贷额的短期波动偏离长期均衡的可能性是存在的，但通过系统修正功能机制可以回到长期均衡状态。农户小额贷款对第一产业GDP的拉动作用存在两年左右的滞后期，随后对GDP的拉动作用逐渐增强。主要原因是GDP是经济的晴雨表，受各种因素的综合影响，小额贷款对第一产业GDP的拉动作用虽然不是绝对主力因素，但也起到了很好的补充作用。

第六节　优化金融生态环境　促进小额信贷发展的策略研究

通过实证研究的计量模型结果显示：小额信贷与增加农牧民收入之间具有显著关系，小额信贷额对促进青海省藏区经济增长具有积极作用，农村小额信贷水平是影响农村经济增长的主要因素，青海省藏区经济增长反过来又促进小额信贷的发展。小额信贷的发展与金融生态环境密不可分。

金融生态环境是指作用和影响金融生态主体生存和发展的各种因素，如经济基础、诚信文化、行政环境、法制建设等。本节所指的金融生态环境包含如下构成要素：经济基础、行政环境、法治环境、信用环境、制度环境、市场环境、服务环境、金融发展。其中，经济环境、法律环境、信用环境、服务环境等四项因素是决定青海省藏区金融生态环境优劣的重要因素。

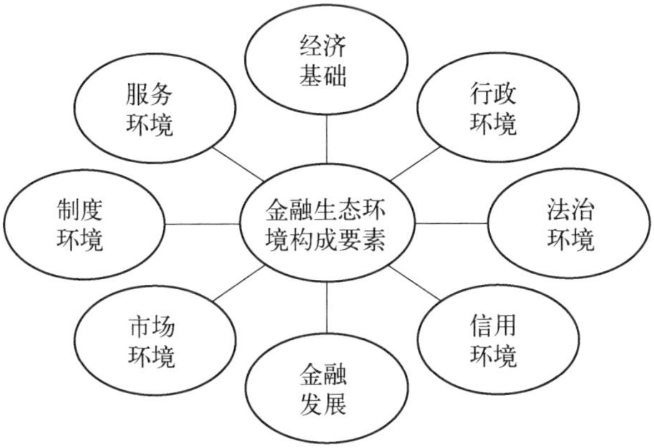

图 2-6-1　青海省藏区金融生态环境构成要素

近年来，青海省全面优化藏区金融生态环境，有效破解了藏区农牧民、专业合作组织、农牧民贷款难、担保难、贷款贵等难题，促进了藏区经济金融全面发展。青海省藏区应建立一种适应生态保护、循环发展的和谐金融体系，使各种金融资源包括货币资源、资本资源、金融制度资源、金融商品资源等得到合理开发和协调发展。为此，优化青海省藏区金融生态环境是一项艰巨复杂的战略任务和系统工程，不能一蹴而就，是一个全方位思考、逐步推进的过程，并随着青海省藏区经济社会条件的变化而不断丰富其内容。

一、不断优化青海省藏区金融生态的经济环境

（一）促进青海省藏区经济可持续增长，优化小额信贷的经济环境

经济环境是影响金融生态的一个重要因素，青海属农牧业省份，工业总量小、农业基础设施落后、产业化经营水平低、靠天吃饭的因素大，落后的经济与持续恶化的金融生态环境相互交织、渗透，造成一方面农牧民贷款难，另一方面金融机构因“惧贷”“惜贷”而难贷款，形成“两难”困境。通过实证研究的计量模型结果显示：小额信贷与增加农牧民收入之间具有显著关系，小额信贷额对促进青海省藏区经济增长具有积极作用，农村小额信贷水平是影响农村经济增长的主要因素，青海省藏区经济增长反过来又促进小额信贷的发展。青海省藏区应依靠国家政策和资金支持，强化藏区生态保护和建设，加大中央财政转移支付比例，支持藏区经济社会发展。藏区各级政府应加大扶贫开发力度，帮助农牧民脱贫致富。政府应加大藏区基础设施建设投资，如道路、教育等方面的投资，加强贫困地区市场化建设。打破扶贫开发工作重点县、贫困村的界限，实行连片开发，综合治理，加大财政扶贫资金、信贷扶贫资金的投入，重点支持改善基本生产生活条件，扶持农村特色优势产业发展，帮助农牧民摆脱贫困。青海省藏区经济的发展主要依托资源性开发，资金需求缺口很大，为此，藏区在依靠国家财政政策和金融政策支持的基础上，还必须改革投融资体制，借助外资和民间资本培养和发展特色产业；发挥证券、保险等金融中介的集聚辐射功能，拓宽筹资渠道。

（二）推进利率市场化改革，保证农村小额信贷的持续发展

科学合理的利率机制是小额信贷持续发展的重要条件。从世

界各国的成功经验看，小额信贷利率需高于商业利率才能在财务上实现可持续。这是因为小额信贷与商业银行一般贷款的操作程序不同，有额度小、成本高的特点，不能用一般银行对工商业甚至较大的农业项目的利率水平来套用小额信贷的利率，只有较高的存贷差才能摊平操作成本。以开展小额信贷最成功的国家孟加拉为例，孟加拉的商业银行贷款利率一般为 10%左右，但是小额信贷的利率高达 25%。让参与小额信贷的金融机构赢利，是这些金融机构愿意扩大并能持续提供小额信贷的根本保证。政府应区分财政扶贫与小额信贷的功能，尽量减少干预，真正赋予正规金融机构经营自主权。因此：① 建议放开小额信贷机构的贷款利率浮动上限。② 根据风险水平确定市场利率。③ 全额解决最贫困农户的资金需求。由于最贫困的农户生产自立能力很低，其所需的生活资金，可以由民政部门提供救济；所需的生产性资金，可考虑由财政提供全额贴息贷款。这样才能坚持小额信贷业务的市场方向，完全实现小额信贷在财务上的可持续性，推动小额信贷业务更快更好地发展。

(三) 大力发展农业保险，分散农村小额信贷风险

发展农业保险不仅可以降低农业生产的自然风险和市场风险，也是形成农业生产与农村信贷市场良性互动机制，推进小额信贷市场持续发展的重要环节。一般而言，农业保险的主要模式包括政府主导型的政策性农业保险模式与市场主导型的商业农业保险模式。就目前青海省的现状来看，应以政府主导型政策性农业保险为主，商业性农业保险为辅的农业保险模式。农业保险的发展离不开政府的扶持，青海省政府应为农业保险的发展创造良好的环境。

(1) 应发挥政府的宣传作用，大力宣传农业保险，构筑以政策

性保险为主体的农业保险体系，使农牧民对农业保险进行广泛的关注，尽快建立和完善政策性农村保险制度。在农业保险实施方式上应采取强制保险和自愿保险相结合的方式，以降低道德风险和逆向选择。对关系国计民生的农作物保险实施强制保险，其他险种则可实行自愿保险。在险种设置上，针对农民不同层次的保险需求，不断开发适合农民需要的险种；提高保险服务质量，着力改善理赔状况，不断提升保险在农民心中的形象。主要承保农业自然风险中的可保风险，提供政府救助之外的补充保障，以提高农民灾后恢复生产和生活自救能力，降低农业生产风险。

（2）农业银行可以借鉴赞比亚商业性金融机构与保险公司合作的方法，积极与保险机构合作设计出多元化的农业保险、农业信贷保险，为小额信贷业务的发展提供充分的外部保险。

（3）通过给予税收优惠和利用保险市场准入资源，鼓励现有多种保险机构开办农业保险，并对参加种植业、养殖业保险的农户直接给予一定的保费补贴，走政策性保险和商业性保险相结合的路子。

（4）探索建立农业再保险体系。通过建立农业再保险的财政补贴机制，为农业保险再保险提供税收优惠等，吸引和支持保险机构提供农业保险再保险支持。探索设立农业保险再保险基金，提高农业再保险的自身造血功能，降低国家补贴的频率和幅度。加快建立农业再保险和巨灾风险分散机制。农业保险的高风险性决定了其必须建立再保险机制。目前，国内对农业保险的再保险尚缺乏相应的政策、措施，国家应通过政策支持或资金支持，探索建立中央和地方财政支持的农业再保险体系，形成农业生产的稳定可持续发展与金融机构对农业发展支持可持续性增强的良性循环。增强商业保险机构参与农牧区保险的积极性和抗风险能力。

（5）应加快发展农产品期货市场，择机推出相关的农产品期权合约。

(四) 健全农村金融制度,提高农村金融体系的效率

依据T·W·舒尔茨"制度决定论"的分析,我们认为:我国农村金融制度有效供给不足可能是导致我国农村金融效率低下的根本原因。在我国农村,首先要建立明晰的产权制度,农村金融机构长期存在的产权模糊等问题是其经营行为扭曲和效率低下的根源。另外在内部治理结构方面,农村金融机构要通过利益相关者群体建立起相互的约束制衡机制。再者,作为真正有效的农村金融制度,应该在坚持效益目标的同时,始终明确其以"三农"为本的根本初衷。否则,就远离了其贴身农村金融服务的根本着眼点。通过金融创新提高农村金融体系的效率创新是农村金融发展最主要的内在推动力,是提升农村金融服务水平的基石。农村金融机构要加快农村金融服务领域的创新,扩大支农服务范围,不断改进服务方式和提高服务质量。

二、优化青海省藏区金融生态的制度环境

金融体系的质量首先取决于一个地区或者一个国家的法律,尤其是与经济和金融相关的法律是否健全。小额信贷的发展,除了有稳定的宏观经济环境外,还需要有一个好的法律制度的保障。通过金融法规制度的完善和真正法治来促进小额信贷的可持续发展。

(一) 完善小额信贷法律,确立小额信贷标准

小额信贷业务与普通的商业银行有着本质区别,比如两者的目标市场和目标客户不同,项目开展目的不同,经营成本和信息搜索成本都要高于普通的商业贷款,两者收益也相应有所区别。因

此，政府应区别对待小额信贷与普通商业贷款，抓紧制定《小额信贷合同法》和《个人信用管理法》等，把小额信贷当作一个长期项目来运作。用法律的方式将其开展的目的和形式、利率实施办法、贷款与还款的条款等确定下来，确保小额信贷市场健康持久发展，使其在推动农村经济发展方面发挥重大作用。并且地方政府在大的框架内制定适合本地区的相关法律法规，同时在这些法律法规中，规定小额信贷机构和贷款农户在小额信贷中的权利、义务和法律责任。通过完善小额信贷的法律法规，把小额信贷机构和贷款农户的行为纳入法制轨道，从而减少信贷风险。

（二）建立完善的金融生态保障机制，形成公平公正的执法环境

（1）规范征信业的发展，完善有关征信的法律法规，建设良好的信用文化，改进信息搜集的技术水平，加强信息的搜集、整理、加工和使用，为银行等金融部门提供真实可靠的信息来源和依据。

（2）在健全的市场机制下，才能更好地推动经济的发展。对于提供虚假信息的个人或单位，实施相应的惩罚措施，提高法律实施的效率和力度，加强监督和管理，增加经济主体的信用透明度。

（3）提高居民的法律意识，普及法律知识，使金融机构的工作人员在日常的工作中，能够用法律减少金融风险。

（4）对于政府部门来说，要做到依法办事，执法必严，违法必究，加大违法违规的打击力度。同时提高工作效率，为金融机构做好相应的服务和保障工作。

（5）社会的舆论监督机构要很好地发挥作用，坚持良好的舆论导向，为良好法律条例的实施提供依据和条件。

（三）加强金融法律体系建设，规范金融生态主体行为

法律手段是金融生态建设的强有力保障。青海省要在现有的

法律法规框架内，不断完善法制，营造公正的执法环境，加强对破坏金融生态行为的制裁，加大司法打击力度，以强制的惩罚性法律约束，强化金融认知水平的提升，加速金融道德伦理的形成，维护市场机制的有效性，确保政府金融监管的权威和金融生态良好运转。青海省还应当从平等保护产权主体权益，促进市场公平交易的角度出发，制定和完善金融法律法规。

金融监管部门应该对金融犯罪加大打击力度，探索建立金融机构与司法部门的联动机制，各级审判机关应积极研究解决金融主体维权案件受理难、判决难和执行难的问题，降低农村金融债权案件诉讼费用，提高农村金融债权的执结率，保证农村金融债权得到即时清偿，加大对金融债权的保护力度，切实维护金融生态主体的合法权益。彻底改变农村金融案件立案难、执行难、兑现率低、费时费力的现状，为农村金融生态营造一个良好的司法环境，进而提高农村金融发展效率。

(四) 完善青海省藏区农村金融监管体系

(1) 应赋予各州县政府部分监管权，建立以政府为主导，人民银行、银监局、保监局、证监局共同参与的协作机制，省级政府对各监管机构应具有统一协调权，对于金融机构的准入、运营及退出的全程监管，召开金融监管联席会议制度，并承担一定的风险化解责任和监管成本。

(2) 地区人民银行按照央行职能需要，保监局、证监局、银监局按照分业监管原则分别行使对农村金融机构的监管权；可采取延伸监管力量或委托其他机构代管方式。加快建立存款保险类机构，强化对农村金融风险的控制和处置，构建完整的农村金融监督体系。

(3) 提高金融监管的效率和质量。引入社会监督，增强金融监管的透明度，有效抑制金融风险，可以通过加强公众金融法律法规知识和风险防范意识的宣传，还可以充分发挥会计师、审计师事务所等社会中介机构的积极作用，更应建立一套完善的信息披露标准制度，以更好地完善农村金融监管体系。

(4) 建立对民间金融的差别监管模式和风险监控体系。对于经济相对欠发达的农村，农村经济的基本单位是那些中小规模的农户及中小企业，非正规金融交易规模较小，参加者相对比较分散，交易方式较为传统。根据情况，按交易金额、地域范围和参与人数等标准设置非正规金融交易的规模边界，对低于边界规模的非正规金融交易实行自由登记制度，而超过边界规模的非正规金融交易都必须实行登记制度，订立契约文书，以解决非正规金融交易因为规模扩大导致的信息不对称及交易者出现搭车问题所导致的风险。而在经济相对发达农村地区，非正规金融的交易规模已经较大，参与者的组织化程度也较高，资金的逐利目的明显，交易方式较为规范。这类农村非正规金融已具备正规金融的主要特征，可在政府相关部门进行备案管理，在逐步规范后，纳为正规金融组织，接受金融监管。

三、不断优化青海省藏区金融生态的信用环境

诚信环境是金融生态环境的重要组成部分，一个地区的诚信文化、企业和个人的诚信水平在很大程度上影响金融资源的配置效率、金融生态主体改革信贷经营的空间结构、资产质量和经济效益。优良的金融生态环境是吸引省外及境外资金的金字招牌。

(一) 深化信用体系建设，培养社会诚信意识

信用体系的完善可以解决小额信贷信息不对称的风险，良好的信用环境是发展小额信贷的关键，是架起资金供需双方的桥梁。青海省藏区应继续加强信用县、信用村、信用户、信用农业企业的

评选工作，培养藏区社会诚信意识，以点带面，逐步实现社会信用意识的提高。以村委会为考核单位对村范围内农牧户的信用状况进行考核，根据信用评价体系授予不同信用等级。青海省藏区各级政府和农村金融机构要通过广泛深入的宣传，积极倡导与培育信用文化。提高农牧民对推广小额信贷工作的认识，让农牧户认识到小额信贷不是政策性扶贫资金，应严格按照贷款有关规定，树立严守信用的意识，让其意识到还款的必要性、强制性和法律性。逐步形成政府领导、社村配合、村组响应、村民参与的综合推进、良性互动的农户信用等级系统，最后将其纳入到全社会信用体系当中。

（二）加强农牧民征信系统的建设

加快农村信用体系建设，针对农牧民建立专门的信用评级标准，建立藏区信用信息数据共享平台，建立动态管理信用档案。运用市场力量给予信贷、保险等方面的优惠，利用示范效应引起社会共鸣。按农户的信用状况、经营能力、家庭状况等评定多个农户信用等级标准。在资信等级评定过程中，杜绝各种违章贷款、人情贷款、以贷谋私等行为的发生。针对评定的农户信用等级，制定不同的信用贷款限额和优惠政策，满足农户的贷款需求。要扶持和推动信用农户、信用企业健康成长，使他们认识到诚信是无形资产，效益靠信誉实现，要像经营其他资产一样致力于培植自己的信用，并使其保值增值。

（三）建立对农户的违约惩戒机制、强化失信惩戒机制

综合运用法律、经济、舆论监督等手段，在全社会形成激励守信和惩戒失信的机制，建立对农牧户的违约惩戒机制，运用各种手段，联合打击恶意逃废债务现象，鼓励诚实守信，为农村小额信贷

推广工作创造坚实的诚信基础。应成立由政府部门、乡村干部、农村信用社等多方参与的信用等级评定机构，制定可行的实施程序、评定标准。信息共享，而不能完全依赖于村干部的评级，从而有效解决小额信贷机构与农牧民之间信息不对称问题。同时，要依法严惩失信行为，提高失信成本，在全社会形成守信者受益、失信者受罚的良好氛围。

为此，要维持良好的社会信用秩序，还须有完善的法律来保障，借助法律的严厉性来对失信行为施加威慑力和制裁力。通过完善法律保障机制，依靠司法部门，运用法律的手段对失信者予以严厉制裁，在法律制度上让失信者承担其行为造成的损害责任，付出经济上的代价，甚至刑事上的惩罚，比如对《刑法》中有关贷款欺诈、恶意逃债的规定进行修订，为农村金融生态环境的平衡营造良好的社会信用法制环境。

（四）完善小额贷款激励约束机制

按照权、责、利相结合的原则，建立和完善农村小额贷款绩效评估机制，逐步建立起“定期检查，按季通报，年终总评，奖罚兑现”的考核体系。实行农村小额贷款与客户经理“三包一挂”制度，即包发放、包管理、包收回，绩效工资与相关信贷资产的质量、数量挂钩。建立科学、合理、规范的贷款管理责任考核制度，进一步明确客户经理和有关人员的责任。加强对农村小额贷款发放和管理各环节的尽职评价，对违反规定办理贷款的，严格追究责任；对尽职无错或非人为过错的，应减轻或免除相关责任；对所贷款项经常出现风险的要适时调整工作人员岗位，或视情况加强有针对性培训。

（五）加大青海省藏区金融担保体系的建设力度

为进一步缓解青海省藏区农牧民“贷款难”问题，可建立由省级担保公司—地市担保公司—县级担保公司一体化的完善的担保体系。逐步形成以藏区州地市县财政出资组建的担保机构为主体、商业性担保机构和企业互助担保机构为补充的担保体系。省级担保公司可向州、县级担保公司提供再担保，县级担保公司要积极做好对农牧户贷款的担保工作，同时，将担保体系建设与全省"三农"保险服务体系衔接，以"三农"保险理赔资金作为对担保公司的再保险，分散担保公司风险。并加大创新力度，在基础较好的地区试点成立小额信贷保险公司，建立多层次、多渠道、多主体经营的小额信贷保险体系。针对青海省担保机构严重不足的局面，应建立一种以政府为主导、农牧民间互助、金融机构支持的专业化信用服务体系，为小额信贷发放提供一个良好的服务支撑平台。应建立"四位一体"融资担保模式即"信用互助协会＋互助基金＋风险补偿基金＋保险"（图 2-6-2）。

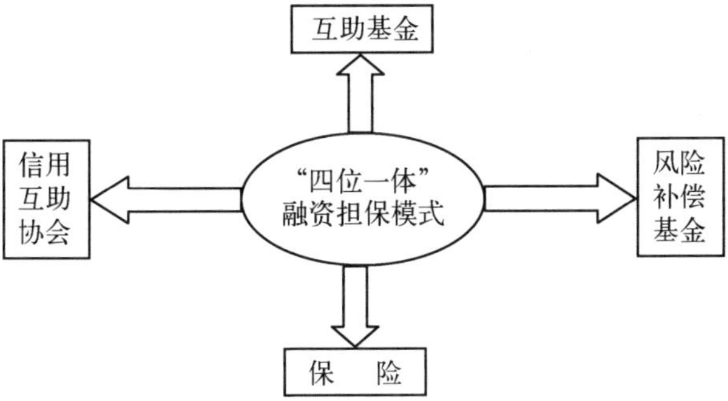

图 2-6-2　青海省"四位一体"的融资担保模式

1. 地方政府应成立小额信贷担保工作领导小组

政府可考虑成立担保工作领导小组，搭建工作平台。地方政府成立农牧民小额信贷担保工作领导小组。人民银行、工商等部门在《行业信用互助协会章程》的制定、信用互助基金的缴纳标准、银行授信额度扩大倍数、贷款优惠幅度等方面，积极协调农牧民代表与合作金融机构商讨，发挥组带作用，提供政策支持。

2. 引导建立小额信贷互助担保机构

由于互助担保机构的层次较低，资金少，规模小：

(1) 应扩大互助担保机构运作资金的来源，应鼓励地方政府资助本地互助担保机构的成立。财政部门按照信用互助基金总额的一定比例(参考5%)拨付专项资金，设立信用互助协会会员贷款风险补偿基金，存入贷款主办行进行管理。对风险较大的行业，要求其资产加以保险保障；银行对会员企业评级授信，授信企业按贷款授信额的一定比例(参考10%)缴纳风险管理基金，并专户存储；贷款主办行按照会员缴纳互助基金的一定倍数(参考10倍)放大发放信用担保贷款。

(2) 建立联合担保协会，分散单个互助担保机构的风险。

(3) 引导机构投资资金及其他民间闲散的资金扩充互助担保机构的担保能力。

(4) 建立政府信贷担保计划。对互助担保机构为农牧民小额信贷所提供的担保进行反担保。

四、不断优化青海省藏区金融生态的服务环境

推动青海省藏区小额信贷发展，必须通过金融创新，实现农村金融服务体系的多元化。

(1) 充分发挥农业银行、农业发展银行、邮政储蓄银行的支农作用，鼓励金融机构吸收的存款回流到青海省藏区。

(2) 调动国有商业银行参与“三农”建设的积极性，对其在农牧区的业务制定优惠政策，规定一定比例新增存款用于支持农村经济。

(3) 对农牧区民间融资活动加以正确疏导，以满足农牧区经济发展多样化的金融需求。

(一) 健全金融组织体系,促进青海省藏区经济增长

根据微观经济学相关理论,垄断会导致低效率,只有充分地竞争才能实现资源的最优配置。尤其是作为支农主力军的农村信用社,其垄断是导致农村金融效率低下的重要原因。现阶段,要对青海省藏区金融机构进行合理的功能定位,在坚持农村信用社合作制发挥其农村金融主力军作用的同时,要建立适当的竞争机制,让金融服务多元化。

发展多层次的小额信贷载体,利用多样化的资金供给满足多层次的农村金融需求。要充分发挥农业发展银行的政策性支农作用,拓展业务范围,在搞好其传统的棉粮油收购业务的基础上,作为国家的政策窗口,应该为农村的基础设施建设、劳动力素质改善等方面提供足够的资金支持。在资金流向上,要尽可能多地将资金转向农村经济的环节,通过提高农民收入来缩小城乡差距。另外要利用商业银行的资金优势来解决农村资金供给紧张的问题。要建立适当的竞争机制,降低对“草根金融”的准入门槛。让村镇银行、小额贷款公司、民营资本等枝繁叶茂、茁壮成长,让金融服务多样化,在充分的竞争中实现优胜劣汰。拓宽小额贷款投放渠道。在利用原有农村正规金融机构的基础上,大力发展各类新型农村金融机构,利用非政府的小额信贷机构弥补正规金融机构的不足,整合本区域的民间资本,增大小额信贷的资金供给。应在明确小额信贷机构吸收资金有关法律问题的基础上,协调农业发展银行、农业银行、邮政储蓄银行、国家扶贫开发基金等机构,形成有效的小额信贷的资金批发机制。同时应建立非吸收存款类小额信贷机构向吸收存款类小额信贷机构发展的政策通道,拓宽可持续的资金供给来源。允许吸收公众存款,是小额贷款机构能够可持续发展的必要条件之一,无论是尤努斯“乡村银行”模式还是印尼人民银行(BRI)模式都具备这一特点。

(二)引导商业银行拓展支农业务

我国农村商业银行的发展在中国金融的大舞台上也经历了艰辛的历程,作为我国农村金融改革体制的产物,大多数农村商业银行在发展中仍然存在着市场定位模糊、业务品种单一、中间业务滞后和盈利来源单一等问题。因此,农村商业银行在市场化改革的历程中,要在找准自己的市场定位的基础上,通过创新扩大其业务范围等方式提高核心竞争力。为了进一步发挥农村商业银行的资金优势更好地为三农服务,国家可以适当规定其将一定比例的存款投向农村。另外,邮政储蓄在农村一直以来只吸收存款不发放贷款,成为存贷差的一项重要来源,大大地削弱了支农的力度。因此,要大力推进邮政储蓄银行改革,引导邮政储蓄资金支持"三农"。这样可以在一定程度上缓解农村金融资源的流失,改善农村金融供给紧张的状况。

(三)加强金融工具创新

我国小额信贷机构应针对现有信贷产品缺陷,借鉴国际农村小额信贷成功经验,对不同的贷款对象实行差异化的产品设计,形成多元化信贷产品层次及种类,使其整个小额信贷体系在结构上与我国惠农政策基本吻合,能够满足农村市场个性化、多元化的需求,创建能够覆盖其经营成本的定价机制,按照市场运行规律,确定能满足自身可持续发展的利率,均衡配置农村小额信贷的社会效益与经济效益。另外,我国小额信贷机构应根据对市场发展状况、资金需求、客户的资金周转及贷款意向等信息进行综合分析,细分出适应不同市场情况的多样贷款品种,以适应不同收入水平、不同用途的需要。在信贷目标选择上,应主要针对农村地区有劳动能力但是家庭经济困难的农户,在贷款额度和还款期限上则应该多层次,根据农户所需款项的用途和农户使用款项从事的农业生产周期出发划定长期和短期贷款。推行农村小额信贷业务的过程中，应组织成立专门的产品研发小组，针对特定产品项目确定研发时间、主要责任人，并定期组织召开新产品需求研讨会，及时推出符合市场需求的新产品。近年来，随着中国农村经济开始向多元化方向发展，“三农”对小额信贷资金的需求也越来越大。因此，涉农金融机构只有通过多样化的信贷产品提高自身的发展能力，创造出农村小额信贷的经济效益、社会效益，才能促进农村小额信贷可持续发展。

(1) 在信贷产品上，开发适合农村需要的信贷品种，适时推出“打工经济贷款”“农业综合配套贷款”“涉农担保贷款”“农民消费贷款”等品种；其次，采取灵活多样的还款方式，设计按季还款、分期还款产品，减小农户一次性还款的压力，降低信贷违约风险。

(2) 考虑到农户在资金、信息方面的劣势，农村金融机构应该提供更全方位的金融服务，可以扩大结算业务的范围，强化农村代收、理财咨询等中间业务，加强股票、债券、保险等相关的金融理财产品的推广和应用。

(3) 金融工具创新方面，在合法、合理的范围内可以尝试一些新的抵押担保形式，农产品加工企业可以使用机器、农作物收获权等作为抵押或质押；对于农户，要根据农业生产的周期性等特征，因地制宜、与时俱进，设计合理的金融产品。同时借鉴国外成功的经验，要和其他涉农机构如期货交易所等有机地配合来创新产品。像印度期货交易所就努力让银行给农民贷款，实现农产品的高价出售。

(4) 鼓励民间资本投资农牧业产品深加工、旅游、矿产资源等特色经济领域；制定青海财政贴息、低息和减免税等相关优惠政策，进一步放宽在藏区设立外商企业条件、外商投资企业持股比例的规定。

(四) 创新小额信贷服务模式,满足农牧民的资金需求

小额信贷机构要按照农牧户的实际需求和当地的信贷市场状况,为农牧民提供多样化的信贷服务。

(1) 适当扩大小额信贷的额度,灵活掌握小额信贷的期限,降低贷款门槛,简化贷款审批手续。目前农牧户小额信贷的额度和期限与农牧民的需求和生产经营周期不协调,致使一些前景好、收益高的项目因资金量大而得不到满足。因此,应调整、修改小额信贷相关办法,增加贷款额度、延长贷款期限、减少贷款环节;同时,要针对欠发达地区县域金融萎缩的现状,扩大金融机构授信范围,适当下放贷款自主权,促进小额信贷业务的发展。

(2) 小额信贷机构可依据孟加拉格莱珉银行、花旗银行低成本开展小额信贷业务方法,与基层农村合作组织合作,由其代理接受信贷申请、信贷资格初审、农户信用调查等业务,或者发挥其资金优势适度开展批发业务,甄别小额信贷机构,明确界定合作双方的利益和责任关系,按照商业原则向涉农金融机构提供资金批发业务,形成市场细分中的合作格局,借助涉农金融机构掌握的农户信息,有效解决小额信贷信息不对称问题和降低小额信贷的成本。

(3) 小额信贷机构应加强内部控制与创新,放开利率上限,实现利率自由浮动,采取合理灵活的利率政策,设置有差别的贷款额度,设立科学灵活的期限结构。要强化小额信贷机构内部管理,完善内部财务制度和贷款审批手续,采取有效措施促进内部良性运作。要建立健全小额信贷风险控制机制和应急预案,特别加强贷后管理,完善信贷监控体系和征信能力建设。

(五) 加强对农牧民的技能培训

提高农民的文化素质是新农村建设的目的,也是提高农村小额信贷质量的手段。做好农民技能培训,培养懂技术、懂市场、有

文化的新型农民，提高农民的整体素质，从宏观来说是关系到社会主义新农村建设目标的实现的，从微观来讲这直接关系到我国农村小额信贷的质量和发展的可持续性。

（1）应由政府带头组织。各地方部门的各级领导要把这一问题提高到战略高度，建立组织一协调机构，编制规划，制定政策，保证经费，落实人员。为农民技能培训提供强有力的领导支持和组织保证。

（2）应在农村地区推进义务教育和职业技能教育，前者是基础，后者是提高。目前我国农村偏远地区，由于城乡教育资源分布不均匀，地区九年义务教育的普及任务还很繁重。农民职业技能教育，则是与农业现代化、农业产业化息息相关的。要提高农民的经济水平就需要调整以往的单一的产业结构，发展多元化的产业结构，发展横向纵向的农夫产业，这些目标的实现都要依托生产者具有高素质高技能。在农村地区开办农村职业技能学校在一定程度上能够缓解农民技能水平低下的缺陷，并具有贴近农村、费用较低、实习方便等优势。

（3）多方筹措办学经费。考虑可以实行多方筹资的方法，由政府带头出一部分钱、企业资助一部分、个人掏一部分。办学单位应保本经营，利用社会慈善基金、引入社会资金投入等办法，切实减轻农民负担。在完善评估和监管的同时，政府大力支持，投入部分财政资金作为专项资金，以农业主管部门及农业技术人员为依托，以小额信贷项目为媒介，要加强贫困户的自身造血功能，增加对农牧民的培训。各国成功的小额信贷经验表明，对农民借贷者的培训是小额信贷成功的又一关键所在。

（六）市场化是发展农村小额信贷的最有效途径

小额信贷的市场化是指放开对小额信贷管制，通过市场机制解决农村小额信贷经营管理、发展壮大过程中遇到的问题，使农村小额信贷机构能够通过市场来约束其经营管理，改善服务质量，自力更生，在市场的竞争机制中增加活力。另外，农村小额信贷机构通过建立适应市场化的运行机制，改善其金融资产管理水平，建立能够反映其运营成本及风险的价格机制，有利于小额信贷机构资金的筹集、运用和管理，摆脱由于政府过度的行政干预而造成的农村小额信贷发展缓慢的局面。

第七节　结论及建议

一、本章小结

本章首先提出了金融生态与小额信贷的基本理论，在此基础上通过对青海省藏区六州所辖 33 个县、243 个乡镇及 1 722 个行政村的农户、牧民融资需求、收入来源、资金来源、融资结构、小额信贷发放以及金融机构、信用担保机构对农户、牧民融资服务的整体状况进行了问卷调查与实际调查，取得了翔实的第一手资料，并通过 SAS9.1 软件与 EVIEWS7.2 统计分析软件对数据进行加工处理，课题对小额信贷与青海省藏区农牧民人均年收入进行了一元回归与多元回归，对小额信贷额与青海省藏区经济增长的关系采用单位根检验、协整检验、格兰杰因果检验和误差修正模型进行了实证研究。剖析了小额信贷与经济增长的互动关系及小额信贷对经济增长的作用机制。金融生态是一个综合性的系统，仅仅关注金融生态环境是片面的，小额信贷机构作为金融生态主体之一，如何实现与金融生态环境的协调发展也不容忽视。得到了如下研究结论：

（1）青海省藏区金融业基础薄弱，金融组织体系不健全，金融服务功能弱化。农村供需体系作为一个独立的系统，是由供给主体和需求主体所构成，连接供需双方的是适应不同金融需求特征的信贷产品。青海省藏区小额信贷主要有三种业务模式：政府扶贫与非政府组织小额信贷项目、正规金融机构小额信贷项目、非正规金融机构小额信贷项目。青海省藏区小额信贷的需求方主要包括贫困农牧民、普通农牧民、市场型农牧民、缺乏必要资金支持的微型企业、少数具有一定规模的企业。

（2）通过对青海省藏区农牧民小额信贷现状调研可知，目前，农村信用社成为青海省藏区小额信贷的供给主体。各类小额信贷机构提供的产品无论在期限、额度、还款方式、放款方式上与农牧民的需求存在很大差别，小额信贷供给产品严重不足。农牧民自身的局限性制约了农牧民小额信贷的可得性，小额信贷资金供给不足影响了小额信贷的覆盖面，小额信贷机构与农牧民信息不对称制约了小额信贷机构的可持续发展，小额信贷利率定价机制存在诸多弊端。

（3）无论是一元回归分析还是多元回归分析结果都表明小额信贷是促进农民增收的有效途径，小额信贷对总体农户收入水平具有显著的正面影响。因此，基于农户的信贷需求，小额信贷的推广确实能够解决农户自身积累不足的问题，进而达到促进农民增收的目的。因此，民族贫困地区开展小额信贷业务应受到政府的充分重视，并进一步加强政策上的倾斜与扶持，从而更好地发挥农户小额信贷在农牧民增收中的作用。

（4）根据协整检验，第一产业 GDP 与农户小额信贷额之间存在较强相关性，这种关系是正相关。根据格兰杰检验显示，小额信贷额不是 GDP 的格兰杰原因，GDP 是小额信贷额的格兰杰原因。第一产业 GDP 对小额贷款的拉动作用较为明显，并且起到了主导作用，也不存在时滞作用。这说明经济增长对贷款的依赖作用明显，经济的增长必然需要贷款的大力支持。根据误差修正模型，第一产业 GDP、农户小额信贷额的短期波动偏离长期均衡的可能性是存在的，但通过系统修正功能机制可以回到长期均衡状态。主要原因是 GDP 是经济的晴雨表，受各种因素的综合影响，小额贷款对第一产业 GDP 的拉动作用虽然不是绝对主力因素，但也起到了很好的补充作用。

（5）通过问卷调查与实证分析，课题研究得出了优化金融生态环境促进青海省藏区小额信贷发展的相关建设与策略。提出要通过优化金融生态的制度环境来促进小额信贷的发展；通过优化金融生态法制环境来促进小额信贷的发展；通过优化金融生态的信用环境来促进小额信贷的发展；通过优化金融生态的服务环境来促进小额信贷的发展(图 2－7－1)。

二、研究启示

通过对青海省藏区小额信贷的调查与探析，对藏区小额信贷的供给状况与需求状况进行了深入调查，提出了藏区小额信贷存在的问题及发展障碍，可以反映出国内欠发达地区小额信贷的共性问题。我国农村居民融资难的现状普遍存在，如何缓解农牧民融资难是政府和金融部门应共同面对、合力解决的问题。对这些问题的剖析，对农村金融体系可持续发展如何更好地提供小额信贷金融服务有一定的借鉴作用。

（1）政府方面，要搭建政府服务平台，为农牧民融资实行信用增级。政府一方面可通过搭建信息服务平台，帮助贫困地区农牧民更好地获得正规金融体系的支持；另一方面，推动完善信用担保体系，加快抵押品和质押权益流转市场建设，通过扶持担保公司发展、建立贷款风险担保基金等方式，为农牧民融资创造良好外部环境。

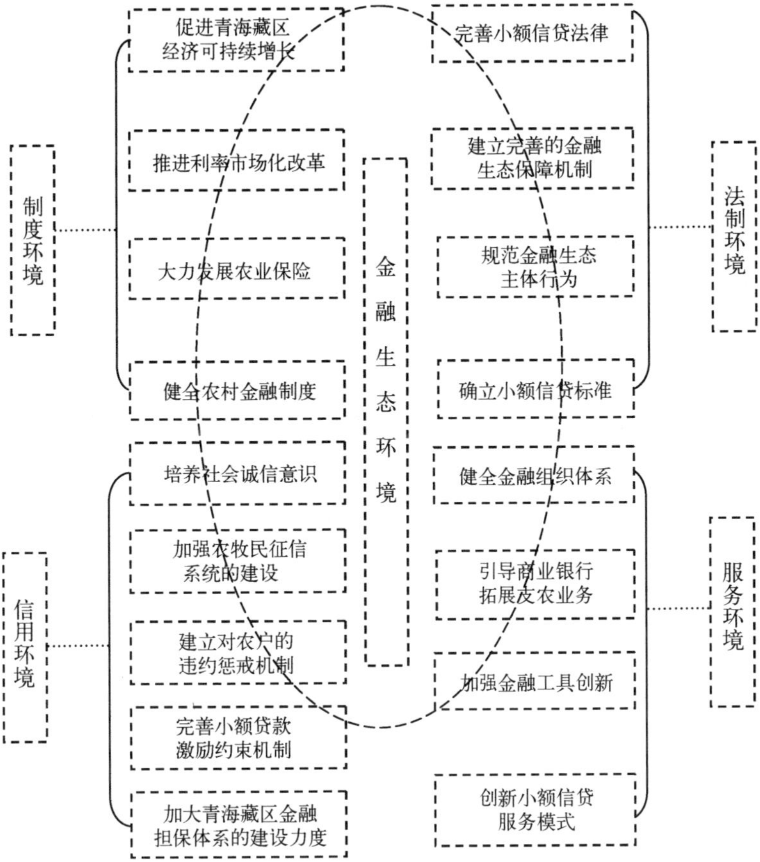

图 2-7-1　优化金融生态环境对策图

(2) 金融机构方面，要建立多层次的金融机构组织体系，改变农村信用社一花独放的局面，农发行、农业银行等要重新审视自己，转变营销观念，将业务范围拓展至农村，改变城乡二元经济结构局面，增强银行创新能力，积极采取措施加强对农牧民的金融服务，优化融资结构，切实发挥金融机构服务于三农、服务于实体经济的功能。

(3) 建立良好的金融发展环境，促进小额信贷的发展。青海省藏区应努力发展地方经济，促进当地经济增长，扶植一批优良企业与龙头企业，打造本地经济发展的基础。建立良好的信用环境，大力培育诚信文化，建立失信惩戒制度，对违约失信行为给予必要的制裁，加快信用村、信用镇的建设，完善社会信用意识。

(4) 尽管小额信贷最初引入中国的初衷是促进农村经济增长与扶贫。但事实证明公益性的小额信贷机构由于资金使用效益不佳，加上法律地位不明确，扶贫效果不具有可持续性。要加快青海省藏区小额信贷的发展，就要促进小额信贷的可持续发展。既包括小额信贷机构(供给者)的可持续，也要考虑需求者(农牧民)的可持续，以效率促发展，以创新促发展。

(5) 建立多层次的农村金融体系。青海省藏区应形成多种形式的金融机构并存、分工合理、功能互补的多层次的农村金融体系。完善农村金融市场的准入和退出机制。加快农村信用社向商业银行的改制之路，走商业化经营道路。建立多层次的信用担保机构，转嫁和降低一部分农村金融机构的风险，提高他们对农牧民放贷的积极性。

第三章 青海省城镇化发展及路径选择

第一节 城镇化与新型城镇化

一、城镇

(一) 城镇的概念

联合国区域开发中心规定:“市”(city)的人口数量最低标准为20 000人。国际统计协会建议:“镇”(town)的人口数量最低标准为2 000人。我国根据1993年5月国务院的规定,设市的最低标准为非农人口不低于6万人,而设镇的非农业人口不低于2 000人。可以看出,“镇”是小于“市”的单位,从“市”与“镇”的形成的动因与发展的历程来看,它们并没有很大的不同,它们都是非农产业和人口的聚居场所。

(二) 城镇的功能[①]

(1) 城镇共有的功能：① 地区经济活动的组织指挥中心；② 地区的交通中心、物资集散中心、贸易中心；③ 地区的工业中心；④ 地区的科学教育中心、服务中心、信息中心、金融中心；⑤ 地区的社会活动中心；⑥ 不同程度的地区政治中心。

(2) 中心地城镇的功能：凡是以推动地区经济发展为主要功能的城镇，称为中心地城镇。越高级的中心地城镇，其在全国或区域信息与金融系统中的地位以及在全国或区域内组织与指挥经济发展的功能越强，其中信息中心的作用尤为突出。

(3) 专业城镇的功能：专业城镇是在地区分工中承担特殊职能的城镇，其主要功能不是直接推动地区经济发展。如一些专业化水平很高的政治中心、宗教中心、文化中心、旅游中心等。

(4) 增长中心的功能：增长中心是以主导产业部门为核心发展起来的，有一些在投入产出上关系密切，同时又在地理上集聚在一起的产业群落组成的区域经济发展的核心。增长中心的主要功能是推动腹地经济、技术、文化发展，信息发展与信息流通。

二、城镇化

(一) 城镇化的概念

城镇化是指在人类社会分工的发展过程中，伴随着工业化进程而出现的非农产业及其人口从农业中分离出来，逐渐聚集到城镇，使城镇经济在国民经济中的比例日益增大，城镇人口迅速增长的过程。它涵盖两个方面：① 转变农村人口为城镇人口，实现城镇化的数量增长；② 城镇文化生活方式及其价值观念等城镇文明

---

① 张金锁、康凯编著：《区域经济学(第三版)》，天津大学出版社 2009 年版，第 274—275 页。

在农村地域的扩散，生产要素的聚集，经济结构的演进，从而提高实现城镇化的质量。无论是人口的数量增长，还是人口生活水平质量的提高，都与人口的彻底转移有着密切的、不可分割的关系。显然，经济发展和人口集聚是城镇化发展的重要前提，而城镇经济活动和生活方式向农村地域广泛渗透是城镇化发展的必然结果。

（1）人口城镇化。指农村人口向城镇集聚，城镇人口数量不断增加，比重不断提高的过程。人口城镇化是城镇化水平提高的一个重要表现形式，也是城镇化的一个重要衡量标准。人口城镇化主要通过城镇人口比重、非农业人口比重指标来衡量。

（2）经济活动城镇化。指经济关系、经济活动的聚集以及生产方式日益趋向于城镇经济特征的过程。在这个过程中，人们主要从事非农业经济活动，二、三产业相对发达，行业的专业化分工明确，产业之间、经济部门之间的联系方式密切，社会化程度加深，规模经济和聚集经济的效益突出，农业现代化水平不断提高，社会的劳动生产率也持续上升。经济城镇化主要采用人均GDP、第二和第三产业增加值比重、人均固定资产投资和人均工业总产值指标来反映。

（3）生活方式城镇化。指随着社会身份、职业、社会角色的变化，人们的行为方式、思想观念、道德意识、社会交往、受教育程度、生活习惯、综合素质等方面的进步与改善的过程。相对人口、地域、经济活动等方面，生活方式城镇化对社会的影响更为深刻，难度也更大。从某种程度上说，人们自身生活方式的现代化，对于促进社会持续全面进步有着极为重要的意义。生活城镇化主要通过每万人拥有卫生机构技术人员数、每万人拥有大学生数（含中等职业教育人数）、人均消费品零售额和人均邮电业务量四个指标来反映。

城镇化的发展是极其复杂的历史过程，而城镇人口集聚以及占总人口比重的提升是其过程的重要表现。不管是经济或生活方式的城镇化，一般都是以人口的城镇化为基础的，本章所阐述的城镇化均以人口城镇化指标为分析依据。

（二）城市化和城镇化的区别与联系

中国城市与区域规划学界和地理学界于1982年在南京召开的“中国城镇化道路问题学术讨论会”上，明确指出“城市化”与“城镇化”为同义词。城市化并不仅仅是特大城市或大中小城市的发展，也包括小城镇的发展；城镇化也并不仅仅局限于发展小城镇，而是同时包括特大城市及大中小城市的建设问题。而且我国《城市规划法》明确规定城市是包括建制镇的，该法指出：“本法所指城市，是指国家行政建制设立的直辖市、市、镇。”这是对城市的广义理解，而城镇通常指城市和建制镇，因此，城市作广义理解时与城镇的含义是相同的[①]。

（三）城镇体系

（1）城镇体系的概念。城镇体系是指在一定地域范围内以中心城市为核心，由一组规模不同、特点各异而又相互关联的城镇组成的空间系统[②]。

（2）城镇体系的特点。一般认为，城镇体系的特点有以下四个方面：① 整体性。城镇体系是由城镇、联系通道和联系流、联系区域等多个要素按一定规律组合而成的有机整体。② 关联性。

---

① 刘洁泓：《城市化内涵综述》，《西北农林科技大学学报（社会科学版）》2009年第4期。

② 郝寿义、安虎森主编：《区域经济学》，经济科学出版社1999年版。

是指体系内由城镇之间有着合理的分工和密切的经济社会联系。③ 层次性。包括行政级别层次和规模层次两个方面。④ 动态性。城镇体系形成之后并非固定不变的，而是处于发展和演变之中，外界环境和内在因素的变化都有可能使之发生形态上、规模上和结构上的改变。

三、新型城镇化

（一）新型城镇化的概念

“新型城镇化”公认最早是中国共产党的十六大新型工业战略提出的。

所谓新型城镇化，就是推进城镇化由偏重数量规模增加向更加注重质量内涵提升转变，由偏重经济发展向更加注重经济社会协调发展转变，由偏重城市发展向更加注重城乡一体化发展转变[①]。

（二）新型城镇化的特征[②]

（1）工业化、信息化、城镇化、农业现代化“四化”协调互动，通过产业发展和科技进步推动产业和城镇的融合，实现城镇带动的统筹城乡发展和农村文明延续的城镇化。这里面有四层内容：① 城镇化应该是工业化的加速器；② 城镇化是农业现代化的引擎；③ 城镇化是信息化的载体；④ 城镇化发展不是要消灭农村、农业、农民，而是要注重“三农”问题的解决，实现城乡一体化的发展。

（2）人口、经济、资源和环境相协调，倡导集约、智能、绿色、低

---

① 顾朝林、赵民、张京祥主编：《省域城镇化战略规划研究》，东南大学出版社2012年版。

② 张占斌：《新型城镇化的战略意义和改革难题》，《国家行政学院学报》2013年第1期。

碳的发展方式。这里面有两层内容：① 要从优化产业结构、能源结构、消费模式等多角度出发，将生态文明理念和原则全面引入新型城镇化发展的思维，体现集约、智能、绿色、低碳城镇化；② 提高城镇生态环境的建设力度，以资源节约型、环境友好型为建设城镇的目标，突出资源环境承载能力与城镇化建设相适应，加强城市基础设施改善和综合能力建设。

（3）构建与区域经济发展和产业布局紧密衔接的城市格局，以城市群为主体形态，大中小城市与小城镇协调发展，提高城市承载能力。这里面有两层内容：① 立足各地的实际情况，考虑与城镇化有关的诸如资源条件、生态承载量、历史文化等因素。合理构建与区域经济发展和产业布局密切衔接、与资源承载量相适应的大中小城市和小城镇、城市群；② 要根据各地区自身的优势，在城镇化建设中突出每个城镇的特色，避免出现过去的"千城一面"的问题。

（4）实现人的全面发展，使得农业转移人口有序市民化和公共服务得到有序、协调的发展，建设包容性、和谐式城镇。这里面有两层内容：① 城镇化的本质是为了实现人的全面发展，因而不能为了城镇化而城镇化，只追求城镇化率而忽视城镇的质量；② 建设和谐式城镇，注重城镇化的社会管理和服务创新，缩小城乡差别，化解社会不公，从而能够实现和谐社会和幸福中国城镇化这一美好愿景。

第二节　青海省城镇化发展的历史及城市功能

青海省作为西部地区的一个省份，经过 30 多年的改革开放，经济水平、社会结构都发生了巨大的变化，尤其是在城镇化建设方面取得了较大的发展。

一、青海省城镇化发展的历史

(一) 1949 年前青海省城镇化的历史演进①

1. 历史演进过程

青海省真正意义上城镇化的出现是从西汉时期开始的(表 3-2-1),早期青海省的城镇主要集中在黄河沿岸的河谷地带。

表 3-2-1　汉代不同时期青海省郡县设置和城镇发展状况

州	县	城镇发展简况
海东地区	西宁市	汉武帝元鼎六年(前 116),设西平亭
	湟中县	汉宣帝神爵初(前 61—60),置临羌县,治今多巴镇
	乐都县	汉宣帝神爵初(前 61—60),置破羌县,治今乐都老鸦古城
	民和县	汉宣帝神爵初(前 61—60),置允吾县,治今下川口
	平安县	汉宣帝神爵初(前 61—60),置安夷县,治今平安镇西古城
	湟源县	东汉建安时期,增设西都
	化隆县	东汉建安时期,增设白土县,治今甘都地区
	循化县	
	尖扎县	北周设远化县

注:资料来自青海省地方志编纂委员会编:《青海省志·城乡建设志》,青海人民出版社 2001 年版,第 69—103 页

2. 城镇的特点

1949 年以前的青海城镇可以概括为三种类型:

(1) 民族贸易型的城镇。如在唐宋时期,由于随着中原地区

---

① 高新才、姜安印主编:《西北区域经济发展蓝皮书(青海卷)》,人民出版社 2008 年版,第 202—204 页。

对外贸易的空前发展，带动了青海绢马、茶马互市的形成与发展，使城镇开始从单纯的行政中心向兼具商业贸易功能转型。

(2) 交通枢纽型城镇。这类城镇往往以“驿站”为点，以“驿道”为线，再附之以贸易，形成了一些以交通枢纽为中心的城镇，同时由于这类城镇具有良好的交通功能，因此成为当时青海同中原地区加强联系的主要渠道。

(3) 宗教寺院型城镇的发展。历史上由于中原王朝对少数民族地区一般采取“羁縻制度”，再加上藏传佛教的“政教合一”社会制度的广泛影响，使得青海省的城镇化体现出以宗教寺院为据点的特色，并在青海省城镇化发展史上起到了重要的作用。

(二) 中华人民共和国成立以来青海省城镇化的发展进程[①]

中华人民共和国成立60多年来，青海省城镇化得到了较大发展，总体上看青海省的城镇化是呈现上升的过程。

1. *解放以后青海省城镇化发展进程主要可以分为四个阶段：*

第一阶段(1952—1957)：随着行政建置的变动和地方政权的建立，产生了一批以行政职能为主的城镇，在广大的牧区设置了曲麻莱、河南、刚察、尖扎、泽库、贵南、治多、天峻、甘德、达日、久治、班玛、玛沁等16个县，并调整了部分县市的行政区划；修建了甘青公路、青藏公路和宁张公路。1957年，青海省城镇数目增加到40个，初步形成了城镇网络。

第二阶段(1958—1977)：国家在青海省设立了大中型建设项目，全面促进城镇发展。例如，在海东、海西、海北相继建成了乐都碾伯镇、格尔木、冷湖、大柴旦、茫崖镇及海晏矿区等。其中，

---

① 高新才、姜安印主编：《西北区域经济发展蓝皮书(青海卷)》，人民出版社2008年版，第207—208页。

1958—1960 年设置了格尔木、冷湖、大柴旦市，其人口规模分别达到 8 万人、3 万人、3.5 万人。

在 1958—1962 年第二个五年计划期间，由于大办工业、大炼钢铁，所以大批农业人口涌入城市，外省人口进入青海省，增加了不少新的城镇和工矿点。1958 年 12 月，经中央批准，中国第一个核武器研制基地在海北州海晏县境内的金银滩开始动工建设。1964 年，基地的主要工程及水、电、暖、路全部建成，还铺设了 38.9 千米的铁路专用线，7.5 千米标准公路与青藏、青新公路连接，距离西宁市 103 千米。同时，青海通用机械厂、青海拖拉机修理厂、毛家寨水泥厂、库容 9 000 吨的西宁冷库等一批重点项目开始建设。1960 年，国家对国民经济实行“调整、巩固、充实、提高”的方针，青海省的城镇建设也做出相应的调整。

1963—1965 年三年调整时期，城镇建设退缩，城镇建设资金下降到建国初期水平。有的牧区因城镇选址不当，出现举城搬迁的情况。例如，兴海县城由大河坝迁至子科滩；大通县城由城关镇迁到桥头镇；果洛州府先由吉迈迁至甘德麦仓，后又移至玛沁大武；化隆县城由巴燕镇迁至群科后又迁回；海西州府由大柴旦迁到德令哈镇。经过调整，青海省城镇由 45 个压缩至 40 个，全省县级行政区中，设置了 4 个市、39 个县及 3 个县级区和 4 个市辖区。1965 年撤销了格尔木、大柴旦、冷湖 3 个市的建制，改市为县或建制镇。

1966—1976 年“文化大革命”时期，正值国家“三线”建设时期，由于青海所处地理位置，成为“三线”建设的重点之一，因此拉动了青海省的城镇建设，10 年累计完成建设投资 2 800 亿元，建成大中型项目数十个。国家从上海、山东、黑龙江迁来了机电、铝制品、服装等各类工厂，大量人员落户青海省，从而带动了城镇建设。西宁市、格尔木市等城镇为了适应工业发展的需要，市政基础设施建设力度加大。同时,通信线路、输油管线等开始建设。

第三阶段(1978—2000):这一时期,国家的工作重点转移到经济建设方面,发展成为这一时期的中心工作,城镇也得到相应的发展。为配合矿产资源的开发,1980 年设立了格尔木市,1988 年设立了德令哈市。同时,随着黄河上游水电资源的开发,相应产生了龙羊峡、李家峡两个水电城镇。1979 年以前,青海省仅有 1 个市和 7 个建制镇,1984 年建制镇增加到 23 个,2000 年增加至 49 个。

第四阶段(2001—2013):随着改革开放的步伐加快,尤其是西部大开发政策的实施,青海省的经济建设和社会事业在原有的基础上得到了迅速的发展,新设立了 2 个州辖市,1 个地级市和 128 个建制镇,城镇人口得到快速增长。2006 年底青海省的建制镇达到 135 个,2013 年设立了海东市、玉树市,市镇数达到 138 个。

2. 城镇化的特征

(1) 城镇的数量呈现两个快速增长时期。第一阶段是解放初期的 1950—1960 年间。随着解放以后国家在民族地区推行民主改革运动,尤其是土地改革和民族自治区域自治政策的实施,使各少数民族聚居区程度不同地形成了自己的政治、经济、文化中心,形成了一批城镇。第二阶段是 1984 年以后随着国家新的建制设置标准的颁布,放宽了对边远地区、少数民族地区城镇的建制标准,导致了这一阶段城镇数量猛增。再加之这一时期民族地区改革开放初步呈现深化态势、农村工业的发展以及对矿产资源的开发,一些新的城镇也在这一过程中形成。

(2) 城镇发展的质量不尽如人意。表现在城镇化水平所依赖的两个基本指标“工业化率”“非农业化率”的变化不大。① 城镇在发展中通过产业结构演进促成的非农劳动力转移、人口向城镇化聚集的趋势不明显。② 由于城镇产业的价格水平低、产业链条短、产品缺乏市场竞争力，形成了青海省的城镇尤其是中小城镇在低水平上徘徊不前的状况。

(3) 受基础条件、道路交通、资源环境承载能力、经济社会发展程度、区域综合功能等要素影响，青海省城镇主要分布在省内东部地区、黄河流域和青藏铁路沿线，人口也主要集中在城镇密集的东部，区域城镇人口比重具有显著的差异，区域城镇化发展出现了新的格局[①]。

二、21 世纪青海省城市及其功能

截至 2013 年，青海省有 5 个城市。其中地级市 2 个，县级市 3 个。

(一) 省会城市——西宁

1. 城市概况

西宁市简称宁，因取“西陲安宁”之意而得名(图 3－2－1)。

西宁市是青海省省会，是全省政治、经济、科教和交通、通信的中心。

据第六次人口普查数据资料的显示，西宁市全市常住人口 229.07 万人，其中城镇人口 157.15 万人，乡村人口 71.91 万人，城镇化率为 67.8%。辖城东、城中、城西、城北四区，大通、湟中、湟源三县，以及正在建设中的西宁(国家级)经济技术开发区和海湖新区。

2. 发展历史

西宁历史悠久。商周秦汉时期，河湟地区是古羌人聚居的中

---

① 杨慧青：《青海推进城镇化建设的对策措施》，《经济研究导刊》2014 年第 24 期。

图3-2-1 西宁市区总体规划图

心地带。西汉元狩二年(前121),霍去病将军在此设西平亭。东汉建安十九年(214),设西海郡。唐初(619),建鄯州,成为青藏高原与中原的交通周转站。五代北宋时期称青唐城,成为东西商贸交通的都会,兴盛一时。宋崇宁三年(1104),宋军进入青唐城,改称西宁州。清雍正三年(1725),改置西宁府。1914年,裁西宁府,设西宁道。1926年,撤销道,改为西宁行政区,设西宁行政长官。1946年,改县为市,成为青海省省会。1949年9月5日,西宁解放,仍为省会。

3. 地理区位

西宁市地处青藏高原河湟谷地南北两山对峙之间,统属祁连山系,黄河支流湟水河自西而东贯穿市区。地势自北向南倾斜,西北高，东南低，呈东西向条带状，东西长约 35 千米，南北宽 3—5 千米不等，最窄处仅 2 千米左右，如同一叶扁舟穿梭在群山之间，四周群山环抱，三川汇聚。三面被祁连山支脉环抱，北接大坂山与大通河相望，南接拉脊山与黄河干流分水，西接日月山与青海湖水系相邻。全市总面积 7 649 平方千米，市区面积 380 平方千米，建成区面积 103 平方千米。市区海拔 2 261 米，年平均降水量 413.6 毫米，蒸发量 1 180.9 毫米。年平均气温 6.1 度，夏季平均气温 17.1 度，气候宜人，是中国十大避暑旅游城市，有“中国夏都”之称。市区平均海拔 2 250—2 600 米，是我国海拔高度仅次于拉萨的省会城市，素有“高原古城”之称。

4. 资源

西宁地区的资源主要有煤炭、铁、石膏、白云石、石灰石、灰岩、铝土和云母等。风力和太阳能资源也较丰富，具有一定的开发利用价值。西宁市已发现和探明矿种 35 种，矿产地 135 处；有较丰富的地表水和地下水资源。湟水河穿过市区，全年径流量为18.94 亿立方米，地下水储量为 6.6 亿立方米，已探明的水资源蕴藏量为 12.74 亿立方米。农作物主要有蔬菜、瓜果、小麦、油菜籽、豆类、马铃薯等；林木主要有松、杨、柳、榆、桦木等。

西宁市是一座有着 2 100 多年历史的高原古城，曾是汉后将军赵充国屯田的地方、南凉的都城、唐蕃古道的咽喉、丝绸南路的要道、青藏高原通向中原的门户、河湟文化的发祥地之一，自古就是一颗璀璨的“高原明珠”。

5. 人口与民族

西宁市是典型的移民城市，多民族聚集、多宗教并存。西宁地处黄土高原与青藏高原、农业区与牧业区、汉文化与藏文化的三大结合部，是青藏高原人口唯一超过百万的中心城市，移民人口达 100 多万人，有汉族、回族、藏族、土族、蒙古族、撒拉族等 46 个民族，汉族人口169.66万人，占总人口的74.06%，少数民族人口59.41万人，占总人口的25.94%。佛教、伊斯兰教、道教、基督教、天主教五大宗教并存，藏传佛教、伊斯兰教影响尤为深远，塔尔寺是我国六大藏传佛教寺院之一，东关清真大寺是西北四大清真寺之一。

6. 产业优势

（1）工业方面。西宁市目前已经建成西宁经济技术开发区、西宁高新技术开发区、大通北川、湟源大华等产业园区，形成了在全省乃至西北地区有影响的新能源、新材料、有色金属、制造装备、特种钢、特色纺织、生物医药等特色产业集群。

（2）旅游业方面。构建了以西宁为中心的夏都旅游圈，形成西宁—三江源生态旅游、西宁—青藏铁路观光旅游线、西宁—祁连山森林草原风光旅游线的“一圈三线”的旅游发展格局。

（二）盐湖城——格尔木

1. 城市概况

“格尔木”为蒙古语，意为“河流密集之地”①。格尔木市是20世纪50年代以后，因青藏公路修建和柴达木盆地资源开发而迅速崛起的新兴工业城市。1955年5月，设立中国柴达木工作委员会；1956年3月，成立格尔木临时工作委员会；1960年，设立格尔木市；1965年3月，撤市改县；1980年6月，又恢复设市。

据第六次人口普查数据资料显示，格尔木市常住人口21.52万人，其中，城镇人口18.63万人，乡村人口2.89万人，城镇化率为86.58%。

---

① 张忠孝：《青海地理（第二版）》，科学出版社2009年版，第203页。

2. 地理区位

格尔木市地处欧亚大陆中部，地貌复杂，地形南高北低，由西向东倾斜。昆仑山、唐古拉山横贯全境，山势高峻，气势磅礴。该市居世界屋脊，境内雪峰连绵，冰川广布，冰塔林立，河流纵横，湖泊星罗棋布，为世界之最的唐古拉山主峰格拉丹东雪峰海拔 6 549 米，高峻挺拔，雄伟壮丽，是长江和澜沧江的发源地。盆地地势平坦，沙丘起伏，绿洲陷显，盐湖、碱滩、沼泽众多，其中察尔汗盐湖是世界最大盐湖，号称“盐湖之王”。

3. 资源

(1) 矿产资源。格尔木市盆地辖区盐湖资源储量大。察尔汗盐湖、东西台吉乃尔矿区，其面积相当于美国西尔斯盐湖的 50 倍，是中国最大的镁锂盐矿床。其中集约了 600 亿吨的氯化物为主的近代盐沉矿物质。钾、镁、锂、硼、溴、碘、铷等的储量和品位，均居全国之首。唐古拉山地区水晶、铅锌、煤等矿藏，储量丰富，有待开发。

(2) 生物资源。唐古拉山地区是青海省野生动植物自然保护区。高原特有的野牦牛、白唇鹿、野驴、雪豹、雪鸡、黑颈鹤、雪莲等，是极为珍贵的稀有品种。农牧业主产小麦、青稞、马铃薯、甜菜和绵羊。

4. 产业优势

(1) 特色农业。格尔木市地处柴达木盆地，因高原温差最大的特殊气候、柴达木土地盐碱成分很高的特殊土壤等地域特殊性，使柴达木枸杞独具了果粒大、保健成分含量高、颜色纯正等品质优势和市场优势。

(2) 特色重工业。1990 年格尔木市被青海省确定为资源开发试验区，1992 年成立昆仑经济开发区；1994 年被国家民族事务委员会、体制改革委员会确定为全国民族自治地方改革开放试验区。2001 年被确定为格尔木工业园区。2005 年经国务院批准，柴达木循环经济试验区为国家首批13个循环经济试点的产业园区之一，下设4个工业园区，即格尔木工业园区、德令哈工业园区、乌兰工业园区和大柴旦工业园区。将电力、盐湖化工、石油天然气、有色金属、煤化工等主导产业紧密结合起来，形成天然气化工、盐湖化工、焦煤化工、有色金属、建材工业等多产业横向扩展和资源深加工的纵向延伸相结合的循环型工业，使之成为青海省西部地区富有活力的经济增长点。

(三) 海西蒙古族藏族自治州首府——德令哈

1. 城市概况

德令哈是蒙古语，意为“广阔的金色草原”。巴音郭勒河从此穿过，土地辽阔，水源便利，农牧兼有①。德令哈市是青海省海西蒙古族藏族自治州州政府所在地和全州政治、科技、文化、教育中心，也是海西东部经济区中心。全市总面积为27 765.19平方千米。1956年2月1日，经中共中央同意成立德令哈工作委员会；1958年改设德令哈县；1966年海西蒙古族藏族自治州由大柴旦镇迁址于德令哈；1983年经青海省人民政府批准设德令哈镇，逐渐发展成为自治州政治、文化、科技中心；1988年4月，经国务院批准建市，成为青海省第三座城市。

据第六次人口普查数据资料显示，全市总人口近11万人，共有汉族、蒙古族、藏族、回族等23个民族。

2. 地理区位

德令哈市位于柴达木盆地东北边缘、宗务隆山南麓，东临天峻县、乌兰县，南与都兰县相接，西与大柴旦毗邻，北临甘肃省，德令哈市地形由北向南微倾，市区平均海拔3 000米，终年干燥少雨，

---

① 张忠孝：《青海地理(第二版)》，科学出版社2009年版，第205页。

属典型的大陆性高原气候。德令哈市地处青海省的中部，是历史上著名的南“丝绸之路”主要驿站、古羌属地、蒙古族牧场。

3. 发展历史[①]

13 世纪，蒙古族崛起，灭金亡宋，建立了元帝国，德令哈亦被置于元朝统治之下，为宣政院所属“吐蕃等处宣慰司”辖区。之后，明正德五年(1512)和明崇祯九年(1636)，蒙古族两度进入柴达木地区。现居住在德令哈地区的蒙古族为厄鲁特蒙古禾硕特部(西蒙古)首领顾始汗的后裔。现在的德令哈，多民族聚居，各民族互相尊重，和睦相处，团结进步，形成了独特的、具有广泛影响力的德都蒙古文化元素。

4. 资源[②]

(1) 矿产资源。目前德令哈市境内发现的矿产资源有 16 个品种、65 个矿床，其中已探明的石灰石储量在 7 亿吨以上，可利用价值较高。市区以南 30 千米的尕海湖，蕴藏着丰富的天然卤虫资源。

(2) 野生动植物资源。境内有丰富的野牦牛、野驴、雪豹、麝、岩羊、黄羊、雪鸡和沙棘、枸杞、锁阳等驰名中外的野生动植物资源。

(3) 旅游资源。旅游资源丰富，古柏蓊翳的柏树山，碧波粼粼的黑石山水库，神秘莫测的“外星人遗址”，古老久远的怀头他拉岩画，一咸一淡、生态各异、遥相连接、神韵悠长的“褡裢湖”——托素湖和可鲁克湖，红透高原的万亩枸杞林等特色旅游景点吸引着八方游客。

5. 产业优势

(1) 特色农业。依托当地独特地理条件，近些年德令哈市的枸杞“红色”产业风生水起，发展起来的枸杞产业精深加工的“诺蓝

---

① http://www.delingha.gov.cn/index.html
② http://www.delingha.gov.cn/index.html

杞”“大漠红”等成为全国枸杞领域知名品牌。

(2) 特色工业。德令哈工业园区充分发挥了柴达木盆地盐湖、石油和天然气、煤炭等的资源优势，同格尔木工业园区、乌兰工业园区和大柴旦工业园区有机联合，加快资源的综合开发，“十三五”期间重点发展盐碱化工、建材、中藏药三大产业，着力培育和构筑六大特色产业链，德令哈市已经成为青海省重要的碱业基地、海西蒙古族藏族自治州重要的建材基地、生物制品加工基地、劳动力转移培训基地，使德令哈的地位更加突出，区位优势更加明显，综合实力更加强大。

(四) 新兴城市——海东市

1. 城市概况

海东市位于青海省东北部，因地处青海湖以东而得名。2013 年 2 月 8 日，经国务院批准撤销海东地区，设立地级市——海东市，这是目前中国最年轻的地级市，是青海省的第四座城市。海东市现辖乐都区、平安区、互助土族自治县、民和回族土族自治县、化隆回族自治县、循化撒拉族自治县，即两区四县。总面积 1.32 万平方千米，总人口 167 万人。有汉族、回族、藏族、土族、撒拉族等 19 个民族。

2. 地理区位

海东市位于青海省省会西宁市与甘肃省省会兰州市之间，东部与北部同甘肃省的兰州、临夏、甘南等州(市)相连，南部和西部分别与青海省西宁、海北、黄南等州(市)接壤。地处黄土高原向青藏高原过渡镶嵌地带，海拔在 1 650—4 636 米之间，境内山峦起伏，沟壑纵横。地区所处的湟水谷地和黄河谷地是青海省气候条件最好、开发最早的地区，也是青海省主要农作物栽培区。总面积 1.32 万平方千米，占青海省国土面积的 1.83%。

3. 资源

(1) 土地资源。海东市有耕地 318.19 万亩，占青海省总耕地面积的 36%，人均 2.24 亩。林地面积 1 109.73 万亩，森林覆盖率 28.3%。盛产马铃薯、油料、小麦、蚕豆、青稞、瓜果、蔬菜等农副产品。海东市有可利用的草地面积 1 111 万亩。

(2) 矿产资源。海东市已发现矿产资源 54 种，已探明的矿产资源有煤、岩(砂)金、铁、硫、锰、铜、铂、镍、硒等 30 多种，其中蕴量以亿吨计的有石灰石、硅石、石膏、钙芒硝等。

(3) 水力资源。海东市水电资源丰富，黄河、大通河、湟水河可建大、中、小型水电站 49 座，装机容量 621 万千瓦，是青海省重要的能源基地。海东市电力供给资源充足，亚洲最大的千伏变电站建设在民和县。海东市既是青海省西电东送的通道，也是青海省电网与东部电网连接的咽喉。

(4) 旅游资源。海东市历史悠久、文化灿烂，民俗旅游资源丰富，土族、撒拉族歌舞、饮食、手工艺品等独具特色。互助北山国家森林公园被誉为青藏高原上的"植物王国"和"天然动物园"。循化孟达国家自然保护区，被誉为青藏高原上的"西双版纳"。海东市还是十世班禅大师的故乡和十四世达赖喇嘛的出生地。市内文化遗存密集。有新石器时代的马家窑文化，青铜器时代的齐家文化、辛店文化、卡约文化。乐都区的柳湾原始社会墓地遗址是考古界享有盛誉的一颗明珠，出土的彩陶名扬国内外。

4. 各区(县)优势

海东市现辖两区四县，本调查报告选取乐都区、平安区、互助县、民和县分析各区县的区位特色、产业优势。

(1) 乐都区。① 区位优势：乐都碾伯镇是南凉古都，历史悠久，是我国东部重镇，在青海省宜居地中具有独特的比较优势，交通便利，地理位置优越。② 产业优势：农业生产相对发达，蔬菜已经形成产业优势，是青海省最大的蔬菜生产基地；石英石等非金属矿产资源丰富，已经形成以装备制造等为主的工业体系。

（2）平安区。① 区位优势：平安区目前城镇化率达到了45.7%，是承接西宁产业梯级转移的重要地区之一，城镇基础建设发展迅速。② 产业优势：已经形成以高精铝板、镍铁矿冶炼为主的有色金属工业，以油菜籽等为主的农副产品加工业，以物流业等为主的服务业。

（3）互助县。① 区位优势：互助县的北山国家森林公园森林覆盖率达到35%，生态地位非常重要，是湟水流域重要的水源涵养地。② 产业优势：已经形成以青稞酒为主的酿造业、以特种水泥为主的建材业等，特色旅游业发展势头强劲。

（4）民和县。① 区位优势：民和县有“青海门户”之称。兰青铁路、甘青公路穿境。民和县历史悠久，早在6 000多年前，先民们已经在此生息繁衍。② 产业优势：民和县农业主要是以小麦、豌豆、油菜种植为主，是青海省瓜果蔬菜主要产地之一。主要矿藏有石膏岩、白云岩。工业以建筑、冶炼、采矿、粮油加工业为主体。

（五）新兴城市——玉树市

1. 城市概况

玉树系藏语音译，其含义为“遗址”。相传玉树族第一代头人肯布那钦初建部落的地区是格萨尔王妃珠姆的诞生地，故而命部落名为玉树。玉树市原属于玉树藏族自治州所辖的6县之一。2013年10月，经国务院批准，同意玉树县撤县设市，玉树市正式挂牌成立。玉树市总面积1.57万平方千米，人口约12万人，其中93%为藏族，青海省玉树市成为中国三江源地区人口最稠密、最具现代化气息的城市。由于玉树市的地质构造复杂，有些学者认为玉树市地质构造的特殊性是研究青藏高原隆升和打开地球动力学奥秘的一把“金钥匙”，也称“天然实验室”。

2. 地理区位

玉树市位于青藏高原腹地，地处玉树藏族自治州东部，与西藏昌都专区接壤、四川省甘孜州相望，平均海拔 4 493.4 米，东西最宽 189.5 千米，南北最长 194.3 千米。属典型的高原性气候，无四季之分，只有冷暖两季之别，冷季长达 7—8 个月。降水集中、雨热同期；冷季多大风沙暴、暖季多雷雨冰雹，霜冻频繁。空气中氧的含量仅为海平面的 1/2—2/3。光照丰富，辐射强烈。

3. 资源

(1) 矿产资源。主要有金矿、铜矿、石膏矿以及其他多金属矿藏，均未被开采，极具开发潜力。

(2) 水力资源。水源丰富，河流密布，水质良好，分外流河和内流河，外流河又分长江和澜沧江水系。内流水系极少，河流短，多流入小湖泊。河水由雨水、冰水、雪水补给。地下水资源主要是山前洪积扇和河谷冲积平原上的潜水。玉树市境内水力资源十分丰富，河床落差大，理论蕴藏量大。水力理论蕴藏量 308 万千瓦，可供开发水力资源 49.27 万千瓦，可发电 25.55 亿千瓦。

(3) 野生动植物资源。玉树市出产的冬虫夏草、知母、贝母、鹿茸、麝香、大黄、羌活等中药材驰名中外，白菌、真菌（藏语“色雪”）被誉为“菌中之王”；人参果、红景天、雪莲花等野生植物产量极高，其食用、药用价值广为人知。野生动物种类繁多，有兽类 31 种，鸟类 73 种，属国家保护动物 16 种，其中金钱豹、棕熊、白马鸡、黑颈鹤、藏雪鸡等珍禽异兽世界稀有。

(4) 农牧业资源。玉树市是青海省主要畜牧产品基地之一，农牧业是全市国民经济的基础产业，可利用草地面积 2 023.44 万公顷，主要类型有草甸草场、草原草场、沼泽草场、荒漠草场、森林草场等，适宜放牧牛、绵羊、山羊等。在畜产品资源开发、加工和利用方面具有较大的潜力。全市有耕地 5.4 万亩;农作物品种主要有青稞、小麦、油菜、马铃薯、豌豆等。

（5）旅游资源。玉树市旅游资源丰富,格萨尔文化广场、晒经台、藏娘佛塔、热水沟、当卡寺、隆宝滩自然保护区、结古寺等都是著名的旅游景点。隆宝滩草甸沼泽地(长 10 千米,宽 3 千米),是国家一级保护珍禽黑颈鹤的栖息地,为国家级自然保护区。著名的文成公主庙,是一座既有唐代艺术风格又有藏式平顶建筑特点的古式建筑,属于省级文物保护单位之一。新寨村的玛尼石堆,长 80 余米、高 5 米、宽 70 余米,为一大人文景观。每年的 7、8 月份,玉树草原牧草繁盛,一片粉绿,到处盛开着一束束、一簇簇姹紫嫣红、灿若云霞般的各种野花,宛如一幅尽善尽美的画卷,大型歌舞表演、赛马和物资交流为主要内容的康巴艺术节也拉开了帷幕。

4. 经济发展

玉树市的经济以牧业为支柱,农牧结合。主产牦牛、犏牛、绵羊和小麦、青稞、马铃薯等。

第三节　21 世纪青海省城镇化发展现状及路径选择

一、城镇化发展现状

青海省自 2009 年 9 月开始启动城镇化发展规划的编制工作,期间充分吸纳和扩展了全省“四区两带一线”①规划、主体功能区规划、“十二五”规划以及城乡一体化规划、城镇体系规划、土地利

① “四区两带一线”包括:东部地区、柴达木地区、环青海湖地区、三江源地区和沿黄河发展带、沿湟水河发展带及兰青—青藏铁路发展轴线。

用总体规划等，认真遵循城镇化的发展规律，相继打造出东部城市群、海西城乡统筹一体化发展示范区、青南特色城镇发展区等重大工程，城镇化发展成效突出，主要体现在以下几个方面：

(一) 成就

(1) 随着经济水平的提高，青海省的城镇化率在不断提高。2000 年国家西部大开发战略实施以来，青海省的经济得到了快速发展，城镇化也呈现稳定上升的趋势(表 3－3－1)。以大城市为中心，小城镇为基础的合理的城镇体系已经逐步形成。“十五”期间，全省城镇化率上升了 4.49 个百分点，每年平均上升 0.9 个百分点；“十一五”期间，城镇化率上升了 5.47 个百分点，每年平均上升 1.09 个百分点。“十二五”前三年城镇化率上升了 3.79 个百分点，每年平均上升 1.26 个百分点。

表 3－3－1 2000—2013 年青海省人均 GDP、城镇化率、城镇人口

年　份	人均 GDP(元)	城镇化率(%)	城镇人口(万人)
2000	5 138	34.76	179.54
2001	5 774	36.32	190.00
2002	6 478	37.68	199.16
2003	7 346	38.18	203.80
2004	8 693	38.53	207.51
2005	10 045	39.25	213.21
2006	11 889	39.26	215.02
2007	14 507	40.07	221.02
2007	18 421	40.86	226.49
2009	19 454	41.9	233.51

续　表

年　　份	人均 GDP(元)	城镇化率(%)	城镇人口(万人)
2010	24 115	44.72	251.98
2011	29 522	46.22	262.62
2012	33 181	47.44	280.30
2013	36 510	48.51	290.50

注：资料自青海省统计信息网

大多数研究认为，城镇化与经济增长之间存在着长期协调的关系。从表 3-3-1 可以看出，2000—2013 年，青海省的经济呈现上升趋势，其中人均 GDP 年均增长 18.2%，城镇化率年均增长2.41%，说明随着经济的快速增长，城镇化率也呈现快速上升的趋势。尤其是近五年来，青海省城镇化进程明显加快，是青海省历史以来城镇化水平增长最快的时期，城镇化率居全国第 20 位，与 2008 年相比提高了两位，在西北五省区中位居第 2 位(表 3-3-2)。

表 3-3-2　2013 年全国、西北五省区城镇化率对比

省　　区	城镇化率(%)	排　　位
全国	53.7	
陕西	51.3	2
甘肃	41.3	5
青海	48.5	3
宁夏	52	1
新疆	44.5	4

注：资料来自《中国统计年鉴(2014)》

(2) 8 个地区的城镇化水平全面提高，各地城镇化进程的差距在逐渐缩小。进入21世纪以来，青海省各市、州的城镇化率也有了不同程度的变化，都呈现出上升的趋势，但各市、州城镇化率差异较大(表3-3-3)。其中尤以西宁市、海西州的城镇化率最高。这与西宁市作为省会城市，是全省经济、政治、文化中心的地位不无关系；海西州的城镇化率之所以高，是由于海西州资源丰富，工矿企业集中，是青海省工业发展的重点地区，同时也是农牧业资源集中区，其2013年非农业人口达到70.06%，作为海西州的两个中心城市格尔木市和德令哈市的非农业人口比重分别达到79.1%和59.0%。

随着经济发展的步伐加快，青海省各市、州镇的城镇化进程的差距也在逐渐缩小，据有关资料介绍，青海省各市、州城镇化率的极差2000年为49.91个百分点，2010年为47.2个百分点，2013年为45.3个百分点，呈现出逐年下降的趋势。

表3-3-3　青海省各市、州地城镇化率比较(单位：%)

地　　区	2000年	2005年	2010年	2011年	2012年	2013年
全省	34.76	39.2	44.72	46.2	47.4	48.51
西宁市	56.58	57.2	63.7	64.8	65.9	67.8
海东市	12.19	16.4	22.83	23.8	24.9	31.29
海北藏区自治州	28.21	27.8	32.78	33.8	34.8	32.8
黄南藏族自治州	21.71	21.4	25.69	27.5	28.3	25.89
海南藏族自治州	14.63	25.9	28.47	29.1	29.6	29.54
果洛藏族自治州	19.51	21.5	24.72	25.1	25.9	24.76
玉树藏族自治州	19.91	17.5	32.11	34.9	38.9	32.13
海西蒙古族藏族自治州	62.1	68.7	70.03	69.7	69.8	70.06

注：资料来自青海省统计信息网

2000年以来，城镇化水平最高的地区均为海西州，城镇化率最低的地区，2000年和2010年均为海东地区，2013年为果洛州。“十二五”前三年各市、州中城镇化推进最快的地区是海东市（2013年海东撤地建市），城镇化率上升了8.46个百分点，这主要是由于进入“十二五”以来东部城市群建设全面稳步推进，海东撤地建市城镇区域不断扩大，城镇人口增加（表3-3-3）。

（3）城镇规模不断扩大，非农产业就业比重明显提高①。截至2013年，青海省下辖两个地级市（西宁市和海东市），6个民族自治州（海北、黄南、海南、果洛、玉树、海西），28个县，7个民族自治县（大通回族土族自治县、民和回族土族自治县（川口镇）、互助土族自治县（威远镇）、化隆回族自治县（巴燕镇）、循化撒拉族自治县、门源回族自治县（浩门镇）、河南蒙古族自治县（优干宁镇）），3个县级市（玉树市、德令哈市、格尔木市），5个市辖区（西宁市城中区、城东区、城西区、城北区和海东市乐都区），3个行政委员会（茫崖行政委员会、冷湖行政委员会、大柴旦行政委员会）。基层单位有：369个乡、34个民族乡、138个镇（表3-3-4）。城市的首位度也由2008年的16.062下降为2013年的1.58。

表3-3-4 青海建制市、镇的变化情况（单位：个）

地　区	2000年	2010年	2013年
地级市	1	1	2
县级市	2	2	3
建制镇	49	137	138

从相关数据分析，2000—2013年期间青海省的GDP年均增

① 丁生喜、王晓鹏、秦真凤等：《基于人口—经济—生态协调发展的青海省新型城镇化研究》，《生态经济》2015年第3期。

长 12.6%，2000 年青海省三次产业占 GDP 的比重分比为 14.6∶43.3∶42.1，2013 年青海省三次产业占 GDP 的比重分比为 9.88∶57.32∶32.80，2000—2013 年，青海省的第二、三产业年均增长分别为 21.3%和 15.1%，第一产业年均增长 14.6%，第一产业比重下降，第二产业比重上升很快。随着经济增长步伐的加快和产业结构的调整，青海省的三次产业人员就业结构也得到了进一步的优化。2000 年青海省第一、第二、第三产业就业结构为 55.82∶12.61∶31.57，2013 年青海省第一、第二和第三产业就业结构为 39.4∶23.9∶36.7，与 2000 年相比，第一产业就业比重下降 16.42%，第二产业就业比重上升 11.29%，第三产业就业比重上升 5.13%。

（4）城镇建设的步伐加快，并已经形成了具有省域特点的城镇体系。近年来，青海省城镇建设取得显著成效。截至 2013 年，青海具有 1 个大城市即省会城市西宁市，4 个小城市即格尔木市、德令哈市、海东市、玉树市。初步形成了以西宁为中心城市，海东、格尔木、德令哈等市为次中心城市，以各县城城关镇为小城镇的三维城镇建设体系。西宁、格尔木、德令哈等城市功能日益完善，向着区域性现代化中心城市迈进①。

（5）城镇功能明显提升，人居环境逐步改善。城镇水、电、气、路和信息网络等基础设施水平明显提升，垃圾、污水处理、公共绿地等环境设施大幅度改善，教育卫生、文化体育、社会保障等公共服务能力明显提高，人均住房面积由 9.2 平方米增加到 26 平方米，建成区绿化覆盖率由 14%提高到 23%。

（二）存在的不足

（1）城镇化的总体水平偏低。西部大开发以来，青海省在城

① 王燕、谢芬兰：《推进青海新型城镇化发展的建议》，《青海统计》2014 年第 5 期。

镇化建设方面取得了较大的成绩，与全国一样呈现上升趋势。但由于青海省地处青藏高原，具有自然条件恶劣、生态环境脆弱、复杂的民族人口构成、内陆偏僻的区位、经济基础薄弱等先天不利的条件制约，青海省的城镇化水平与全国平均水平相比仍有较大差距，城镇化率与同期国家平均城镇化率之间的差距由 2001 年的 1.34 个百分点扩大为 2013 年末的 5.22 个百分点，仍处于艰难的爬坡区（图 3－3－1）。

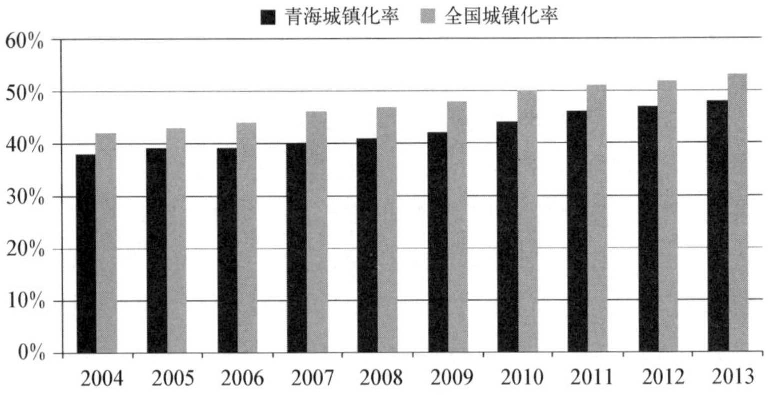

图 3－3－1　青海省与全国城镇化率比较

注：资料来自《中国统计年鉴》《青海统计年鉴》

（2）区域内城镇空间布局与发展不平衡。受自然地理等条件的限制，青海省城镇发展结构在区域布局上很不均衡，城镇主要分布在省内东部地区、黄河流域和青藏铁路沿线，地域差距明显，东部农业区的城镇比例大大高于西部牧业区。西宁市和海东市土地面积仅占全省面积的 2.8%，人口却占了全省人口的 64%，其中西宁市占 39.2%，海东市占 24.8%。全省城镇密度仅为每万平方千米1.95 个城镇（表 3－3－5）。海拔超过 3 000 米城镇占建制镇总数的 1/3 以上，居民生产生活条件较差。

表 3-3-5　青海省城镇分布状况及区域差异(2013 年)

地　　区	城镇化水平(%)	城镇人口(万人)	土地面积(万平方千米)	建制镇数量(个)	城镇密度(个/万平方千米)
全省	48.51	290.50	70.499	138	1.95
西宁市	67.80	157.15	0.783	27	34.48
海东市	31.29	52.25	1.136	36	31.69
海北藏区自治州	32.80	9.60	4.495	11	2.45
黄南藏族自治州	25.89	6.70	1.790	8	4.47
海南藏族自治州	29.54	13.56	4.579	15	3.28
果洛藏族自治州	24.76	4.81	7.575	8	1.06
玉树藏族自治州	32.13	11.02	19.779	12	0.61
海西蒙古族藏族自治州	70.06	35.41	31.960	21	2.77

(3) 全省城镇体系尚不健全,城镇基础设施落后。这几年随着省政府采取了“扩市提位”“撤乡建镇”“生态移民”“加快小城镇发展”等战略,推进了青海省城镇建设的速度、规模,极大地发挥了城镇体系建设在整合人口、资源、环境、经济社会协调发展中的作用,但青海省城镇建设体系仍面临着不少诸如城镇产业支撑能力不强,城镇体系中西宁作为省会城市一市独大、中小城市过少、小城镇数量多但功能不完善等不合理的问题。近年来在西部大开发推动和国家投资的支持下,青海省县以上建制镇基础设施建设有了较大发展,而县以下建制镇由于缺少投资的推动变化不大。从调查结果看,全省城镇居委会(社区、村)之间基础设施差距较大。调查的城镇居委会(社区、村)中有 4.08%的居委会(社区、村)没有管道供水设施;14.28%的居委会(社区、村)居民主要饮用未经过市政净化设施统一处理的水;16.33%的居委会(社区、村)没有市政排水(生活污水)系统;16.32%的居委会(社区、村)主要炊用

能源是非清洁能源;20.41%的居委会(社区、村)住户厕所的主要类型为非水冲式厕所。

(4) 城镇的集聚能力有限。2013 年,全省城市只有 5 个,是全国城镇密度最小的省份之一,主要分布在兰青—青藏铁路沿线。建制镇总数为 138 个,绝大多数建制镇人口不足万人。众多城镇主要分布在沿过境省道、国道以及与之垂直的十字街,建制镇的产业多为传统的饮食和商贸业,加之一直以来缺乏科学的规划,千篇一律地出现了沿街排列的二、三层楼,小楼背后就是农田的小城镇的城镇模式。这种小城镇由于人口少、经济水平低,城镇的集聚效应难以有效发挥,无法带动城镇消费水平的提高,尤其是对第三产业的发展没有起到积极的推动作用,难以形成具有带动作用的真正意义的城镇。

(5) 城镇产业发展支撑乏力。工业化促使生产要素集聚进而推动城镇化进程;反过来,城镇化通过刺激需求和社会文明进步为产业多元化、高端化创造空间来推动工业化进程[①]。从青海省工业化发展看,2013 年青海省工业增加值占地区生产总值的 6.2%。在规模以上工业增加值中,轻工业占 9.6%,重工业占 90.4%,在重工业中,六大高耗能及资源类行业增加值占规模以上工业增加值的 87.4%,高技术产业增加值仅占规模以上工业增加值的 3.2%。以农产品为原料的轻工业占规模以上工业增加值的 4.1%。青海工业发展中高耗能及资源类行业起支撑作用,而高技术产业尽管发展迅速,但是由于基础差、起点低,带动作用仍然较弱,这表明青海处于工业化初级阶段,工业发展程度相对较低,产业集中于重化工行业,基本属于原材料产业,而且产业链条较短。

---

① 郝华勇:《我国新型工业化与城镇化协调发展空间分异与对策》,《广东行政学院学报》2012 年第 2 期。

从第三产业看，2013 年第三产业生产总值中，交通运输、仓储和邮政业占10.8％，批发和零售业占 18.3％；住宿和餐饮业占 3.41％；金融业占 13.7％；房地产业占 5.0％；盈利性服务业占 15.7％；非营利性服务业占 33.1％。第三产业市场发育程度低，内部非盈利性服务业占比较大，新型服务业发展较慢，市场竞争力较弱。一、二、三产业协调带动发展的格局尚未形成。

二、影响青海省城镇化发展的因素及新时期的路径选择

青海省虽然地域辽阔，而整个省内适合建大城镇的地域并不多。因此如何根据青海省的省情，科学合理地规划符合省情的城镇化发展模式，选择能解决城乡收入差距，提高城镇综合实力的青海省城镇化的路径，实现青海省经济社会的持续发展具有重大的现实意义。

(一) 影响青海省城镇化发展的主要因素

影响一个地区城镇化进程的主要因素是与该地区的自然地理条件、经济发展条件、人文历史状况等密切相关的。

1. 独特的生态问题

青藏高原是全球相对特殊的区域，高原生态环境具有独特性、原始性、脆弱性的特点。青海省国土面积为 70 万平方千米，国土空间大，占全国总面积的 1/13，但适宜开发面积小，生态价值空间大。与其他地区相比，青海省的“生态源区”功能十分突出，它是我国长江、黄河的发源地，长江流域（南方）和黄河流域（北方）几乎占据了我国国土面积的一半，而且是我国人口和产业相对密集的精华地带。青海省的生态环境与整个流域的生态环境存在着唇齿相依的关系。然而事实表明，由于青海省超载过牧，乱垦滥伐，已引发了一系列生态灾害链，严重地威胁着中下游地区的社会经济发展。

2. 自然地理条件

国内外城镇化发展历程表明，城市带或者城市群的发展大都沿海、湖、大江、大河而最终形成的。青海省内沟壑纵横，地貌起伏剧烈，形成具有青海特点的川水、浅山和脑山的自然地理区划，而青藏高原也是世界上海拔最高、面积最大而又最年轻的高原，号称“世界屋脊”。这里平均海拔超过 4 000 米以上，气候条件以高寒、干旱为主。自然环境的先天不足和恶劣一直是困扰青海省城镇化发展的一个最显著的条件。

由于地处青藏高原地区，青海省的多数城镇都建在高海拔地区（表 3－3－6）。

表 3－3－6 青海省主要中心城镇海拔高度（单位：千米）

全省平均	西宁（省会）	平安县城（海东市）	海晏县城（海北州）	同仁县城（黄南州）	共和县城（海南州）	德令哈市（海西州）	玉树市（玉树州）	玛沁县城（果洛州）
3.083	2.25	2.114	3.000	2.480	2.880	2.980	3.710	3.730

注：资料来自《青海省综合自然区划》，兰州大学出版社 1990 年版

青海省大部分地区海拔较高，85％的地区海拔在 3 000 米以上，这样的地貌格局，使得青海省土地质量较差，高山地多，山旱地多，沙漠、寒漠地多，土层薄和质地较粗的土地多。质量较好的土地主要集中分布于东部湟水谷地、共和盆地和柴达木盆地。湟水谷地水土条件组合相对较好，是人口、产业和城镇集中发育的地区。

3. 社会经济条件

从国外发达国家城镇化发展的经验看，城镇化与经济发展具有高度的关联性。经济发展带动了人口的集聚和城镇化，反过来的发展又对经济发展起到重要的拉动和促进作用[①]。经济的快速

① 张风科、郭远杰：《城镇化与经济增长的关系研究——基于国内外年度数据》，《区域金融研究》2014 年第 4 期。

增长将会提升居民的收入水平，提高居民对产品及劳务的消费能力，提供更多的就业岗位，从而会吸引城镇化过程中转移的富余劳动力向城镇流动，加快城镇化的步伐。

2000—2013 年，青海省人均 GDP 从 5 138 元增加到 36 510 元，人均 GDP 年均增长 18.2%，其中城镇居民人均可支配收入从 5 170 元增加到 19 499 元，农村居民人均纯收入从 1 490 元增加到 6 196 元；工业增加值从 78.8 亿元增加到 970.53 亿元，城镇化率从 34.76%增长到 48.51%。从这些数据中不难看出，随着青海省经济建设的加快，尤其是最近几年，青海省在国家政策的大力扶持下，经济得到快速飞跃，城镇化步伐也呈现快速提高的态势。但由于青海省经济基础薄弱，经济总量规模小、居民收入水平偏低依然是青海经济的基本特征，制约了青海城镇化发展。如表 3-3-7 所示，青海省的经济水平和西北五省区及全国相比，不论从总量还是人均分析，都一直处于低水平。

表 3-3-7　2013 年全国、西北五省区人均 GDP 对比

省　区	人均 GDP(元)	排　位
全国	41 907.00	
陕西	42 752.00	1
甘肃	24 668.15	5
青海	35 491.06	4
宁夏	40 173.67	2
新疆	38 113.92	3

4. 城镇化发展态势

据有关资料研究表明，推进城镇化不仅能够对经济产生巨大的推动作用，而且是解决城乡消费失衡、提高居民消费率的重要之举，也有助于在结构调整中拓展发展空间①。在经济学中，城镇化被认为是各种非农产业发展的经济要素向城镇聚集的过程，主要体现在农村劳动力向城市第二产业、第三产业的转移。虽然近几年青海省城镇化水平有了快速提高，位于西北地区第二，但由于在人口、地域环境的特殊性，使得青海省人口超过百万的只有西宁市一个，大部分都是以建制镇的形式存在，而这种小城镇由于人口少、经济水平低，集聚效应难以有效发挥，无法带动城镇消费水平的提高，尤其是对第三产业的发展没有起到积极的推动作用，从而制约了青海城镇经济的发展。

5. 文化的多样性、民族构成的复杂性

青海省是我国儒家文化、道教文化、伊斯兰文化、藏传佛教文化的交汇复合地带，有宗教信仰的人数多，宗教场所多，文物古迹多。由于历史、社会、自然等因素，民族集聚地区经济文化落后，已成为社会经济发展的难点之一。少数民族地区，居民文化素质低下，法律意识淡漠，文盲比例高。而现在的学龄儿童中有相当一部分因故辍学，致使原来的文盲尚未减少，新一代文盲又成批产生。在这样庞大的文盲大军面前，任何代表先进生产力的现代化信息和科学技术都无能为力。从民族构成的复杂度看，青海省独特的地域环境和民族发展史使青海省具有包括藏族、羌族、回族、蒙古族、土族、撒拉族、保安族、东乡族、汉族等多民族在内的民族区域特色，形成了多种民族文化因素互相联系与制约的地域文化系统。这种文化地域综合体特征要求在推进城镇化进程中既要充分体现各民族的文化特色，又要必须充分尊重各民族的文化和宗教信仰、

① 郭丽君：《如何发挥城镇化作用——访李相国》，《光明日报》2009 年 12 月 27 日。

生活习俗，注重对各民族的权益的保护，维护青海省和平稳定的大好局面。因此如何在城镇化建设中体现出青海省多民族经济社会特征的现代化、国际化、特色化的城镇，具有重大的现实意义及长远的战略意义。

（二）青海省城镇化发展路径——适应青海省特点的小城镇建设

1. 青海省城镇类型

到 2013 年青海已经建成 138 个建制镇，这些城镇分布在西宁市区、海北、海东、海南、黄南、果洛、玉树和海西。由于青海省地貌类型丰富，自然景观奇特，文化底蕴深厚，民族风情各异，目前形成了一批以旅游业为支撑的特色小城镇，如：湟中的鲁沙尔镇、多巴镇，同仁的隆务镇，乐都的碾伯镇等等；在发展特色农业和特色农产品加工的基础上，形成了一批特色小城镇，如民和的上川口镇、湟源的巴燕镇、贵德的河阴镇等等；利用当地独特的矿产资源加工业的发展，形成了一批专业镇，如海西州的茫崖、冷湖、大柴旦、花土沟、茶卡，共和的龙羊峡，格尔木市，大通的桥头镇等等；利用商贸流通中的区位优势，形成了一批区域性商贸中心类型的小城镇，如西宁市的韵家口镇，贵德的河阴镇，湟中的总寨镇、上五庄镇等。

2. 青海省城镇化路径选择

由于青海省除了经济欠发达以外，还存在着地处青藏高原腹地、生态环境恶劣而且脆弱等独特性。如果进行大规模城镇化的开发，极易导致自然环境恶化，违背青海省确立的生态立省的战略。因此，青海省在城镇化路径选择发展大城市和中等城市不太现实，而发展小城镇，可以把城乡两个市场较好、较快地对接起来，促进经济效益提高和农牧民增收。同时，如果就近向城镇转移，当地的农牧民面临的阻力小得多，生活习惯、民族差别、宗教信仰等不适应因素较少。因此青海省“十三五”期间应该以合理规划，控制大城市的数量与规模，着重发展小城镇和集镇为城镇化发展的路径，只有采取了这种路径才能真正实现全省的大中小城镇优势互补且协调发展的目标[①]。

第四节　青海省小城镇发展的建议

小城镇，主要指建制镇，它是介于城乡之间、具有特殊地位的一类居民点。小城镇除了具备一般社区的生产、消费、流通、信息、生活服务等基本功能外，还具有集聚功能、集散功能、接纳功能、辐射功能、引导消费功能、培育功能。小城镇位于城镇化体系的"金字塔"结构的最底层，是城镇化进程的基础，在城镇化过程中具有重要的作用。本节通过小城镇发展与推动"四个发展"关系的探讨，认为青海省城镇化发展一段时期的定位目标要在"四个发展"的科学发展观指引下，优先建设和发展生态小城镇，是符合青海省省情，有助于推动青海省城镇化和城乡一体化发展到更高层次，从而实现青海省经济全面发展的科学发展之路。

一、解读青海省科学发展观与小城镇建设的关系

2009 年，中共青海省委第十一届六次全体会议提出要闯出一条欠发达地区实践科学发展观的成功之路，以科学发展观为指导，着力推动跨越发展、绿色发展、和谐发展、统筹发展即"四个发展"的重大战略思想。2010 年，中共青海省委十一届九次全体会议明确提出，青海发展的规律，就是推动跨越发展、绿色发展、和谐发展

① 朱学海：《青海藏族人口城镇化与就业问题研究——以同仁县为例》，赵宗福主编：《2013 年青海经济社会形势分析与预测》，社会科学文献出版社 2013 年版，第 323—333 页。

和统筹发展，这是符合青海实际，具有青海特色的一个科学发展模式。青海省“四个发展”的科学之路与小城镇建设有密切关系。

（一）小城镇是实现“跨越发展”的牵引力

世界及全国各省市的小城镇发展道路的实践证明，通过推动小城镇的合理布局及发展，通过建立中心镇及核心镇，形成经济中心，可以实现经济增长由量变到质变的跨越。据研究，城镇人口每增加一个百分点，全社会消费品零售额相应上升 1.4 个百分点，拉动 GDP0.4 个百分点。经验证明，小城镇建设是欠发达地区谋求发展，缩小差距的必要条件，也是促进经济增长的有效手段。加快小城镇建设对保证经济增长有强大的牵引力。

（二）小城镇是实现“绿色发展”的承担者

绿色发展包括绿色经济、绿色生活、绿色环境、绿色文化，人与自然、人与社会的和谐。青海地处世界第三极、“三江源头”“中华水塔”，是我国乃至亚洲的重要水源地和全球重要生态屏障，具有不可替代的生态地位，可以说，青海的生态环境保护与建设不仅关系到自身的发展，还关系到全国的可持续发展和中华民族的长远发展，是青海发展肩负的重大历史责任。“十一五”期间青海省提出的“生态立省战略”实际上已经对青海省今后发展提出了方向即生态有效保护和经济发展的双赢。这些宏伟蓝图的实现决定了青海在小城镇建设中要以“绿色发展”为目标的独特优势和典型意义。

在小城镇的规划建设中，农村牧区是整个社会生态环境的屏障，小城镇经济发展无法回避对环境的影响和矛盾。由于小城镇地处农村，连接城乡，是带动广大农牧区发展的牵引力，与生态环境关系密切，是实现生态环境保护的最基层承担者。在小城镇建设中，注重保护生态，把生态环境保护和建设放到同等重要的位置上，做到经济效益、社会效益和环境效益相统一。只有坚持生态的观念、可持续发展的观念，树立和落实科学发展观，才能使小城镇在推动绿色发展中起到承前启后，发挥推动绿色发展的巨大作用，才能即满足当代人的需求，又不危及下一代人的需求，同时保持小城镇的可持续发展。建设生态可持续发展的特色小城镇是整个社会的必然趋势，只有如此才能实现青海省乃至全国的绿色发展。

（三）小城镇是实现“和谐发展”的关键点

胡锦涛将和谐社会的特点表述为“民主法治、公平正义、诚信友爱、充满活力、安定有序、人与自然和谐相处”。费孝通将和谐社会的特点描述为“安其所，遂其生”。强卫对青海省提出的“和谐发展”的思路指出了要重点解决好四个问题：一是切实解决好民生问题；二是协调好利益关系；三是切实做好民族宗教工作；四是巩固好和谐发展基础。

一个国家和地区的社会建设涉及就业、收入分配、社会保障、教育、医疗、住房、社会诚信等与民生有关的方方面面，这样的社会，从其宏观结构来看，一定是社会结构尤其是阶级、阶层结构合理的社会，也一定是不同社会阶层成员能够自由流动的社会，还应该是不同社会阶层的群体能够同舟共济、和睦相处的社会。因此打造一个中等收入者群体占大多数的“橄榄型”社会结构，并保证这一结构内的社会成员共生共荣、和睦相处，恰恰就是社会建设事业的题中之意。因此，社会建设应从提高中等收入者群体在全社会中的比重入手。从国内外成功的经验看，加快城镇化进程是解决这个问题的主要方法。按照普雷斯顿定律，城市化率一般应高于工业化率一倍以上。如果庞大的农村人口不减少，中等收入者群体的扩大就不可能，和谐社会的建构也就难免遥遥无期。

通过合理规划小城镇布局加快发展小城镇步伐，转移大量的农村富余劳动力，增加农民收入，实现缩小城乡居民的收入差距，改善城乡公共服务和城乡景观，才能实现我国二元经济向一元经济的转变，才能真正达到我国所提倡的社会和谐发展的建设。

(四) 小城镇是实现“统筹发展”的大平台

科学发展观根本方法是统筹兼顾。青海地域辽阔，自然环境千差万别，资源分布极不平衡，农牧业生产条件差，实现城乡、区域协调发展难度大、任务艰巨。2009 年，强卫在省委十一届七次会议上明确提出要把城镇化作为全面建设小康社会的重大战略，坚持在加快城镇化建设中统筹城乡发展，促进区域经济协调发展。

党的十六大把统筹城乡经济社会发展，加快推进城镇化，作为促进农牧业增效、农牧民增收和农村牧区发展的战略举措，站在整个国民经济发展全局的高度，把农牧业发展与农村牧区工业化、城市化进程和整个社会进步有机地联系起来，让千万农牧民参与分享经济增长带来的福祉。实现统筹城乡发展，实现城乡一体化，目的在于更好地解决“三农”问题，其根本实质在于通过推动小城镇经济的发展进而推动县域经济的发展。在发展县域经济的过程中，农业产业化、农村工业化和农村城镇化在逐步形成，就会出现以农村工业化支撑农村城镇化，农村城镇化提升农村工业化的良性发展格局，推进县城和中心镇的发展，促进产业集聚、人口集聚和农民分工分业，形成以城带乡、以工促农、工农联动、城乡互动的新机制，增强城镇对县域的支撑作用及对农村的辐射带动作用，实现农村经济的繁荣，“三农”问题才能实现真正意义的统筹发展。特别是小城镇的发展，为中小企业、个体经济发展提供空间和平台，吸引农民就近进入城镇，就近致富。经济发展规律证明，在工业化初、中期，一个地区的快速发展，无一不是工业化与城镇化共同推进的结果。特别是城镇化为工业化提供平台和空间，有利于产业和人口聚集，是统筹城乡协调发展的重要途径。

二、西部小城镇的可参考模式[①]

(一) 农业商品化牵引型

这种模式的特征是以农业的商品化为催生剂，汇集了人流、物流和资金流，兴起了农产品加工业，推动了农村工业化。农业商品化和农村工业化这两股力量共同作用，推动了当地农村的城镇化。

(二) 基础工业型

今后西部地区乡镇工业的发展应根据各个地区的实际情况，创建一批适合本地发展的产业链上相同或相近的企业，使其专业化、规模化。这不仅会使企业在原料采购、信息获取、市场开拓、销售等环节上大大地降低生产成本，还会形成外部规模经济效益。这种发展模式的形成最终会使这些企业能拉动地方经济增长，推动农村工业化与城镇化的进程，增强区域竞争力。

(三) 资源产业型

西部地区应在一些资源富饶和交通通信便利的地区，充分发挥各种资源优势，结合实施变资源优势为市场优势和经济优势的战略，加强资源富集地区的工矿小区的规划建设，以加快资源开发企业的聚集，形成一批资源依托型小城镇。

(四) 旅游观光型

西部地区应在自然旅游资源丰富的地区，注重以大中城市为

---

① 苏芳：《推进西部城镇化的小城镇发展模式研究》，兰州大学 2005 年硕士学位论文。

中心，名胜古迹与风光秀丽的小城镇为依托，大力加强旅游景区建设，特别是要重点在国家级和省级风景名胜区加快规划建设一批各具特色的旅游型小城镇。

（五）近郊型小城镇

这种模式的特征主要是，以中心城市为依托，充分发挥城市的支撑地位和突出的辐射带动作用。此类小城镇经济的发展应避免与城市产业同构，着重发展与城市互补配套的产业，或者承担城市的某种功能，形成小城镇独特的专业职能。

（六）商贸集散型小城镇

这种模式要求，在一些商贸和交通发达的区域，充分发挥小城镇连接大中城市的区位优势，兴办各种服务业，因地制宜地发展各类综合性或专业性批发市场。所以，西部地区应鼓励大中城市的工商企业到交通便利、市场辐射面广的县镇，开展产品开发、商业连锁、物资配送、旧货调剂等经营活动。

（七）交通枢纽型小城镇

这类小城镇产业的发展较少受地域资源的限制，可以发展建材业、原材料加工业、交通运输业、机械工业以及服务性的第三产业，使之成为农村工业品、农产品的产地和集散地。注重招商引资，发展多元化的经济，采取土地、政策优惠，促使经济实体向工业小区、商贸区及其他特色开发区集聚。

（八）边贸型小城镇

西部边境线漫长，有许多对外交流的通商口岸，与邻国在资源分布、产业结构和经济发展水平存在较大差异，可以开展边民互市、地方贸易、现汇贸易、旅游购物等边境贸易。通过发展边境贸易,带动出口加工工业的兴盛,推动小城镇的繁荣发展。

(九) 生态移民型小城镇发展模式

西部地区适合生态移民型小城镇发展模式集中体现在两个方面:① 一些地区资源环境人口承载力严重不足,人地关系紧张,如西北和西南的一些地区;② 一些地区由于自然条件恶劣和生态系统脆弱,不适合人类生产和发展,如青藏高原的一些地区。

三、新型城镇化背景下青海省发展小城镇的建议

新型城镇化是以人为本、产业支撑的城镇化,是规划引领、政策配套的城镇化,是项目推动、金融支持的城镇化,是文化传承、绿色低碳的城镇化,是城乡一体、统筹发展的城镇化,青海省小城镇的发展要立足于新型城镇化发展的背景认真谋划,建设具有青海省省情特点的小城镇。

(一) 充分抓住国家政策赋予的有利时机,加快建设青海省特色小城镇的步伐

一个城镇所具有的特色是这个城镇的标志,更是推动城镇发展的动力之源,也是形成城镇空间可识别的基础[①]。《住房城乡建设部、国家发改委、财政部关于开展特色小城镇培育工作的通知》,明确提出,到 2020 年在全国范围内培育 1 000 个左右各具特色、富有活力的休闲旅游、商贸物流、现代制造、教育科技、美丽宜居等特色小城镇,该通知明确,中央财政将对工作开展较好的特色小城

① 张群、秦川:《国内外小城镇建设理论与实践分析》,《小城镇建设》2008 年第 12 期。

镇给予适当奖励，优先选择全国重点镇。青海省城镇化经过多年的建设，2008 年西宁市创建了国家级园林城市，2007 年格尔木市、2009 年西宁市获得了国家卫生城市称号，2009 年西宁市的湟中县和海东地区的乐都县、循化县、平安县、互助县及海南州的贵德县获得“省级园林县城”称号，2010 年海北州西海镇被全国住房和城乡建设部列入全国第一批“全国特色旅游名镇示范镇”，2010 年青海玉树结古镇入选全国最具特色小城镇，青海省已经形成了一批布局合理、功能相对完善、环境优美、地方特色浓郁的新型小城镇。截至 2014 年 7 月 21 日，青海省有西宁市大通回族土族自治县桥头镇、城关镇，湟中县鲁沙尔镇、多巴镇，平安县平安镇，民和回族土族自治县川口镇，乐都县碾伯镇，循化撒拉族自治县积石镇，海晏县西海镇，同仁县隆务镇，共和县恰卜恰镇，贵德县河阴镇，玛沁县大武镇，玉树藏族自治县结古镇等共 65 个小城镇入选全国重点镇的名单。在“十三五”期间青海省紧紧抓住国家发展重点小城镇的有利时机，多方争取中央财政的资金的支持，注重小城镇的内涵建设，按照“因地制宜、发挥优势、突出特色”的指导思想，制定优惠政策，鼓励和倡导建设青海省的特色小城镇，使小城镇建设与自然环境、人文环境和谐发展。

（二）要合理布局，做好规划，分步推进小城镇建设

有一套好的规划不一定就能建成一座好的城镇，但没有一套好的规划就一定不能建成一座好的城镇，规划品质决定了城镇的品质。而青海省有关各地区的城镇建设的相关规划都是在 80 年代末至 90 年代编制的，旧的规划已严重滞后于目前新型城镇化发展的需要，与当前新型城镇化建设要求也相去甚远[①]。建设青海

---

① 龙永胜：《祁连新型城镇化建设的路径选择》，《青海日报》2014 年 7 月 14 日。

省的小城镇一定要从修订和编制规划入手，在规划中明确区分各小城镇的功能，规划具有民族特色的小城镇，紧密结合符合新型城镇化发展对小城镇建设的要求。小城镇规划要把如何不断满足各地城镇广大群众的需要，为广大人民群众提供安全、方便、舒适的生产、生活环境作为小城镇发展主要的追求目标，体现新型小城镇建设的以人为本。

（三）探索发展小城镇的特色产业、绿色产业，建设生态小城镇，以实现绿色经济的新理念，解决转移农牧民就业

当小城镇发展到一定的水平时，决定其增长的不再是本地的资源禀赋，而是其本身集聚资本、劳动力等生产要素的能力。这种能力取决于小城镇能否形成一种繁荣的主导产业，这一产业将会派生出新的产业，而新的产业又能形成一种繁荣的主导产业及其派生出的新产业。这种累积和循环的产业发展的过程，推动小城镇不断向前发展。因此，在小城镇经济发展中，必须同小城镇的产业定位结合起来考虑①。青海省各地区经济发展、产业构成、地理条件、资源情况差异很大，发展小城镇的条件和优势不尽相同。因此，必须从实际出发立足比较优势，扬长避短，在突出特色上下功夫，强化城镇产业支撑，激发县域经济发展活力，促进小城镇建设。为实现青海省“生态立省”的战略方针，着眼于未来产业竞争的需要，创建符合青海省小城镇可持续发展的战略性新兴产业。在小城镇产业的选择及结构的调整过程中要积极发展可再生能源，打造低碳的能源结构，以可持续发展的绿色经济为导向将青海省转移出来的农牧区富余劳动力做好妥善、持久的安置，实现共同富

① 张杰庭：《我国小城镇经济发展动因与战略研究》，北京工业大学 2006 年博士学位论文。

裕。比如可以借鉴日本在城镇化过程中对小城镇建设采取的“地域振兴”的战略，根据各个城镇的产业优势，挖掘产业特色，目的是把流向大城市的年轻人吸引回来，重新激发中小城镇的活力。

小城镇的发展中有一个不容忽视的问题就是要普及与提高城镇居民的生态意识，因为人是小城镇建设中的最活跃因素。青海省政府有关部门应该在小城镇建设中重视和加强公民教育，提高公民的环境保护和生态文明意识，积极倡导居民的绿色生活方式。

（四）要牢固树立科学发展、和谐发展的理念，实现构建小城镇发展的新格局

在推进青海省小城镇建设的步伐中必须牢固树立全面、协调、可持续发展观，实现科学发展、和谐发展。① 要始终坚持小城镇建设与人口、资源、环境相协调，合理开发和节约使用各种资源，切实抓好节能、节地、节水、节材，发展循环经济，使城镇功能与城镇规模相适应，城镇扩张速度与城镇内在动力相一致，城镇产业发展与城镇辐射带动能力相协调。② 要坚持小城镇协调发展。要采取建设示范城镇带动的方式，加强城镇之间的联系和分工协作，提高城镇综合承载能力，实现城镇优势互补和共同发展。③ 要坚持以人为本的理念。在小城镇规划、住房建设、公共服务、社区管理等方面充分体现人文关怀。在城市建设规划中把外来人口对住房、就学、医疗等设施的需求纳入统一规划的范畴，把青海省的小城镇建设成为经济繁荣、环境优美、服务方便、社会和谐的美好家园。

（五）树立统筹城乡协调发展的理念，以城乡一体化发展推动青海省新农村建设

新农村建设的发展离不开小城镇这个载体。在实现青海省城

乡协调发展的过程中，应该要做到：① 要立足于实现城乡经济社会可持续发展，优化配置城乡各类资源。在加快推进青海省小城镇建设进程中，积极探索优化资源配置和城乡空间布局的新形式，实现城乡基础设施共建、共享，防止重复建设和分散投资。② 要立足于城乡一体化发展，把青海省建设社会主义新农村与推进城镇化进程结合起来。按照生产发展、生活宽裕、乡风文明、村容整洁、管理民主的要求，扎实稳步地推进社会主义新农村建设。通过加快小城镇发展步伐，增强城镇综合实力，形成以工促农、以城带乡的协调发展机制。

（六）加强小城镇的基础设施建设

目前一个不容忽视的问题是小城镇建设过程中产生的畜禽养殖污染、农药化肥污染、废水污染和工业“三废”污染等问题越来越严重，不仅直接影响城乡统筹发展，而且还严重威胁着城乡居民的身体健康，影响着小城镇建设的长远与可持续发展。因此，要加快小城镇交通、通信、能源、供排水、园林绿化、环境保护等基础设施和科教文卫设施建设，构筑城乡一体的生活垃圾处理、供排水、公共交通等公共服务网络，促进城市基础设施向农村延伸、城市的公共服务向小城镇覆盖、城市的现代文明向小城镇辐射。污水管道是小城镇基础设施建设的重中之重，要采用适当的污水处理系统，建立健全污水收集处理体系，采用城市联网和区域联网的方式提供清洁可靠的饮用水，让青海省的广大农牧民群众切身感受到小城镇建设给他们物质生活、精神生活带来的变化。通过完善小城镇的基础设施体系，努力为青海省的“四区两带一线”区域发展目标和积极融入新丝绸之路经济建设打下坚实的物质基础。

青海省地域广阔，地貌复杂，各地区城镇化发展水平差异较大，一直处于不平衡状况，青海省新型城镇化的推进应该是多元化的。各地应该根据自然环境、产业结构、文化特色等因地制宜地推进发展步伐。

参考文献

[1] 丁生喜,王晓鹏,秦真凤,等. 基于人口—经济—生态协调发展的青海省新型城镇化研究[J]. 生态经济,2015(3).

[2] 高新才,姜安印. 西北区域经济发展蓝皮书(青海卷)[M]. 北京：人民出版社,2008.

[3] 顾朝林,赵民,张京祥. 省域城镇化战略规划研究[M]. 南京：东南大学出版社,2012.

[4] 郝华勇. 我国新型工业化与城镇化协调发展空间分异与对策[J]. 广东行政学院学报,2012(2).

[5] 郝寿义,安虎森. 区域经济学[M]. 北京：经济科学出版社,1999.

[6] 龙永胜. 祁连新型城镇化建设的路径选择[N]. 青海日报,2014－07－14.

[7] 郭丽君. 如何发挥城镇化作用——访李相国[N]. 光明日报,2009－12－27.

[8] 刘洁泓. 城市化内涵综述[J]. 西北农林科技大学学报(社会科学版),2009(4).

[9] 王燕,谢芬兰. 推进青海新型城镇化发展的建议[J]. 青海统计,2014(5).

[10] 张忠孝. 青海地理(第二版)[M]. 北京：科学出版社,2009.

[11] http://www.delingha.gov.cn/index.html.

[12] 杨慧青. 青海推进城镇化建设的对策措施[J]. 经济研究导刊,2014(24).

[13] 张金锁,康凯. 区域经济学(第三版)[M]. 天津：天津大学出

版社,2009.
[14] 张杰庭.我国小城镇经济发展动因与战略研究[D].北京工业大学,2006.
[15] 张风科,郭远杰.城镇化与经济增长的关系研究[J].区域金融研究,2014(4).
[16] 张占斌.新型城镇化的战略意义和改革难题[J].国家行政学院学报,2013(1).
[17] 张群,秦川.国内外小城镇建设理论与实践分析[J].小城镇建设,2008(12).
[18] 朱学海.青海藏族人口城镇化与就业问题研究——以同仁县为例[M]//赵宗福.2013 年青海经济社会形势分析与预测.北京:社会科学文献出版社,2013.

第四章
青海省藏区果洛州久治县跨越式发展问题研究

第一节　生态经济学发展演进的基本理论

一、生态内涵界定

1869年，德国生物学家海克尔(Ernst Haeckel)最早给出了生态的定义：生态就是生物与其赖以生存的环境在一定空间范围内的有机统一。对于生态，一般理解为生物在一定的自然环境下生存和发展的状态，也就是自然生态。生态系统最早是在1935年由英国植物生态学家坦斯列(Tansley)提出的，生态系统不仅包括生物，还包括其特定的自然环境。一般认为，生态系统是以生物为主体，由生物和非生物组成的一个整体，它是一个客观存在的实体，具有各种功能。生态系统的范围可大可小，大到整个地球，小到一个池塘，都可以看作是一个独立的生态系统。在一定的时期内，一个生态系统中的生产者、消费者和分解者之间保持着一种动态的生态平衡。生态平衡一旦被打破，将会产生持续的、跨区域的连锁反应。影响和决定生态平衡的因素主要分为自然因素和人为因素，其中，自然因素引发生态失衡的恢复周期较短，而人为因素造成生态失衡的恢复难度相对较大。

二、生态经济学相关理论

生态经济学是20世纪50年代产生的由生态学和经济学相互交叉而形成的一门边缘学科。它是从经济学角度，研究生态经济复合系统的结构、功能及其演绎规律的一门学科，为研究生态环境和土地利用经济问题提供了有力的理论依据。

生态学（Ecology）源于希腊文Oakes，含家庭、住所之意，是德国动物学家海克尔（Ernst Haeckle）于1866年在《有机体普通形态学》一书中提出来的。他认为，生态学是研究生物与无机和有机环境之间相互关系的科学。由于地球上的生物不可能单独存在，而是彼此联系共同生活在一起组成“生物的社会”，即生物群落。英国生态学家坦斯利（Tansley）于1935年提出生物群落与环境共同组成的自然整体称为生态系统（ecosystem），这与原苏联森林植物群落学家苏卡乔夫于1944年提出的生物地理群落（geobiocoenosis）＝生物群落＋生境，是相同的概念。根据上述概念，任何生物群体与其环境组成的自然体都可称为生态系统或生物地理群落，如块草地、片森林、片沙漠、个水池、座山脉等自然生态系统和水库、渠道、城市、农田等人工生态系统。地球上所有生物（包括人类在内）与其生态环境组成的总体即生物国，就是个巨大的生态系统。随着社会发展和科技进步，许多综合性问题亟待开拓研究，使生态学与许多相关学科形成多重交叉和层次综合，其中景观生态学和生态经济学对于研究土地利用及其经济问题有着重大的作用。景观生态学起源于欧洲，德国植物学家卡尔·特罗尔(Carl Troll)在《航空像片制图和生态学的土地研究》一文中首次提出景观生态学的概念，并用以阐述基于景观学的区域差异对比研究与生态学的结构功能系统研究的科学综合。直到20世纪70年代，由于人类活动的影响日益加剧，全球性的人口、资源、环境等一系列问题日益突出，迫切需要从全球整体角度对其加以研究，使得人们重新审视景观生态学，并将其发展成为地理学、生态学和人文科学三者交叉互补且统一的综合学科。自20世纪80年代以来，在荷兰、捷克和斯洛伐克、丹麦、德国、美国等国家和地区相继建立景观生态学的研究机构，目前许多国家和地区都正在开展景观生态学的研究。生态学和经济学之间的联系有悠久的历史渊源：

(1) 从构词上看，在英语中生态学(Ecology)和经济学(Economics)具有相同的词根eco，因此，有的学者认为，在造词时生态学与经济学就结下了不解之缘，“生态学就是自然经济学”。

(2) 生态环境问题的实质是经济问题。随着社会生产力的发展，人类改造自然的能力日益增强，随之出现了环境污染和环境破坏问题，究其根源，在于自然资源未能得到充分合理的利用。长期以来，传统经济学认为资源无价值，可以无偿使用，资源无穷尽，可以任意获取，其结果导致资源利用从不考虑“外部经济性”，废弃物和资源破坏的处置费不计入生产成本，以牺牲生态环境质量为代价谋取高额利润，把治理环境污染的费用转嫁给社会，降低了国民经济效益，破坏了人类舒适的生态环境。另外，单纯运用经济指标(如国民生产总值)衡量经济发展，也导致忽视生态环境效益的外部不经济行为的不断发生。大量事实证明，经济发展与环境保护应当相互协调，发展与环境是对矛盾，处理得好可以保证经济发展和生态进化，反之则恶化环境。生态系统平衡失调，必然会严重地影响经济增长。应当走生态发展的道路，使经济生态化，生态经济化，才能走出困境，协调经济发展与生态环境之间的关系，在保持良好的生态环境条件下，促进经济的发展。

生态与生态系统历来与区域概念相联系，是以一定范围的土地或空间为依托的。生态系统是生命系统和环境系统在特定空间的组合。生态系统就是在特定地段中的全部生物（即生物群落）和其环境相互作用的统一体。研究生态系统和生态经济系统，并将其原理应用于生产实践，无论如何也不能离开特定的空间和地域，任何生态系统都应有确定的边界。

三、生态事关人类社会的长远可持续发展

（一）生态为人类社会提供了生产生活空间

离开一定的自然生态条件，人们就无法生存，也不可能进行生产和生活，人类社会也谈不上发展。生态影响经济增长。

（1）特定区域生态资源的富集程度，包括数量、质量和可以利用的条件等，必将影响区域的经济效益。

（2）特定区域的生态条件直接影响着农业、牧业、种植业、矿业等产业，从而间接影响原材料加工业和其他加工业的发展和布局。

（3）随着人类社会对经济增长、发展等的重新认识，开始注重生态环境的保护和建设，舍弃过去以牺牲生态环境为代价的经济增长模式，转向建设资源节约型、环境友好型社会。

（二）保持生态平衡是人类社会可持续发展的根本依托

生态孕育和促进了人类社会的发展。人类社会改变了自然生态自在自为的发展规律，把自然生态纳入到人类可以改造的范围之内，形成了文明。文明是人类进步和发展的成果，是人类改造世

界的物质和精神成果的总和，是人类社会进步的标志。人类文明已经经历了原始文明、农业文明和工业文明三个阶段。回顾人类社会的文明进程，可以发现，良好的生态为人类社会的发展带来了光明，而生态的破坏也曾导致了人类社会发展的衰落。可以说，人类社会的文明进程始于自然，衰于对生态环境的破坏。人类历史上四大文明古国的产生、发展、毁灭或延续，都是与它们所依赖的生态环境分不开的。

(三) 破坏生态危及人类社会发展

世界上许多国家都曾遭遇过生态环境危机。公元 250 年玛雅文明处于鼎盛时期，但由于生态环境的恶化，公元 800 年时玛雅文明开始崩溃，之后不到 100 年间便消失得无影无踪。同样由于生态的原因，巴比伦文明也毁灭了。人类社会进入工业文明以后，生产力大幅提升，资源开发与利用加剧。同时，工业发展所产生的废水、废气和固体废弃物等对生态环境的破坏越来越大。19 世纪，英国伦敦因空气污染严重，被称为雾都；19 世纪 80 年代，英国伦敦、格拉斯哥、曼切斯特等地，每年都有约 1 000 人因煤烟中毒而死亡；1885 年，日本足尾铜矿乱开滥采，导致水土流失、砷化物的蔓延，加上 1890 年的洪水泛滥，致使茨城等县 10 余万人流离失所，日本后有“公害列岛”之称。2008 年，联合国秘书长潘基文在一篇关于苏丹达尔富尔问题的文章中指出，气候变化造成的食物和水资源缺乏等生态危机是达尔富尔冲突的起因。

(四) 人类社会与生态相互影响、相互制约

人类社会与生态处于矛盾的统一之中，人类社会与生态相互影响、相互制约。人类社会是生态的产物，生态是人类社会发展的依托。人类社会的变化是生态变化的主要前提，决定着生态环境

变化的程度，生态环境的变化也影响或制约着人类社会的变迁进程。生态环境良好，将有利于人类社会的发展进步；生态环境恶劣，人类社会的发展将受到遏制。在有些情况下，如果生态恢复的底线都已被破坏，那生态的修复将变为不可能之事（例如撒哈拉的沙漠地区等）。

总体来看，为了实现长远和可持续发展，必须要舍弃过去以牺牲生态环境为代价来换取经济增长的发展模式，转向建设资源节约型、环境友好型社会，促进经济社会、生态环境与人的全面、持续、和谐发展。

第二节　青海省藏区及果洛州的特征

一、青海省藏区的基本情况

青海省是除西藏自治区以外全国最大的藏族聚居区，全国 10 个藏族自治州中有 6 个在青海省，分别是海北、海南、玉树、果洛、黄南 5 个藏族自治州和海西蒙古族藏族自治州，下辖 30 个县（市）和 3 个行委，面积 69.7 万平方千米，占全省面积的 96.6%；加上其他藏族散居区面积，藏区面积占全省面积的 98%，占全国 10 个藏族自治州面积的 58%。青海省藏区总人口 180.1 万人，其中藏族人口 96.7 万人，占全省藏族人口的 80.7%，占全国藏族人口的 17.7%。

海北藏族自治州　位于青海省东北部，因位于青海湖北岸而得名。东与省会城市西宁、海东地区毗连，西与海西蒙古族藏族自治州接壤，南隔青海湖与海南藏族自治州相望，北与甘肃省毗邻，处于青藏高原与黄土高原的过渡带，连接青海省经济最发达的东部经济区和柴达木循环经济区，是青海省承东启西的农牧结合部。全州总面积 3.41 万平方千米，州府西海镇距省会西宁 100 千米，是全省离西宁最近的自治州府。境内山脉纵横，祁连山及其支脉由西北向东横贯州境。河流众多，大小河流 140 余条，地势由西北向东南倾斜，平均海拔 3 100 米，其中，海拔 3 000 米以上的高原面积约占全州总面积的 85%，属高原大陆性气候。

海南藏族自治州　地处青藏高原东北隅，青海省东部，著名的青海湖之南，故名海南，是青藏高原的东门户，素有“海藏通衢”之称。青海湖的大部分水域就在海南藏族自治州境内。总面积 4.6 万平方千米，占青海省总面积的 6.18%。人口 43.1 万人，世居民族有藏族、汉族、回族、蒙古族、撒拉族、土族、哈萨克族 7 个民族，其中，藏族人口占总人口的 52%。

海西蒙古族藏族自治州　东西长 837 千米，南北宽 486 千米，因地处青海湖以西而得名。总面积 32.58 万平方千米，占青海省总面积的 45.17%。大部分地区在海拔 3 000 米上下，最高点是昆仑山的布喀达板峰，海拔 7 720 米；最低点位于察尔汗的达布逊和霍布逊湖区，海拔 2 675 米。主体是中国四大盆地之一的柴达木盆地，面积 25.66 万平方千米，占全州总面积的 78.76%。故柴达木又成为海西蒙古族藏族自治州的代称。2011 年末，总人口 56 万人，其中常住人口 42 万人，非农业人口 20.63 万人。有汉族、蒙古族、藏族、回族、土族、撒拉族等 30 个民族，少数民族占总人口的 27.8%，其中蒙古族、藏族是主体少数民族，人口分别为 2.54 万人和 4.3 万人，分别占少数民族总人口的 25.2%和 42.6%。

黄南藏族自治州　位于青海省东南部，与甘肃省甘南州及青海省果洛、海南、海东等地接壤。总人口 25.95 万人，其中农牧民人口占 85.84%。这是一个以牧为主、农牧结合的地区，总面积 18 771平方千米，在全国 10 个藏族自治州中属面积最小。全州有藏族、蒙古族、回族、土族、汉族等 17 个民族，少数民族占总人口的 93.65%，藏族人口占总人口的 68.57%。

玉树藏族自治州　位于青海省西南青藏高原腹地，平均海拔在4 200米以上。东西最长738千米，南北最宽处406千米，土地总面积26.7万平方千米(包括海西蒙古族藏族自治州代管的唐古拉山乡6.4万平方千米)，占全省总面积的37.2%。总人口为37.84万人，其中藏族人口36万人，占总人口的95.3%，是全国少数民族自治地区(包括省、地区、县、乡所有区划单位)中主体民族比例最高的，也是青海省内唯一的康巴方言地区。州内居住的其他民族主要有汉族、回族、土族、撒拉族和蒙古族等。

果洛藏族自治州　地处青藏高原腹地，黄河源头，位于青海省的东南部。总面积7.64万多平方千米，占青海省总面积的10%；是青海省的重要牧业生产基地之一，是一个面积大、人口少、地势高、草原广、资源富的地区。境内地势较高，群山耸立，山势巍峨磅礴，平均海拔4 200米以上，具有独特的高原气候特点，属青藏高原性气候寒冷区，大气含氧量仅为海平面的60%。总户数51 383户，总人口18.18万人，其中藏族人口16.7万人，占总人口的91.86%，是全国30个少数民族自治州中海拔最高、气候最恶劣、环境最艰苦、经济社会发展最滞后的。

青海省藏区在民族、宗教、文化、亲缘等诸多方面有着与其他藏区极为深刻的历史渊源，特别是与西藏在宗教、民族、政治上形成了一种密不可分的互动关系，这种历史形成的格局在今天仍然有着深远的影响。加快青海省藏区经济社会的发展，改善广大藏族人民的生产生活条件，对于维护全国藏区社会政治的稳定，增进民族团结和巩固祖国统一，实现国家富强、民主、文明、和谐有着极其重要的意义。

(一) 生态地位极为重要

作为长江、黄河、澜沧江的发源地，青海省的生态环境状况不仅关系到青海省的可持续发展，而且关系到全国的可持续发展和中华民族的生存发展，甚至关系到全球的生态安全。青海省对我国气候具有重要影响。青藏高原面积250万平方千米，由于经向和纬向以及垂直地带型的叠加，形成了独立的气候区。青海省特别是藏区作为地形最复杂、面积约占我国陆地面积四分之一的青藏高原的主体部分，其独特的地理环境和特殊的气候条件，孕育了世界上独一无二的大面积高寒湿地、高寒荒漠、高寒草原、灌丛和森林等生态系统，强化了降水，起着各江河水循环的初始作用，不仅对我国、对东亚甚至对北半球的大气环流有极其重要的影响，而且直接影响着我国的天气、气候的形成和演变，是气候和生态环境变化的敏感区和脆弱带。青海省分布的广袤草原、森林、灌丛等原生植被，对吸收二氧化碳和抵御全球气候变暖有着重要作用。青海省藏区是全国生态环境保护和建设的战略要地。青海省藏区湿地面积达5.1万平方千米，是亚洲乃至世界上孕育大江大河最集中的地区。境内黄河流域面积占全流域面积的18.7%，出省多年平均径流量占流域总径流量的49.2%；长江流域面积占全流域面积的9%；澜沧江16%的水量从青海省流出；发源于海北藏族自治州祁连山脉的黑河，是我国第二大内陆河，这条河流40%的水量从青海省流出，因此，青海省素有“江河之源”“中华水塔”之美誉。青海省藏区是我国生物物种形成和演化的中心之一。三江源地区特殊的自然地理和气候条件孕育了独特的生物区系和植被类型，是全球高海拔地区生物多样性最集中的地区，被誉为“高寒生物自然种质资源库”。保护利用好这里的生物资源是对自然的一大贡献。对长江、黄河流域以及甘肃河西走廊、内蒙古黑河流域的生态环境改善具有深刻影响。同时，青海省藏区生态又十分脆弱，植物生长期短，自身调节能力弱，自然恢复能力差且恢复周期长，生态系统一旦遭到破坏，将很难恢复。因此，保护和建设好青海省藏区的生态环境，更需要得到全国乃至全球的关注和支持。

（二）维护稳定作用突出

青海省藏区在地域上处于青藏高原的中枢地带，东越甘肃通中原，西越新疆通中亚，南越西藏通南亚，是进藏的必经通道，是西藏和新疆的战略后方，对于支援西藏，支撑新疆，巩固西南、西北边防，保卫祖国安全，发挥着其他地区无可替代的作用。青海省藏区战略地位十分突出。历史上，唐蕃古道和"麝香之路"就是青海省藏区连接内地与西藏的两条重要通道。新中国成立后，国家相继修筑了青藏公路、青藏铁路西宁至格尔木段和格尔木至拉萨输油管线，使青海省格尔木市成为进出西藏的咽喉和西南边疆战时的战略后方。青藏铁路全线通车，促成我国铁路大动脉从东至西贯穿青海省全境，南北横穿高原腹地，向南延伸可打通南亚出口；下一步格尔木至敦煌至库尔勒铁路建成后，向北、向西可以连通"欧亚大陆桥"，青海省藏区将成为连接东部与西部、西南与西北、内地与边陲的交通枢纽。青海省藏区对其他藏区的文化和宗教影响深远。青海省藏区同其他藏区在历史、文化、经济、社会等方面有许多相似之处，共同的地域、共同的民族、共同的宗教信仰，使其形成了一个密不可分的特殊经济文化圈。青海省是西藏佛教后弘期的重要发祥地，又是藏传佛教格鲁派的发祥地，三、四、五世达赖都在青海省从事过宗教活动；六世达赖在青海圆寂；七世达赖坐床前曾在青海省塔尔寺供养；九世班禅 1924 年被迫离藏长期在青海省居住；十世班禅大师确吉坚赞生于青海省循化县，生前曾多次到青海省。青海省藏传佛教的特殊地位，对全国藏区的宗教活动具有特殊影响。青海省藏区是达赖集团进行分裂渗透破坏活动的重点地区。由于青海省处于汉藏文化的交汇地带，能对西藏产生直接影响，所以历代中央政权大都采取"安藏必先安青"的策略，通过青海省把西藏同内地联系在一起。同时，由于现居国外的十四世达赖喇嘛丹增嘉措生于青海省平安县，其随员主要是青海籍人员，他们在青海省藏区有较大的影响力，使青海省藏区成为达赖集团进行分裂渗透破坏活动的重点地区，也是受国外敌对势力干扰最多的地区之一。达赖集团鼓吹的所谓“西藏独立”，其实质是妄图把整个藏区分裂出去。加快青海省藏区的经济社会发展，保持青海省藏区稳定，对支持西藏的反分裂斗争具有非常重要的作用。

(三) 资源富集优势明显

青海省资源富集，而且这些资源主要分布在藏区，特别是水电、盐湖、石油和天然气、有色金属等资源储量可观。已探明的129 种矿产资源当中，有 54 种的储量居全国同类矿产资源储量的前 10 位，有 23 种矿产资源的储量占全国前 3 位，有 9 种矿产资源的储量占全国首位。特别是以下几种资源在全国具有突出的优势：

(1) 盐湖资源。柴达木盆地被誉为“聚宝盆”，盐湖资源在全国独具优势。内有 33 个盐湖，大都是多元素共生矿床，已初步探明氯化钠、氯化钾、氯化锂、氯化镁、锶矿、芒硝等储量均居全国第 1 位。盐湖资源不仅储量大，而且品种多、类型全、分布集中、资源组合好，开采条件优越。

(2) 石油和天然气资源。石油和天然气资源主要分布在柴达木盆地。石油资源总量约为 21.5 亿吨，天然气约为 25 000 亿立方米。目前共发现 16 个油田、6 个气田。

(3) 有色金属和黄金资源。储量可观的有铅、锌、铬、铜，镍、钴、钼、钨、锡、汞也有相当大的储量。岩金和砂金分布广泛，很有勘探和开采前途。

(4) 非金属矿产资源。全省共发现矿种 36 种，有 5 种列全国第1位。主要有石棉、石英、石灰岩、石墨等，其中石棉保有储量占全国的63%。煤炭资源分布在祁连山、柴达木北缘、昆仑山、唐古拉山、积石山五大含煤区，预测远景储量380亿吨。已探明的储量主要集中在祁连山和柴达木北缘两个含煤区。2006年底，全省累计探明储量为50亿吨，保有储量48亿吨。煤炭赋存地除大通矿区属西宁地区外，其余均在藏区。

(5) 水电资源。水能资源技术可开发量约2 300万千瓦，主要分布在黄河干流和长江干流通天河上，大多分布在藏区。开发重点为黄河干流，已开发和正在开发约1 100万千瓦，待开发的有800万千瓦，其中，长江流域300万千瓦。全省水能储量在1万千瓦以上的河流有108条，有水电站坝址178处，规划总装机容量2 166万千瓦，在国内居第5位，居西北之首。特别是黄河在青海省境内从源头到寺沟峡，可规划建设26座大中型水电站，总装机容量1 865.9万千瓦，平均年发电量721亿千瓦时，大体相当于一个三峡水电站。

(6) 太阳能、风能资源。全省年日照时数2 500—3 650小时，柴达木地区达3 600小时以上。年平均日照率60%—80%，年辐射总量586—754×104千焦耳/平方米，年直接辐射总量419×104千焦耳/平方米，总辐射量中直接辐射量的比重约为62%。适宜建设太阳能光伏电站的地区绝大多数在藏区。年平均风功率密度在150瓦/平方米以上的区域初步规划29处风电场，规划总容量近1 000万千瓦，规划的风电场均在藏区。

(7) 动植物资源。青海省藏区是全国野生动植物资源的重点分布地区。有各类脊椎动物466种，属于国家一、二级重点保护的动物有74种，省级重点保护的动物有36种。其中，普氏原羚、藏羚羊、野牦牛、雪豹、马麝、黑颈鹤等物种被列入《全国野生动植物及自然保护区建设工程总体规划》的重点拯救保护物种。野生植物资源也较丰富，有维管束植物 2 483 种，一些濒危的植物如香柏、高山松、刺柏、红杉、羽叶丁香、桃儿七、黄芪、梭梭、雪莲等已被列入《中国植物红皮书》。另有大叶钓樟、绢毛木姜子、华秸竹等近百种植物是国内水平分布的西界边缘，具有特殊的保护价值。

(四) 特色文化十分突出

青海省兼具藏传佛教文化、伊斯兰教文化、道教文化和儒家文化四种文化圈，呈现出一幅多民族、多元文化相互融合，和谐相处，你中有我、我中有你的绚丽画卷。藏族文化更具特色。青海省是著名的藏传佛教圣地，是我国藏传佛教最早传入地区之一，也是藏传佛教后弘期的发祥地。历史上，藏传佛教统治着青海高原 90% 以上的区域，它不仅深刻影响着高原游牧文化的形成、发展、风格与特色，甚至紧紧牵制着这个游牧世界的政治、经济乃至整个社会历史的发展进程。在藏传佛教各派中，除宁玛派(红教)外，其余如噶举派(白教)、萨迦派(花教)和格鲁派(黄教)，历史上都曾在青藏高原地区建立过政教合一的地方政权。在这里，科学真理与宗教迷信互相混杂，藏传佛教寺院比比皆是，经幡、玛尼堆处处可见，许多民族与藏传佛教紧紧相依，藏传佛教文化与民间民俗文化相映成趣，地域文化与宗教文化互为表里。至今，塔尔寺、隆务寺、拉加寺、佑宁寺、瞿昙寺等寺院在藏族、蒙古族、土族、汉族等民族信教群众心目中具有崇高的地位。集中在黄南藏族自治州同仁县的热贡艺术，主要包括唐卡、堆绣、雕塑、建筑彩画、图案、酥油花等多种艺术形式，被誉为“中国民族艺术宝库中的一颗瑰丽明珠”。先后有 5 人荣获“中国工艺美术大师”、6 人荣获国家级非物质文化遗产传承人称号。2006 年，热贡艺术被列入首批国家级非物质文化遗产保护名录。2008 年，文化部批准设立国家级热贡文化生态保护实验区。2009 年，热贡艺术被列入联合国教科文组织人类非物质文化遗产代表作名录。藏戏色彩独特、内涵丰富，民歌“拉伊”婉转悠长，藏族舞蹈浪漫豪放，特别是玉树歌舞以其洒脱奔放的特点，在省内外享有极高的知名度。藏戏《意乐仙女》轰动了大江南北，艺术界评价“此曲只应天上有，人间哪得几回闻”“青海藏戏甲天下”。据统计，青海省民间舞蹈有 1 400 种左右，民歌近万首。寺院舞蹈肃穆而神秘，塔尔寺、隆务寺、佑宁寺等寺院的法舞，舞姿、服饰、音乐独特，宗教色彩浓厚，神秘而粗犷。玉树地区的赛马会集骑术、服饰、歌舞表演于一体，规模宏大、场面壮观、久负盛名，每年吸引数以万计的海内外游客观看。藏族服饰颇为精致、华丽和考究；文化艺术、建筑、医学、科技等独具特色；流传在藏族民间以神话故事、谚语等为主要内容的《格萨尔王传》，卷帙浩繁，哲理深邃，启示性强，流传久远，是世界上最长的一部英雄史诗，也是藏族历史的一部百科全书，其艺人也以神秘神奇闻名于世，其中《霍岭大战》还被搬上戏剧舞台，演出后引起极大轰动，受到观众的热烈欢迎。

二、青海省藏区经济社会发展现状

2008 年以来，在党中央、国务院的亲切关怀和国家各部委的大力支持下，青海省藏区经济社会快速发展，综合实力不断增强，基础设施和生态建设取得突破性进展，社会事业全面发展，产业结构明显改善，人民生活水平和质量不断提高，城乡面貌发生了历史性变化，进入了新中国成立以来发展最好最快、群众得到实惠最多的时期。2011 年，青海省藏区实现地区生产总值 756.69 亿元，同比增长 17.3%，比全省平均水平高 3.8 个百分点，比 2008 年增长 53.2%，为 30 年来最高增速；地方财政一般预算收入 51.44 亿元，同比增长 20.68%，比 2008 年增长 109.4%；城镇居民可支配收入 16 851.63 元，同比增长 12.2%，比 2008 年增长 41.7%；农牧民人均纯收入 4 462.1 元，同比增长 10.5%，比 2008 年增长 56.7%。2012 年上半年，青海省藏区六州实现地区生产总值 352.29 亿元，同比增长 14.5%；地方一般预算收入 32.71 亿元，同比增长 21.8%；全社会固定资产投资完成 333.2 亿元，同比增长 90.3%；城镇居民人均可支配收入 8 076.31 元，同比增长 11.7%；农牧民人均纯收入 1 832.35 元，同比增长 34.2%。

(一) 投入力度不断加大

2008 年以来，中央财政对青海省藏区各类补助资金年均增幅 61.1%，有效缓解了青海省藏区财政支出困难的局面。国务院批准《"十二五"支持青海省藏区经济社会发展规划建设项目方案》，共安排青海省藏区保障和改善民生、基础设施、特色优势产业发展、生态环境保护和基层政权等建设项目 135 项，规划总投资 2 365 亿元。

(二) 民生保障水平明显提高

(1) 教育方面。重点实施了农牧区初中校舍改造、农村学前教育推进工程试点、教师生活周转宿舍试点、中小学布局调整暨校安工程、寄宿制学校建设、中等职业教育、特殊教育等一批项目。省财政安排资金建立了三江源地区实施"1+9+3"教育经费保障机制和异地办学奖补机制；在北京、天津、重庆、江苏、浙江、湖北、辽宁等省市开办了异地高中班及中职教育班。"两基"攻坚目标全面实现，普通高中教育稳步发展，中等职业教育办学规模逐步扩大。

(2) 卫生方面。建立了新型农村合作医疗和城镇居民基本医疗保障制度，实施了农村卫生服务体系、精神卫生防治体系、社区卫生服务体系、重点中藏医院体系等建设项目，形成了层次分明、结构合理、功能齐全、区域覆盖的医疗卫生服务体系。

(3) 文化方面。实施了博物馆、图书馆、群众文化体育活动场馆,抢救性文物保护、历史文化名城保护,广播电视村村通、乡镇综合文化站、文化“进村入户”和“进社区”、农(牧)家书屋等建设项目。

(4) 民政社保方面。实施了救灾物资储备库、社会福利院、敬老院和人力资源基础设施、儿童福利设施以及社区服务体系等建设项目。实现了动态管理下的应保尽保。2010 年 1 月起对机构集中供养的孤儿每人每月发放 1 000 元基本生活费,散居孤儿每人每月发放 600 元;2012 年 1 月起对城镇重度残疾人每人每月发放 100 元补助金,农村每人每月发放 50 元补助金。

(5) 扶贫开发方面。以集中连片特殊困难地区为主战场,开展整村推进、易地扶贫开发、连片开发、产业化扶贫、“雨露计划”培训等工作,社会帮扶机制不断完善。

(三) 基础设施不断完善

(1) 水利方面。继续推进引大济湟调水总干渠和湟水北干渠扶贫灌溉一期等重大水利工程,开工建设了贵南县卡加、兴海县日干等小型水库,继续实施扎毛中型水库,建成乌兰下湾、共和恰让下湾等控制性水源工程;蓄积峡大型水库、乌兰县老虎口、格尔木市三岔河、都兰县诺木洪、共和县哇洪等水库前期工作抓紧进行;实施了海南绿洲、柴达木绿洲、黄河谷地灌区大型灌区续建配套及节水改造工程,牧区草灌、草原节水灌溉示范项目。五年来,改善灌溉面积 63 万亩,解决了 57.8 万人饮水安全问题。

(2) 电力方面。黄河上游水电基地建设已具规模,柴达木百万千瓦太阳能示范基地建成。电网延伸工程稳步推进,建成青藏交直流联网工程,开工建设了 330 千伏玉树电网与青海主网联网工程，新疆与西北主网750千伏第二通道输变电工程。

(3) 交通方面。编制了《青海省藏区交通基础设施发展规划》等24个交通发展专项规划。全部乡镇和行政村实现通公路，公路通车里程已达52 084千米，91.6%的乡镇和29%的行政村实现通沥青(水泥)路；柳格高速当金山至格尔木段、京藏高速共和至茶卡段建成通车，柴达尔至木里地方铁路建成投运，京藏高速倒淌河至共和段、青藏铁路西格段增建二线、兰新铁路第二双线、锡铁山至北霍布逊支线铁路于2014年建成投运，格敦铁路完成总投资的95%，格库铁路完成总投资的50%。玉树机场2009年8月建成通航；格尔木机场改扩建工程基本完成，预计2017年9月底验收；德令哈机场于2014年建成投运；花土沟机场于2015年建成投运；果洛机场于2016年7月建成投运；祁连机场已完成工程的85%，预计2018年建成；久治机场前期工作基本结束。

(四) 特色经济发展壮大

水电、盐湖、石油和天然气、有色金属等四大支柱产业持续发展。2010年3月，国家发改委批复了《柴达木循环经济试验区总体规划》，依托实验区优势资源，在发展壮大盐湖化工、油气化工、有色金属、煤化工的基础上，积极培育新材料、新能源等新兴产业。百万吨钾肥综合利用一期、昆仑碱业110万吨纯碱等项目建成；金属镁一体化项目、百万吨钾肥综合利用二期等项目进展顺利。格尔木、德令哈、大柴旦三个工业园区被正式确定为国家循环化改造示范试点园区。积极推进黄南、海南、海北现代农牧业示范(实验)区建设和生态畜牧业发展，目前75%的纯牧业村建立了生态畜牧业专业合作社。重点支持了一批藏毯、肉食、乳制品及少数民族特需商品和手工艺品生产项目。青藏铁路沿线旅游线路、生态旅游线路和产品开发进入新阶段，青海湖景区、黄南国家热贡文化示范区、玉树康巴藏文化风景区等基础设施建设步伐加快。金融、保险、物流、市场中介等新兴服务业得以发展。实施了农畜产品批发市场、粮油仓储设施、冷链物流和“万村千乡”农家店等项目。有机牛羊肉加工综合服务平台、农牧业综合服务体系加快建设。

(五) 生态环境保护成效显著

三江源自然保护区生态保护和建设、青海湖流域生态环境保护与综合治理工程,以及退牧还草、天然林保护、重点防护林建设和退耕还林成果巩固等重点生态工程顺利推进。实施了藏区城镇污水厂及配套管网、垃圾场项目。坚持先行先试,青海省自筹资金扶持移民创业,启动实施了三江源生态补偿机制,全面落实了国家草原生态保护补助奖励机制,有力促进了生态保护和农牧民增收。经国务院批准,国家发改委印发了《青海省三江源国家生态保护综合实验区总体方案》,目前正在抓紧开展总体方案的实施工作,已编制完成《三江源生态保护和建设二期工程规划》《青海省三江源水资源综合规划》等 6 个专项规划;《青海祁连山水源涵养区生态保护和综合治理规划》等前期工作积极推进。

(六) 基层政权和人才队伍建设不断加强

组织实施了干部周转房建设、政法基础设施建设,统战、民族、宗教系统基础设施建设等规划,有效改善了藏区干部工作、生活条件。开展了全省优秀村(社区)干部考录乡镇公务员和优秀村(社区)干部考录副乡镇长和街道办事处副主任试点工作,实施了“一村一名大学生行动”“三支一扶”计划和“服务西部(青南)志愿者”等项目,充实了乡村基层干部队伍;开展了专业技术人才知识更新工程和三江源人才培训工程。统筹提高了二、三类艰苦边远地区津贴标准;建立了藏区 6 州干部职工体检制度,提高了补助标准。

（七）社会主义新玉树建设加快推进

玉树强烈地震发生后，在党中央、国务院的坚强领导和全国各地的大力支援下，举全省之力迅速开展重建工作。按照三年基本完成重建主要任务以及“上两个大台阶”的总体要求，科学编制规划，强化要素保障，坚持把住房建设作为重中之重，优先抓好公共服务及基础设施建设，协调推进产业恢复提升、生态环境治理与和谐家园建设，加快项目前期和审批工作，科学组织施工，不断加快重建进度，完成玉树三年重建目标任务，一个生态美好、特色鲜明、经济发展、安全和谐的社会主义新玉树展现在世人眼前。

三、果洛州的基本情况及经济社会发展综述

（一）果洛州的基本情况

果洛藏族自治州地处青藏高原腹地，黄河源头，位于青海省的东南部。地理坐标为东经 97°54′—121°50′，北纬 32°31′—35°40′，州府驻地大武距省会西宁 440 千米。东临甘肃省甘南藏族自治州，南接四川省阿坝藏族羌族自治州和甘孜藏族自治州，西与青海省玉树藏族自治州毗连，北和青海省海西蒙古族藏族自治州及海南、黄南藏族自治州相依(图 4-2-1)。总面积 7.8 万多平方千米，占青海省总面积的 10%；是青海省的重要牧业生产基地之一。平均海拔在 4 000 米以上，境内雪峰耸立，山脉交错，河流纵横，湖泊繁多，景色壮丽。果洛藏族自治州是一个面积大、人口少、地势高、草原广、资源富的地区。

由于海拔高，大气含量只占内地的 60%左右，一年中无四季之分，只有冷暖之别，所以通常又把冷暖两季分别称为冬季和夏季。冬季漫长而严寒，干燥多大风和雪雹天气；夏季短促温凉，乍暖还寒，多雨并伴有雪雹，自然条件极为严酷。

果洛藏族自治州辖玛沁、班玛、甘德、达日、久治、玛多 6 个县，面积 76 312 平方千米，人口 14 万人(表 4-2-1)。

图 4-2-1　果洛藏族自治州在青海省的位置示意图

表 4-2-1　2015 年果洛藏族自治州 6 县国土面积及人口情况

县　　域	面积（平方千米）	人口（万人）
玛沁县	13 636	4
班玛县	6 452	2
甘德县	7 143	2
达日县	15 385	3
久治县	8 696	2
玛多县	25 000	1

果洛藏族自治州境内山河壮里丽、风景优美，镶嵌在玛多县境内宛若明镜似的扎陵湖、鄂陵湖、冬给错纳湖及星宿海，犹如点缀在母亲河源头熠熠生辉的颗颗明珠，形成了黄河源头风景如画的旅游景点。据史书记载，唐贞观十五年（641），唐室宗女文成公主远嫁，唐太宗派礼部尚书李道宗持节护送公主入藏，途经河源时，文成公主与事先驻扎在柏海（今扎陵、鄂陵两湖）迎候公主的松赞

干布举行盛大婚礼，观赏河源风光。文成公主和松赞干布在湖畔歇息逗留，在世世代代藏族人民中间传为千古佳话，留下诸多神奇的传说。久治县境内的年宝玉则山，主峰终年积雪不化，披角挂甲，笛声阵阵，构成一幅只可意会不可言传的醉人的河源风情画卷，使人如临佳境，顿生物我皆忘，心旷神怡，飘飘欲仙之恬静韵味，不约而同地为神秘草原文化渊源的流长和雪域之州山川的博大恢宏而拍案叫绝，欢欣雀跃。

常言道："山不在高，有仙则名；水不在深，有龙则灵。"遥忆1936年，惊天地、泣鬼神的红军长征曾经过自治州东南部，给果洛人民留下了深刻的印象。红军书写在石壁上的"北上响应全国抗日反蒋斗争"的标语，字体近似魏体，大小如握之拳，至今仍历历在目，清晰可辨。这给果洛描绘了浓墨重彩的一笔，也给果洛带来了灵气，使人产生深深的感慨，油然生发无限敬仰之情。

（二）果洛州经济社会发展综述

近年来，在州委、州政府的坚强领导下，牢牢抓住国家实施新一轮西部大开发战略和加大对藏区跨越发展扶持政策，上海、中央单位帮扶果洛等重大战略机遇，紧紧围绕科学发展、改善民生、生态保护三大历史任务，不断深化改革和加大工作力度，应对经济社会发展中存在的各种困难和问题，努力调整优化经济结构，推进经济发展方式转变，使全州经济呈现出持续、快速、稳定增长的态势，综合经济实力显著增强，人民生活水平明显提高，各项社会事业得到了全面发展。

1. 经济快速发展，整体效益提高

（1）经济发展速度加快，产业结构提升，综合实力显著增强。全州以发展为第一要务，采取积极有效措施，努力提高经济运行质量和整体效益，实现经济又好又快增长的目标。近年来，全州完成地区生产总值261 477万元，比2009年增长64.99%，年均增长16.9%。其中，第一产业完成增加值48 647万元，比2009年增长15.64%，年均增长4.12%；第二产业完成增加值127 293万元，比2009年增长1.76倍，年均增长36.63%；第三产业完成增加值85 537万元，比2009年增长22.36%，年均增长8.32%。

（2）畜牧业生产稳中有增，整体效益提高。全州认真贯彻中央、省委一号文件精神，以调整优化农牧业经济结构和促进发展方式转变，推进社会主义新牧区建设作为农牧业发展的主攻方向，努力探索和实践生态畜牧业发展路子，着力提高畜牧业生产经营组织化程度，大力加强牲畜饲放管理、疫病防治、圈窝子种草和防灾抗灾及牲畜出栏出售等常规管理工作，加大牲畜改良力度，以调整畜牧业结构来提高畜牧业效益，巩固畜牧经济的基础地位。在此基础上，认真贯彻落实国务院建立青海三江源国家生态保护综合试验区的有关方针政策，加大减畜力度，实现草畜平衡和维护好生态环境，强化畜牧业基础条件，使畜牧业发展保持了稳中有增的态势。2011年实现农牧业总产值57 628.99万元，比2009年增长21.12%，年均增长4.28%，实现农牧业增加值48 647.11万元，比2009年增长15.64%，年均增长4.12%。

（3）工业生产保持高位运行。充分利用地区矿产优势资源，拓宽工业经济增长点，有效提高了工业发展能力。在青海威斯特铜业有限责任公司拉动下，全州工业保持了强势增长势头。2011年，全州完成工业增加值87 201.7万元，比上年增长74.78%，比2009年增长2.46倍，年均增长51.41%。其中规模以上工业完成增加值85 871.3万元，比2009年增长2.57倍，年均增长53.15%。规模以下工业完成增加值1 330.4万元，比2009年增长16.1%，年均增长5.48%。全州紧紧把握发展机遇，努力加大项目投资力度，扩大投资规模，改善经济社会发展的基础条件，使全州固定资产投资保持了高幅增长,创历史最好水平。2011 年,全州完成州属固定资产投资 246 137 万元,比上年增长 48.31%,比 2009 年增长 1.26 倍,年均增长 50.41%。

(4) 全州在项目投资中,不断优化投资结构,提高投资效益。从三次产业完成投资看,2011 年,第一产业投资 52 603 万元,比 2009 年增长 66.4%,第一产业投资比重为 21.37%,比 2009 年降低 7.69 个百分点;第二产业投资为 111 829 万元,比 2009 年增长 3.74 倍,第二产业投资比重为 45.43%,比 2009 年提高 23.72 个百分点;第三产业投资为 81 705 万元,比 2009 年增长 52.53%,第三产业投资比重为 33.2%,比 2009 年降低 16.03 个百分点。基础设施投资大幅度增长。2011 年,全州完成基础设施投资 140 823 万元,比上年增长 1.24 倍。其中,完成能源供应投资 100 432 万元,比上年增长 4.94 倍;完成供水、排水投资 2 554 万元,比上年下降 19.9%;完成环境和公共设施管理投资 3 453 万元,比上年增长 98.3%。

(5) 社会消费品零售总额增长速度加快。在消费政策全面落实、城乡居民收入增长、社会保障覆盖面扩大、消费环境不断改善、居民消费价格总体水平上涨等各种因素的共同作用下,全州市场规模不断扩大,市场销售总体趋旺。2011 年,全州实现社会消费品零售总额 31 557 万元,比上年增长 17.69%,比 2009 年增长 34.59%。其中,国有经济实现社会消费品零售总额 8 577 万元,比 2009 年增长 58.36%;个体经济实现社会消费品零售总额 19 268 万元,比 2009 年增长 27.59%;私营经济实现社会消费品零售总额 3 712 万元,比 2009 年增长 26.09%。

(6) 坚持以人为本,把增加城乡居民收入,提高群众生活水平作为一项重要的经济工作来抓,进一步解放思想,更新观念,积极落实党和国家各项惠民政策,强化和完善各项措施,确保城乡居民收入稳定增长。城镇居民收入水平随着经济快速增长、行政事业工资增加、非公有制经济发展、就业渠道拓宽和社会保障体系完善等有了大幅度提高,居民生活质量有了大的改善。2011 年,全州城镇居民人均可支配收入 15 299.4 元,比上年增长 11.19%,比 2009 年增长 24.65%,年均增长 11.65%。积极拓宽牧民增收渠道,通过加强虫草限采措施,组织牧民群众参与劳务活动等措施稳定提高农牧民收入。同时,国家实施草原生态保护补助奖励机制、林权制度改革以及农牧区新型医疗合作和社会保障制度等一系列支农惠农政策,加之加大减畜力度,牲畜出栏出售增多,使全州农牧民收入呈现大幅度的增长。2011 年,全州农牧民人均纯收入2 963.92 元,比上年增长 12.72%,比 2009 年增长 21.99%,年均增长 10.45%。

(7) 非公有制经济壮大,特色经济取得进一步发展。把抓好非公有制经济作为优化经济结构、提高经济运行效益的重要工作来抓,积极制定非公有制经济发展的优惠政策,提升非公有制经济发展水平、规模和档次。2011 年,全州共有个体工商户 2 793 户,比 2009 年增长 15.6%;从业人员 4 746 人,比 2009 年增长 7.94%;注册资金 9 384 万元,比 2009 年增长 76.76%;私营企业 52 户,比 2009 年增加 8 户;从业人员 964 人,比 2009 年增长 75.27%。注册资金 22 164 万元,同比增长 52.09%。在强化畜牧业基础的同时,坚持以优势资源为依托,积极发展高原旅游业、中藏药材和水能资源开发为主的特色经济,制定和完善发展规划,落实发展措施,使特色经济取得了一定成效。特别是高原旅游呈现出较好发展的态势,努力加大旅游资源宣传力度和提高旅游服务水平,加快旅游事业发展。2011 年,来州旅游的人数 27.86 万人次,比 2009 年增长 2.75 倍;旅游总收入14 877 万元,比 2009 年增长 3.36 倍。

2. 各项社会事业全面发展

(1) 科技工作方面。科技工作立足牧区实际,从抓好科技示范,科技培训、宣传、项目申报实施入手,积极推广应用牛羊育肥和牛羊改良、蔬菜大棚、中藏药材种植技术等科技项目，加速科技成果向现实生产力的转化，促进了牧区生产力水平的提高。

（2）教育工作方面。大力营造基础教育的政策环境、体制环境和投入环境，强化管理，夯实基础，加大投入，有力地推进了各项教育工作的发展。2011 年，全州共有各类学校 67 所，其中小学 53 所、中学 9 所、职校 5 所；在校学生人数 32 912 人，比 2009 年增长 3.33%；招生人数 10 632 人，比 2009 年增长 60.36%；毕业生人数 5 951 人，比 2009 年增长 72.49%；各类教职员工 1 718 人，比 2009 年增长 14.23%。全州学龄儿童入学率 99.8%，比 2009 年提高 1.15个百分点，其中牧民子女入学率 99.6%，比 2009 年提高 1.15 个百分点。

（3）文化工作方面。全州有文化事业单位 15 个，其中艺术事业单位 1 个，图书馆 7 个，群众文化事业单位 7 个，电影发行机构 7 个，影剧院 4 个，电影放映单位 14 个，广播站 8 个，电视转播台 208 个。广播覆盖率 80.44%，比 2009 年提高 4.35 个百分点。电视覆盖率 87.78%，比 2009 年提高 16.23 个百分点。

（4）卫生工作方面。全州共有卫生机构 79 个，其中，县及县以上医院 11 个，乡镇卫生院 45 个，疾病预防控制中心 7 个，卫生监督所 7 个，新型农村牧区合作医疗管理办公室 7 个。卫生人员 869 人，其中，卫生技术人员 737 人。全州有病床 521 张，其中，县及县以上医院 353 张。农村牧区合作医疗和城镇居民基本医疗制度稳步实施。农村牧区合作医疗参合率 99.28%，比 2009 年提高 0.4 个百分点。城镇居民基本医疗保险参保率 90%，比 2009 年提高 5.14 个百分点。

（5）就业工作方面。积极落实就业政策，完善社保制度，提高服务水平，有序推动人力资源和社会保障事业的健康可持续发展。2011 年，城镇登记失业率控制在 3%以内；城镇新增就业 1 238

人，四类下岗失业人员就业 358 人，完成目标任务的 119%，农牧民有序流动就业 12 116 人；参加城镇职工基本养老保险 6 731 人，农牧区社会养老保险 71 062 人，参加城镇职工基本医疗保险 13 654 人，参加城镇居民医疗保险 14 489 人，参加失业保险 5 578 人，参加工伤保险 8 478 人。

（6）社保工作方面。扶贫工作取得新进展。2011 年，稳定脱贫人数 10 657 人，年末实有贫困户 13 020 户，年末实有贫困人数 51 343 人；整村推进村数 38 个，整村推进扶持户 4 661 户，整村推进扶持人数 18 435 人，投入整村推进资金 4 163 万元。社会福利事业进一步推进。2011 年末，城镇最低生活保障已保户数 3 593 户，城镇最低生活保障已保人数 10 134 人；农村居民最低生活保障已保户数 6 487 户，农村居民最低生活保障已保人数 18 300 人；收养性单位数 23 个，集中和分散供养人数 2 810 人。

第三节　青海省藏区生态保护的现实意义及成效

地处三江之源，在我国“两屏三带”生态安全格局中居于重要地位，青海省生态保护和建设关乎全国生态安全，关乎中华民族长远可持续发展，事关东亚乃至全球生态系统平衡。生态既是青海省的特殊省情，也是青海省的比较优势和最大潜力。

一、青海省生态保护的意义

（一）是筑牢我国生态安全屏障的紧迫要求

青海省地处青藏高原东北部，境内三江源区河流密布，湿地广阔，保障了中华民族母亲河黄河、长江的源远流长以及中华文明的延续和发展；青海湖地区湖泊与河流生态系统发达，调节着环湖及青海省东部地区的气候和环境；祁连山地区森林茂密，河流众多，为河西走廊建立了水源涵养和天然生态屏障。同时，青海省是黄河流域9省区中唯一一个产水多于用水的省份，区域涵养水源功能显著，是我国生态环境保护和建设的战略要地，也是维系东南亚地区生态安全的重要保障。青海省被誉为“三江之源”“中华水塔”“全球气候启动区”，是我国重要的生态安全屏障，在维护国家生态安全中具有独特的和不可替代的作用。生态文明建设不仅关系到青海省自身的发展，还关系着全国的可持续发展和中华民族的长远发展，乃至全球的生态安全。保护环境资源，建设生态家园，是青海省对国家和中华民族的重要责任、重大贡献。

（二）是加快转变经济发展方式的重要抓手

进入新的历史发展阶段，在新的条件下，青海省实施生态立省战略，是在生态环境保护的基础上深入推进资源转换战略，充分挖掘资源潜力，变资源优势为经济优势，大力发展生态农牧业、生态工业和生态旅游业，加快经济发展方式由传统粗放型向现代集约型转变，探索欠发达地区走科学发展之路的具体实践。生态立省战略的实施不仅不会抑制青海省经济的发展，相反会促进生态经济体系的形成和完善，带动一大批生态保护和建设项目，促进生态文化产业的发展和壮大，从而更好地保护好生态环境；不仅不会减缓发展速度，相反更能提高青海省经济发展的质量和效益；不仅不会损失我们的利益，相反更能实现当前利益、全局利益和长远利益的统一，是青海省实现科学发展和又好又快发展，构建富裕、文明、和谐新青海宏伟目标的重要抓手。

（三）是建设生态文明的重要途径

党的十七大报告中首次明确提出建设生态文明，在全社会基本形成节约能源资源和保护生态环境的产业结构、增长方式和消费模式，这是我们党站在新的历史发展阶段对人类长远和可持续发展做出的战略指向。青海省实施生态立省战略，是积极贯彻落实党中央提出建设生态文明的具体实践，通过立足青海省经济、社会、资源和环境基础，清醒认识自身所处发展阶段，明确在中华民族乃至整个人类长远发展过程中应承担的生态责任，牢固树立生态保护意识，充分继承和发扬“天人合一”等优秀传统文化精髓，学习和吸纳体现绿色、环保、生态等现代理念的生态文化，在全省范围内大力宣传和普及生态知识，繁荣生态文化，建立人与自然和谐相处、协调统一的价值观、政绩观和发展观，引导政府、企业、个人等参与到生态文明建设之中，进而转变社会生产、生活和消费方式，提升全社会的生态素质和生态道德水平，早日在青海省建成经济、社会、资源、环境协调、持续、繁荣的生态文明社会。

（四）是实现可持续发展的必由之路

可持续发展的理论核心在于正确认识和处理人与自然、人与社会、人与人之间的相互关系，规范自身行为，科学、理性地开发利用自然，实现自然生态系统与人类经济社会系统的公平、公正、和谐发展。青海省实施生态立省战略，就是要以环境承载力为基础，以实现可持续发展为宗旨，以遵循生态规律为准则，以绿色科技为动力，把可持续发展的理念、实践经验、成功做法贯穿到生态立省战略实施的各个环节，通过大力发展生态经济，弘扬和发展生态文化，繁荣生态文明，在全社会建立有利于生态环境保护的生产、生活和消费方式，进一步加强生态环境保护和建设，促进人类经济社会系统与生态环境系统的良性互动，进而维护好青海省的生态地位，发挥好“中华水塔”“亚洲水塔”“地球之肾”的重要生态功能，最终加快促进青海省自然、经济、社会、环境可持续发展的实现。

二、青海省藏区生态环境保护的成效

(一) 重大生态工程扎实推进

“十二五”以来,青海省委、省政府始终把大力推进三江源、青海湖、祁连山等重大生态工程作为重要抓手,取得了显著成效。2011年11月16日,三江源国家生态保护综合试验区获得国务院批准,青海省生态保护和建设上升到国家战略,三江源生态保护和建设一期工程历时8年,圆满收官,二期工程启动实施,退牧还草、鼠害治理、人工增雨、围栏封育、城镇建设等工程项目稳步推进,区域环境持续好转。青海湖流域及周边环境综合整治扎实推进,加大退牧还草和退化草原、沙化土地治理力度,严格限制入湖河流新建引水工程,增加入湖河流径流量,逐步建立良性循环的草地生态系统和鱼鸟共生的湿地生态系统。祁连山生态环境保护和综合治理规划获得国家批准,天然林保护、退耕还林、人工增雨、自然保护区建设等工程稳步推进,黑河、大通河、石羊河等流域水源涵养功能持续改善。柴达木地区防风固沙、退耕还林还草、人工造林等力度加大,区域植被覆盖度持续增加;同时,加强矿产资源开发和工程建设中的环境保护与治理,节水型社会建设取得积极进展。东部河湟流域生态建设扎实推进,实施水土流失综合治理、退耕还林、南北山绿化造林、农村环境综合整治等工程,积极开展东部干旱山区水利综合开发,努力提高流域水源涵养和水土保持功能。加大农村环境连片整治,注重湟水流域水污染防治、农业污染减排、城镇环境综合整治与“党政军企共建示范村”等工作有机结合,在大通、湟源、平安、乐都县启动了生态示范县创建工作。加强自然保护区综合管理,大通北川河源省级自然保护区晋升国家级自然保护区通过国评委评审,可鲁克湖良好湖泊保护项目启动实施。成立了青海省生物多样性保护工作委员会,开展了生物多样性战略与行动计划编制工作。

(二) 环境综合治理力度加大

加大湟水河等重点流域污染治理力度,认真落实"全收集、全处理、全测控"目标要求,三年整治730个排污口,全面完成了截污纳管工程,西宁市再生水回用工程及第四、第五污水处理厂开工建设,西宁市及沿湟8个县城生活污水收集处理率分别达到92%和85%,提前实现国家"十二五"规划目标,全流域水质达到水环境功能区划要求,湟水流域水污染防治取得重要阶段性成果。深入推进历史遗留铬渣治理,按照国家提前一年完成历史遗留铬渣无害化处置任务的时限要求,提前关停青海中星化工有限公司铬盐生产线,严格处置全过程监管,历史遗留铬渣全部得到无害化处置。全省设市城市生活垃圾无害化处理率达到84.6%,县城达到47.1%。强化大气污染综合治理,出台了《以西宁市为重点的东部城市群大气污染防治实施意见》,强化西宁、海东大气污染防治,全省燃煤机组脱硫、脱硝设施装机容量分别为总装机的97.3%和41%。强化管理减排,加强对污水处理厂和电厂脱硫设施的运行监管,全省城镇生活污水处理率和脱硫设施综合脱硫效率明显提高。全面推进工业园区、工业集中区污染集中控制和深度处理,加强对工业固体废物、危险废物的监管,全省四项主要污染物排放总量均控制在了国家下达指标以内,污染减排成效较好。强化节能减排,2011以来累计淘汰电解铝落后产能7万吨、铁合金18.2万吨、水泥67万吨、钢铁47.96万吨、碳化硅10.23万吨等,全面完成"十二五"淘汰落后产能任务。

(三) 循环经济体系初步形成

"十二五"以来,以创建国家循环经济发展先行区为指引,制定出台《青海省建设国家循环经济发展先行区行动方案》，以循环经济理念统领经济发展，促进三次产业循环、低碳、高效发展，加快经济发展方式转变，推进资源节约高效综合利用。大力构建循环产业，依据柴达木循环经济试验区资源禀赋和基础条件，编制了《柴达木循环经济试验区主导产业体系规划》，明确了七大主导产业体系发展思路、目标、路径、产业链延伸与融合等内容。加大资金支持，2010 年以来，省循环经济专项资金累计投入 20 多亿元，用于支持重点产业园区融资平台、基础设施建设、产业项目升级改造等，有力推进了循环经济快速发展。同时，充分发挥重大项目带动作用，着力推进盐湖综合利用一期、年产 10 万吨 ADC 发泡剂、金属镁一体化、高纯氢氧化镁及镁砂、一里坪盐湖资源综合利用、煤基多联产、锂资源下游产品开发等项目建设。部分项目建成投运，带动效应正在释放。完善配套政策，省政府及相关部门先后出台了《关于加快推进柴达木循环经济试验区发展的若干意见》《青海省循环经济发展专项资金管理办法》《青海省增强循环经济试验区科技创新能力的若干政策措施》等，为全省循环经济发展提供了有力支撑。

（四）法规制度建设逐步加强

青海省相继在国土空间管理、生态保护建设、生态补偿机制、环境保护、循环经济、节能减排、管理制度等领域研究出台多项地方法规政策，主要有《青海省湟水流域水污染防治条例》《青海湖流域生态环境保护条例》《青海省湿地保护条例》《青海省应对气候变化办法》《青海省取水许可和水资源费征收管理办法》《青海省主要污染物排污权有偿使用和交易管理办法（试行）》《青海省主要污染物排污权有偿使用和交易试点实施方案（试行）》《青海省矿山环境治理恢复保证金管理办法》等，全省加强生态环境保护的制度体系不断完善。此外，从 2005 年起取消对三江源地区的 GDP 考核，各地区、部门的年度考核中，增加生态保护、节能减排等指标，从以 GDP 考核为主向以绿色、可持续发展为主考核转变。

（五）生态补偿政策稳步实施

“十二五”以来，青海省加快开展生态补偿机制研究和实施工作，重点围绕三江源生态保护和建设工程，省政府先后出台了《关于探索建立三江源生态补偿机制的若干意见》《三江源生态补偿机制试行办法》《青海省草原生态保护补助奖励机制实施意见（试行）》《青海省生态移民燃料补助发放管理办法》《青海省国家级公益林森林生态效益补偿方案》等，启动实施了“1＋3＋9”教育经费保障机制、异地办学奖补、农牧民技能培训和转移就业、草畜平衡、牧民生产资料补贴、扶持后续产业发展、农牧民基本生活燃料费补助等补偿政策，取得了明显成效。继续落实好国家实施的退耕还林、退牧还草、天然林保护、草原退化治理、人工增雨等工程，促进了局部地区生态环境的持续改善。

（六）生态文明建设扎实推进

青海省委全面贯彻落实党的十八届三中全会精神，按照加快生态文明建设总体要求，紧扣青海省情，努力探索具有青海省特点的生态文明制度框架体系。2014 年，省委、省政府出台《青海省生态文明制度建设总体方案》，从全面落实主体功能区制度、健全自然资源资产产权制度、强化生态补偿制度、完善资源有偿使用制度、探索建立国家公园制度、建立生态文明评价和考核制度六个方面进行了全面部署，成为指导青海省生态文明制度建设的纲领性文件。同时，启动实施湿地生态效益补偿试点，2010 年以来，在青海湖、扎陵湖、鄂陵湖实行禁牧、休牧、轮牧为主的湿地补偿，其中，按照禁牧 25 元/年·亩、休牧 10 元/年·亩、轮牧 5 元/年·亩对农牧民进行生态补偿，2016 年向国家林业局申报青海湖流域及周边纳入全国首批湿地保护奖励试点地区。开展沙化土地封禁保护试点，2013 年，格尔木市乌图美仁、大柴旦行委、共和县塔拉滩等四个沙化土地封禁保护区建设项目纳入全国沙化土地封禁保护补助试点；生态服务功能监测与价值评估启动实施，为实施生态补偿政策奠定基础，也为全国开展生态服务监测与价值评估提供经验。

三、果洛州生态环境保护取得的成效

近年来，果洛藏族自治州随着《青海省三江源生态保护与建设规划》工程的组织实施，使三江源地区生态综合成效进一步显现，区域内植被有所恢复，草场涵养水源的能力进一步提高，河流、湖泊、沼泽、湿地的水位明显改观。卫星遥感资料显示，扎陵湖和鄂陵湖水体呈明显增大趋势。自三江源项目实施至今，国家在果洛藏族自治州 3 172 户 14 704 名移民中共投资 3.8 亿元，平均每户享受国家投资 11.966 万元，平均每人享受国家投资 2.581 万元。其中，在三江源生态移民群众的房屋和基础设施方面投资 3.4 亿元，生产、生活方面投资 3 645.5 万元。

第四节　“十二五”以来果洛州及久治县生态经济发展取得的成效和困难

一、果洛州生态经济发展取得的成效

“十二五”以来，面对科学发展、生态保护、维护稳定等艰巨繁重的任务，果洛藏族自治州州委、州政府认真贯彻落实中央大政方

针和青海省委、省政府决策部署，团结带领全州各族人民，紧紧围绕“坚持正确方向、全面深化改革、奋力打造三区、建设全面小康”的战略任务，聚精会神抓发展，戮力同心促改革，立足长远保生态，众志成城建和谐，凝心聚力、开拓奋进。“十二五”确定的主要经济指标已全面超额完成，各族群众在发展建设中有了更多获得感。

（一）综合实力大幅跃升

全州地区生产总值由2010年末的20.43亿元增加到2015年末的35.66亿元，年均增长10.44%。人均地区生产总值由2010年的12 547元增加到2015年的18 089元，年均增长7.59%。全州地方公共财政预算收入由2010年的0.85亿元增加到2015年的4.04亿元，年均增长36.69%，支出结构不断优化，财政支出实现了由“保工资、保运转”向“保民生、保发展”的重要转变。五年累计完成固定资产投资达236.32亿元，年均增长32.74%，超“十二五”规划目标87.32亿元。城镇居民人均可支配收入年均增长11.55%，达到25 762元，较2010年增收10 846元；农牧民人均纯收入年均增长14.72%，达到5 465元，较2010年增收2 715元。社会消费品零售总额由2.67亿元增加到5.28亿元，年均增长14.53%；全州共登记各类市场主体6 392户，注册资金25.7亿元，从业人员达1.6万人，消费市场日趋活跃。政府平价补助得到落实，全州居民消费价格总体水平控制在3.4%以内。

（二）生态建设持续加强

生态立州战略全面推进，保护治理持续加强，重大生态保护建设项目深入实施，黄河源头再现千湖美景，天蓝、地绿、水美、山青的三江源生态屏障日益牢固。累计投资66亿元，推进实施三江源生态保护建设一期、二期规划以及退牧还草、森林资源保护、水利建设等一大批生态保护建设项目,生态环境持续恶化的势头得到有效遏制,生态环境趋于良性循环。五年累计投入草原生态直补资金 18.08 亿元,全州 14 多万农牧民群众人均受益 1.3 万元,初步实现了生态保护和群众增收双赢目标。中小河流治理、农村饮水安全、水土保持、山洪地质灾害防治、小型农田水利、砂金砂石过采区环境恢复治理、旅游景区、交通沿线和农村环境连片整治成效显著,全州各监测点地表水二类水质实现全部达标,农牧区环境脏乱差的现状得到有效遏制。

(三)基础建设势头强劲

"十二五"固定资产投资额度、项目总数较"十一五"均实现总量翻番,一大批事关果洛长远发展的重点项目陆续开工,基础设施建设实现新跨越。交通建设提速,果洛民用机场实现校飞,花久高速建成通车,"二纵三横"交通网络日臻完善,"十二五"末,全州公路通车里程达 10 200 千米。98%的乡镇、30%的行政村、85%的寺院通柏油路或水泥路,30%的合作社通砂路,68%的乡镇建成汽车站。能源建设增效,实现了 110 千伏双回路供电,新增 5 座 35 千伏变电站,用电保障能力进一步提升。投资 8.3 亿元实施了网内三县农村电网和线路升级改造工程,解决了偏远无电地区 3 561 户约 17 000 人的用电问题。积极推进总投资 25.5 亿元的网外三县与青海主网联网工程,无电地区用电问题大幅改善;有效实施"金太阳示范工程",积极推动玛尔挡、格曲河电站建设,能源开发步伐明显加快。信息化建设扩容,大力推进"智慧城市、宽带果洛"建设,五年来,累计完成投资 9 亿元,建成光缆总长 5 520 千米,电信业务总量实现 1.69 亿元,电话交换率容量达到 13 000 门,建成 383 个移动基站,光纤入户达到 7 900 户,通讯基础设施进一步加强。全州 32 个空白乡镇邮政局所全部运营,邮政服务网点实现全覆盖。电子商务、互联网+等新兴业态活力初显。全州44个乡镇全部实现了金融服务全覆盖。

(四) 特色产业成效显现

产业结构渐趋优化,三次产业比例由2010年的21.54∶41.7∶36.76转变为2015年的16.48∶38.37∶45.15,第三产业首次超过第二产业,实现了历史性跨越。畜牧业抗灾能力明显增强,高原生态畜牧业规模化、专业化、产业化经营模式扎实推进,生态畜牧业合作经济组织覆盖全州。加大品牌培育,"果洛大黄""果洛蕨麻""久治牦牛""甘德牦牛""玛多藏羊"等5种农畜产品获得国家农业部地理标志认证;甘德县1 010万亩草场和久治县22种牦牛产品分别获得农业部有机基地认证和产品认证。班玛藏茶种植规模达到1万亩,本土特色产品市场占有份额逐年递增。三江源有机产业园区建设稳步推进,已有10家企业签约入驻。旅游业发展迅速,已建成2个4A级景区、13个3A级景区,"两山两湖一沟一长廊"特色旅游多点开花、享誉度明显提升。"十二五"累计接待旅游人数128.77万人次,旅游总收入达7.37亿元,年均分别增长18.14%和27.34%,高原特色旅游业已成为发展新亮点。

(五) 城乡面貌日新月异

全面落实主体功能区规划,完成8个建制镇总体规划修编及6县县域内的村庄体系规划,大力推进"美丽城镇""美丽乡村"建设,初步形成了以玛沁县新兴城市为中心,以柯曲镇、吉迈镇、赛来塘镇、智青松多镇、玛查理镇、花石峡镇、拉加镇为重点的州域城镇体系布局。"十二五"末,城镇化率(户籍)达到31.5%。实施了新牧区建设规划,完成了"千村建设、百村示范村"改造项目,建成了12个党政军企共建村和4个"美丽城镇"、28个"高原美丽乡村",

城乡人居环境明显改善。完成各类城镇住房建设 15 510 套及配套设施建设，城镇人均住房面积达到 25.3 平方米，大力实施农村奖励性住房、农村困难群众危房改造和游牧民定居工程，农牧民定居率达到 75%，城乡住房逐步实现了从“有房住”到“住好房”的历史性转变。

（六）民生保障全面提升

坚持民生为本，州财政每年用于民生的投入达到 70%以上。

(1) 教育教学方面。启动实施了教育“八大工程”，大力实施标准化学校建设项目，全州各级各类学校的办学条件得到显著改善，义务教育均衡发展取得阶段性成果。“十二五”末，全州学前教育入园率达 60.5%，适龄儿童毛入学率达 106.3%，适龄少年毛入学率达 91%，义务教育巩固率达 93.5%，高中阶段毛入学率达 55.8%以上，师资素质、教学质量有了显著提高。

(2) 卫生计生方面。全力推进了州、县、乡村医疗卫生机构基础设施设备标准化建设，实施了全州卫生计生专业技术人员素质提升、医疗卫生服务机构达标和地方病、传染病及重大疾病防治等四大工程建设，全州医疗卫生整体水平大幅度提高，牧民群众健康水平获得有力保障。高度重视计划生育工作，人口自然增长率控制在 11.5‰。

(3) 就业创业方面。五年累计新增就业 4 960 人，农牧区富余劳动力转移就业 67 865 人次，高校毕业生累计就业 3 538 人，城镇登记失业率控制在 3.5%以内，就业创业得到加强。

(4) 社会保障方面。建立完善了以城乡最低生活保障为主体、临时救济和社会救助为补充、优惠政策为辅助、社区组织为依托的社会救助保障体系。城镇职工医疗保险、工伤保险、失业保险实现全覆盖，生育保险、城乡居民养老保险参保率达 99%，新农合参合率达 99.47%。

(5) 文体广电方面。格萨尔文化(果洛)生态保护实验区获批建设,建成了果洛格萨尔(狮龙宫殿)非物质文化遗产传习基地等一批文化项目,公共文化设施覆盖面有效扩大,文化遗产保护得到加强。实施了 38 008 户直播卫星“户户通”“村村通”及 4 654 套广播电视进寺院工程,广播、电视综合人口覆盖率从“十一五”末提高到 2015 年的 97.33%和 98.25%。

(6) 扶贫攻坚方面。巩固和加强“四位一体”扶贫工作机制,实施各类扶贫项目,受益人口 10.94 万人,贫困人口人均收入达 2 460.3 元,较 2010 年增长 961.32 元,年均增长 13.27%,超扶贫规划任务 5.27%。贫困发生率从 2010 年末的 47.63%下降到 2015 年末的 22.49%。

(七) 改革融入全面深入

生态文明制度、司法体制、医药卫生体制“三大”国字号改革有序推进,生态移民属地化管理、林业生态规划红线、黄河源国家公园体制试点等富有地方特色的改革措施亮点凸显。省上部署的改革任务得到有效承接和落实,全面推行了政府机构改革和政府职能转变,有序推进了财税金融体制改革,加快推进了商事登记制度改革,深化了依法治州改革,持续开展了农牧区综合改革,全面深化了体制改革,扎实推进了教育体制改革、公安领域改革、经济体制改革,发展活力进一步释放,简政放权和法治政府建设取得重要进展。推进全方位多层次开放融入,积极融入青甘川滇四省藏区联动发展,藏区多边合作、商贸交流活动、上海对口支援以及交界地区平安振兴工程取得更多成果。“十二五”共引进招商引资项目 139 个,资金 19.98 亿元;落实国家部委、央企、上海市、省内结对帮扶等对口援助项目 227 个,累计投资 12.69 亿元;争取青甘川交界地区平安振兴工程项目 22 个，投资 2.39 亿元，开辟了发展新空间。

(八) 依法治州扎实推进

党的建设全面加强，“三基”建设深入推进，党员先进性教育、“三严三实”专题教育、民族团结进步创建活动扎实开展，廉洁从政和反腐败工作深入推进，政府依法行政、政务公开及建设廉洁政府、法治政府步伐加快。全力维护社会安定有序局面，持续巩固和推广“班玛经验”“达日牧区网格化服务管理”“久治农村十户长制”等先进经验和管理模式，党的基层组织建设进一步得到加强，社会治理能力和水平得到提高。党群、干群关系进一步密切，全州经济社会和谐稳定，各族人民和睦相处、和衷共济、和谐发展。

二、久治县生态经济发展取得的新成效

“十二五”以来，久治县紧紧抓住国家实施新一轮西部大开发、三江源国家级生态保护综合试验区建设、国家支持青海等省藏区经济社会发展等历史机遇，青海省委、省政府关于加快果洛藏族自治州经济社会发展的意见、实施青海省与川甘交界地区实施平安与振兴工程、青海省内结对帮扶等政策机遇，进一步解放思想、主动作为、攻坚克难、综合施策，大力实施生态保护、基础设施、特色产业、脱贫致富、新牧区建设重大工程，经济持续快速发展，基础设施显著改善，社会事业全面进步，城乡居民生活水平稳步提高，生态文明建设取得明显成效，全县各项事业取得新进展、新成效。

(一) 县域经济快速发展，综合实力迈上新台阶

“十二五”以来，全县始终坚持把抓速度、扩规模、上水平放在首要位置，不断强化工作举措，多措并举，综合施策，有力促进了经

济持续快速发展。全县地区生产总值由2010年的1.67亿元增加到2015年的3.17亿元，年均增长13.8%，比“十二五”规划预期目标高出1.8个百分点。三次产业结构由42.3∶19.8∶37.9调整到34.6∶25∶40.4，产业结构调整步伐加快。人均生产总值由7 519元增加到11 782元，增长了56.7%，年均增长9.4%。县属固定资产投资五年累计完成24.96亿元，年均增长28.7%，比“十二五”规划预期目标高出3.7个百分点。地方财政一般预算收入由469万元增加到5 944万元，增长了11.8倍，年均增长66.3%，比“十二五”规划预期目标高出58.3个百分点。社会消费品零售总额由4 064万元增加到6 997万元，增长了72.2%，年均增长11.6%，比“十二五”规划预期目标高出1.6个百分点。从“十二五”全县经济发展情况看，多项指标超出规划预期目标，全县经济总量持续扩大，综合实力进一步增强。

（二）生态建设全面推进，环境状况得到新改善

“十二五”以来，按照青海省创建生态文明先行区的总体部署，牢固树立生态保护优先理念，大力实施“生态立县”战略，坚持工程治理与自然修复相结合，不断加大生态保护和建设力度。围绕三江源国家级生态保护综合试验区建设，组织实施了天然草原退牧还草补播、封山育林、黑土滩综合治理、圈窝子种草、灭鼠灭虫、养畜配套、网围栏建设等一批重点生态建设项目。五年累计完成投资11 157万元，完成黑土滩治理17.32万亩，封山育林15万亩，天然林保护175.98万亩，退牧还草补播17.8万亩，退牧还草围栏建设940户，建设养畜工程437户。生态保护奖补机制不断完善，补偿标准逐步提高，五年累计发放补偿资金20 570.5万元。全面完成集体林权制度改革，顺利通过省级核查验收，勘界确权面积183.59万亩，实现全覆盖。草原生态管护员队伍基本建立。扎实

推进牧区环境连片整治工程、节能减排等重点环境治理工程，严格执行建设项目环境影响评价相关制度，最大限度地减少工程建设对环境的影响。全县主要污染物排放量控制在目标以内，大气环境质量、地表水水质全部达标，县域生态环境质量进一步好转，可持续发展能力明显增强。

(三) 固定资产投资大幅增长，基础设施实现新提升

“十二五”以来，坚持把扩大投资规模、优化投资结构、提升投资效益作为中心任务，五年全县累计完成固定资产投资 24.96 亿元，建成了一批事关全县经济社会发展的重大基础设施项目，发展基础条件得到明显改善。

(1) 交通方面。五年累计完成投资 2.4 亿元，实施了通村、通寺公路、牧民定居点硬化道路、旅游公路、独立桥梁等项目。2015 年全县公路通车里程达到 1 686 千米，比 2010 年新增 496 千米。积极配合新青川大通道久治县段建设，稳步开展久治县民用机场建设前期工作。

(2) 水利方面。五年累计完成投资 9 066 万元，组织实施水库大坝除险加固、中小河流治理沙曲段防洪、山洪灾害治理、饮水安全等水利工程，累计解决了 5 538 户 25 956 人的饮水完全问题。

(3) 能源方面。五年累计完成投资 3.9 亿元，装机 3 200 千瓦的大仓水电站建成投运，实施了金太阳工程、太阳能户用电源工程和门堂乡、哇赛乡光伏电站建设以及石油液化气储配站建设、加油站改造等项目，彻底解决了县城用电问题，部分乡镇村告别无电历史。

(4) 市政设施方面。五年累计完成投资 21 422 万元，完成县城建设总体规划修编工作，建成县城道路、供排水、集中供热、城网改造、中心广场、垃圾污水处理厂等市政设施项目。

(5) 信息化方面。五年累计完成投资 2 360 万元,实施了城市通信管道、道路通信覆盖、移动基站、乡级邮政所等建设项目。

(6) 保障性住房建设方面。五年累计完成投资 28 938 万元,实施游牧民定居工程、城镇廉租住房、公共租赁住房、棚户区改造等保障性住房建设项目,有效改善了全县干部群众居住条件。

(四) 结构调整稳步推进,特色产业发展迈出新步伐

"十二五"以来,坚持生态化、绿色化、特色化、规模化发展方向,充分挖掘资源优势,大力培育发展生态产业,特色经济规模逐步发展壮大。

(1) 草地生态畜牧业快速发展。以强化牧业发展基础、提升牧业发展效益、促进牧民持续增收为目标,着力优化畜群结构,积极开展以草定畜,力促草畜平衡,不断提高牧民组织化程度,全县组建生态畜牧业专业合作社 22 个,入社牧户 608 户 1 023 人,入社牲畜 2.03 万头(只、匹),畜牧业生产经营方式转变步伐加快。2015 年农牧业实现增加值 9 938 万元,较 2010 年增长了 39.1%,年均增长 8.2%,比"十二五"预期目标高出 3.2 个百分点。

(2) 特色产业发展态势良好。立足资源优势,加大资金投入,强化政策扶持,培育形成了以五三六九生态牧业科技有限公司为龙头,以畜产品加工、民族手工业、旅游产品加工为主体的特色工业体系。强化省、州、县联动,地质矿产调查与地质环境综合评价取得实质性进展。建筑业继续保持稳步发展,发展质量和水平不断提高。2015 年第二产业实现增加值 8 166 万元,比 2010 年增长了 2.42 倍,年均增长 23.6%。

(3) 以高原特色旅游为龙头的服务业发展势头良好。着力实施《青藏高原大年保玉则国际生态旅游圈总体规划》和《青海年保玉则旅游区修建性详细规划》,不断加强旅游基础设施建设,积极

开展对外宣传推介，加快培育“年保玉则——天神的花园”旅游品牌，智青松多镇入选全省特色景观旅游名村名镇。五年累计接待国内外游客 29.89 万人次，实现旅游收入 16 238 万元，提前三年实现“十二五”规划目标。在旅游业有力带动下，住宿、餐饮、商贸、交通、通信、文化、体育等传统服务业发展迅速。2015 年服务业完成增加值 1.36 亿元，比 2010 年增长了 108.5%，年均增长15.8%，比“十二五”目标高出 3.8 个百分点。

（五）社会事业全面发展，民生保障取得新成绩

“十二五”以来，坚持把保障和改善民生作为一切工作的出发点和落脚点，不断加大政策支持，大力实施民生工程，有力促进了社会事业全面发展，民生保障水平持续提升。

（1）坚持教育优先发展，持续加大教育投入，实施了中小学校舍建设、危房改造、教师周转房等一批重点工程，办学条件明显改善。突出抓好“两基”国检及巩固提高，加强控辍保学，全县高中阶段毛入学率达 65.19%，初中阶段入学率达 98.5%以上，适龄儿童入学率达 99.5%以上，学前教育毛入学率达 73.57%。

（2）健全医疗卫生服务体系，深化医药卫生体制改革，全面完成县公立医院人员编制核定、科室设置等工作，国家基本药物网上集中采购制度实现全覆盖，县、乡、村三级公共卫生服务体系不断完善，服务能力持续提升。加大人口计生工作力度，计划生育利益导向政策落实率达到 100%，2015 年全县人口出生率为 17.47‰。

（3）加强公共文化服务体系建设，建成群众文化体验馆、职工文化活动中心、六乡镇文化站、二十二家牧家书屋等，文化体育活动场馆建成。实施国标数字地面接收站项目建设，完成 4 022 套“户户通”和“村村通”设备安装，广播电视人口覆盖率达到 98%以

上,“三普”工作顺利通过国家和省级验收,16 个文物保护项目全部达标。

(4) 广泛开展科学普及,牲畜优良新品种引进和培育、先进适用生产技术推广应用、牧区新型科技服务体系建设等工作力度不断加大。

(5) 社会就业稳步增加,五年累计新增城镇就业 710 人,累计转移农牧区劳动力 8 575 人次,城镇登记失业率控制在 3.3%以内。

(6) 农牧民收入稳定增长,2015 年农牧民人均纯收入达 5 120 元,比 2010 年增长了 116.7%,年均增长 16.7%,比“十二五”规划目标高出 4.7 个百分点。

(7) 社会保障制度不断完善,城乡基本养老保险参保率达 99%以上,新农合参保率达 99.6%,城镇居民基本医疗参保率达 97.1%,城乡低保和五保供养实现动态管理下的应保尽保,覆盖面和保障水平不断提高。

(8) 创新扶贫开发工作机制,着力实施了整村推进、易地扶贫、产业扶贫、“雨露计划”、社会扶贫等重点工程,五年累计脱贫人口达到 6 976 人,2015 年全县贫困农牧民人均收入达 2 686 元。

(六) 社会管理不断加强,稳定和谐局面得到新巩固

“十二五”以来,久治县县委、县政府始终把维护社会稳定作为首要的政治任务,以创建民族团结进步先进区为抓手,强化工作责任,落实工作措施,社会大局保持和谐稳定。

(1) 深入开展平安久治县、和谐久治县建设,认真贯彻落实党的民族宗教政策,扎实开展“平安寺院”建设活动和法制宣传教育活动,举办宗教界人士培训班,开展僧侣信息录入和“两证”发放工作,寺院管理逐步实现规范化、法制化。

(2) 强化社会综合治理，积极开展维稳宣传教育，开展矛盾纠纷排查化解工作，防范和严厉打击各种违法犯罪行为，社会主义民主法制建设得到加强，各民族团结进步局面得到巩固。

(3) 全面落实安全生产责任制，持续开展安全生产专项整治，确保了安全生产形势稳定，有力维护了社会和谐稳定发展。

三、久治县生态经济发展面临的困难

在客观分析发展成效的同时，也要清醒认识久治县经济社会发展与青海省其他地区相比仍有一定差距，仍然是青海省发展比较滞后的县份之一，经济社会发展面临不少困难和挑战。

(一) 发展基础比较薄弱

2015 年久治县生产总值只占果洛藏族自治州的 8.97%，人均 GDP 只有青海省平均水平的 27.9%，差距明显。基础设施建设滞后，县境内公路等级低，大多数乡镇和行政村以砂石路为主，沥青路面占比低；电网覆盖率低，保障能力有限，全县有 5 661 户、22 167 人没有解决用电问题；通信网络等级低，多数乡镇不通互联网；城镇化进程缓慢，2015 年城镇化率为 18.3%，低于“十二五”规划目标 22 个百分点。

(二) 产业发展层次较低

传统畜牧业占主导地位，规模化、组织化、产业化水平低，市场竞争力弱，综合效益不高；农畜产品、中藏药材等特色资源开发层次低，企业规模小，缺乏龙头企业和拳头产品；服务业发展不均衡，旅游业发展刚刚起步，受交通、基础设施、地理区位等因素影响，旅游业对久治县经济增长贡献有限；受居民收入、市场容量等限制，传统服务业规模小，生产性服务业发展滞后，推动县域经济发展的主导产业支撑能力不强。

（三）公共服务能力不足

久治县中小学校存在校舍缺口、师资力量薄弱、教学质量不高、职业教育发展缓慢等问题；县、乡、村医疗卫生机构专业技术人员缺乏，公共医疗服务能力不足；科技对经济发展的促进作用不强；产业吸纳就业能力弱，就业渠道单一，就业压力仍然较大。

（四）牧民收入水平不高

2015 年，久治县牧民人均纯收入占果洛藏族自治州收入水平的 91.42%，只有青海省的 61.4%，且呈现差距拉大的趋势。牧民收入主要来源于畜牧业生产和政策性补助，渠道单一，促进牧民群众增收的压力较大。根据国家新的贫困划分标准，全县贫困人口还有 1 533 户、5 020 人，返贫率高，扶贫攻坚任务繁重。

（五）局部生态环境退化趋势没有从根本上得到遏制

久治县域内草场退化、鼠害等问题仍然突出，中度以上退化草场、鼠害发生面积分别占全县可利用草场面积的 37%和 18.6%，牧业发展的资源和环境约束日益趋紧。

（六）社会不稳定因素明显增多

当前正处在社会结构深刻调整期与全面深化改革攻坚期，利益群体更加多元化，各种利益矛盾和社会纠纷增多，加之处在甘青川交界地区核心地带，社会服务管理难度大与矛盾调处能力不足并存，维护社会稳定的任务比较繁重。

第五节　基于可持续发展导向的“十三五”久治县域经济发展总体思路

一、总体思路

全面贯彻党的十八大和十八届三中、四中、五中全会精神，坚持以邓小平理论、“三个代表”重要思想、科学发展观为指导，深入贯彻习近平总书记系列重要讲话精神，认真落实青海省委十二届九次、十次、十一次全会精神，准确把握久治县经济社会发展客观规律和阶段性特征，努力坚持创新发展、协调发展、绿色发展、开放发展、共享发展理念，贯彻落实中央第六次藏区工作会议和全省藏区工作会议精神，以与省州同步建成小康社会为目标，以促进经济发展和维护社会稳定为主题，以推进改善民生、维护稳定、改革创新三大历史任务为重点，力争在生态环境、基础建设、畜牧业发展、文化旅游方面取得新突破，努力实现教育卫生、民族团结、依法治县、“三基”建设和党的建设加快发展，努力促进全县经济社会健康持续快速发展。

二、基本思路

深入学习实践科学发展观，以维系和保护青藏高原自然生态系统功能的完整性，促进人与自然和谐发展为目标，按照生态立省战略要求，结合“四区两带一线”区域发展规划和主体功能区规划，把发展生态经济作为中心任务，依托生态资源优势，大力发展生态农牧业、生态工业、生态旅游业，壮大和培育青海省经济实力，为实现生态立省目标奠定基础。立足区域生态状况和环境容量，分区分类指导，重点抓好自然生态系统保护与农牧区生态环境保护，加强节能减排和污染防治，控制不合理的资源开发和人为破坏活动，强化生态环境质量评价和监管，保护江河源远流长，维护和建设好中华民族长远、可持续发展的生态屏障，为全省、全国乃至东南亚的生态安全做出贡献。牢固树立生态为先的发展意识、理念和行为方式，传承和发扬传统生态文化，加强生态伦理道德建设，培育、推广和普及现代生态文化，建设繁荣、和谐、独具魅力的高原生态文明。

（一）围绕科学发展的核心

进一步解放思想、加快发展是当前青海省面临的最紧迫任务，是解决经济社会发展中各类问题和矛盾的关键环节，是构建富裕、文明、和谐新青海的重要前提。把握发展规律，创新发展理念，转变发展方式，破解发展难题，提高发展质量和效益，闯出一条欠发达地区实践科学发展观的成功之路。

（二）树立生态优先意识

充分认识青海省生态地位的重要性，将生态环境提升到构筑中华民族生态屏障、维护生态安全、实现可持续发展的高度；提升到转变发展方式，实现青海省科学发展的高度；引导各族人民群众树立生态保护意识、生态经济意识、能源节约意识、消费简约意识、亲近自然意识、环境优化意识。

（三）理顺几项重大关系

（1）实施生态立省战略与统一思想认识的关系。充分认识实施生态立省战略的长期性、艰巨性，深刻领会实施生态立省战略的重要意义和必要性，明确实施生态立省战略的重要任务。树立长期奋斗、敢于奉献的决心，以更加务实的态度，更加扎实的作风，精心组织，认真安排，保证生态立省战略的顺利实施。

（2）经济发展与生态环境保护的关系。坚持经济发展和生态环境保护“两只手都要抓，两只手都要硬”，在生态承载能力范围内实现经济社会又好又快发展；始终把生态环境保护和建设作为事关青海省经济社会发展全局的重大问题处理好、解决好，保障经济建设和社会发展成果不受冲击，促进经济社会与生态环境的全面、协调、持续发展。

（3）资源开发与生态环境保护的关系。牢固树立生态意识，以生态理念指导资源开发；树立起经济发展与生态环境保护并重的理念；提升资源开发的技术创新，提升精深加工的水平和能力，运用现代技术和工艺尽可能降低对生态环境的破坏；转变单一的资源指向型经济发展模式，建立资源指向型与市场指向型相结合的经济发展战略。

（4）实施生态立省战略与转变经济发展方式的关系。进一步提高对转变经济发展方式的重要性、紧迫感和长远性的认识，尤其对资源、能源的约束“瓶颈”进行全面深入的分析，加快发展新型替代能源和清洁能源；以转变经济发展方式为抓手，通过经济结构调整，大力发展生态经济和循环经济，实现产业的生态化，为实施生态立省战略提供产业支撑。

（5）实施生态立省战略与项目带动的关系。立足项目，充分发挥项目的带动作用，以项目建设抓生态立省战略落实；优先发展一批生态经济、生态文化、生态环境保护和能力建设方面的重大项目；以项目带动生产要素集聚，促进投资增长，增强经济发展后劲和综合实力，进而加快生态立省战略的实施和发展目标的实现。

（6）实施生态立省战略与转变政府职能的关系。树立正确的政绩观，推动政府管理体制转变，加快制度创新，建立绿色 GDP 考核指标体系和现代服务型政府;把生态保护和建设作为政府的一项重要职责和主要任务长期发展下去,促使政府职能向经济建设、社会发展、环境保护三者统筹兼顾、协调发展转变。

(四) 构筑五大生态圈

按照林业发展规划,结合主体功能区划和各区域的生态环境状况,加大投入和建设力度,通过实施小治理、大封育,分区施策、工程带动、全社会办林业等措施,全力构筑三江源生态圈、青海湖流域生态圈、湟水流域生态圈、柴达木盆地生态圈和祁连山生态圈。

(五) 大力实施三大战略任务

(1) 着力推进生态保护和建设。将生态环境的保护和建设作为实施生态立省战略的前提和基础,重点实施好三江源、青海湖、湟水流域、柴达木地区、祁连山黑河流域等区域的生态环境保护和建设工程,加强西宁市、格尔木市、德令哈市及县城所在地等重点城市(镇)的环境污染综合治理,强化各项节能减排措施,确保经济社会发展与生态承载力相适应,促进人与自然协调发展。

(2) 着力发展生态经济。将着力构建生态经济体系,大力发展生态产业作为实施生态立省战略的核心和突破口,把握发展规律,创新发展理念,加快产业结构的优化升级,大力发展生态农业、生态工业和生态服务业,促使产业发展生态化。

(3) 着力培育生态文化。将培育和发展生态文化作为实施生态立省战略的灵魂,依托青海多姿多彩的民族文化、深厚博大的原生态文化底蕴,通过各种有形和无形的文化形态,灵活多样的教育手段,培育和发展生态文化产业,提倡和宣传生态美观、生态道德、生态平等、生态正义和生态义务,促进自然和原生态文化与现代生态文明的融合。

（六）建设四大生态文化区

充分依托青海省多姿多彩的多民族文化、深厚博大的原生态文化底蕴，挖掘和继承青海高原的文化历史遗产，赋予传统文化以生态理念，积极构建富有鲜明民族特色和丰富文化内涵的高原文化精神，加快建设以东部地区为主的河湟文化区、以柴达木地区为主的盐湖文化区、以环湖地区为主的瑶池文化区和以三江源地区为主的雪域文化区。

（七）完善六大支撑体系

（1）协调发展的生态经济体系。遵循资源节约、环境友好、发挥资源禀赋比较优势的原则构建生态产业，并以此为突破口，在产业政策、投资政策、土地政策、金融政策、环保政策、公共服务均等化层面构建生态经济支撑体系，以生态农牧业、生态工业、生态服务业产业体系替代原有的粗放、单一的经济结构，以产业转型来推进生态立省战略的实施。

（2）可持续利用的资源体系。坚持生态建设与资源开发并重，通过加强重点区域的资源勘探、矿山生态环境恢复、水利工程设施建设、水土流失治理、新能源开发以及提高资源综合利用率等，构建可持续利用的资源体系。

（3）切实有效的科技创新支撑体系。坚持科学技术是第一生产力的理念，加强循环经济、生态农业、有机畜牧业等相关领域的节能、降耗、增效、减污、环保等关键技术的原始创新、集成创新和引进消化吸收再创新，增强生态立省战略的科技支撑。

（4）合理规范的制度保障体系。以协调经济发展和生态环境的保护与利用的关系为核心，不断健全和完善政府综合决策机制、协调管理机制、公民参与机制、经济刺激机制、生态保护和环境污染防治投入机制、法律法规以及经济、文化、科技等方面的制度保障，以健全的制度安排来规范人们的行为，通过制度激励和约束来提高生态立省战略实施的效果。

（5）先进和谐的生态文明体系。坚持以人为本，着眼人的全面发展，积极探索建设生态文明的新模式，培养生态保护意识，普及生态科学知识，提高公众参与意识；构建生态伦理道德体系，保护生态民俗文化，培育以生态文化为特征的城市文化、社区文化、企业文化和消费文化；挖掘精神价值，培养可持续发展的着力点，全面建设生态文明。

（6）全面高效的防灾减灾体系。加强对各类生态灾害的防治研究，搞好灾害预警、预报、预防工作；建立有效的防灾减灾机制，完善防灾减灾预案，提高全民的防灾减灾意识和知识水平，切实做好防灾减灾工作，为生态立省战略的实施做好安全保障。

三、基本原则

（一）坚持"生态优先，绿色发展"的原则

牢固树立生态保护第一理念，用生态文明理念统领经济社会发展，强化激励约束机制，深入推进绿色低碳生产方式，倡导节约健康环保生活方式，加大生态环境治理力度，改善生态环境质量，增强生态服务功能，提供优质生态产品，维护生态安全，推动人与自然和谐共生，筑牢生态安全屏障。

（二）坚持"因地制宜，突出特色"的原则

紧密结合久治县域实际，充分挖掘特色资源优势，大力发展生态畜牧业、特色民族工业、生态旅游业等特色产业，不断培育壮大特色经济规模，提升发展质量和水平，努力探索符合久治实际、具

有久治特点的科学发展路子，逐步缩小与全省平均发展水平的差距，与全州同步建成全面小康社会。

（三）坚持“转型升级，提质增效”的原则

坚持把加快转变经济发展方式作为主线，着力在优化产业结构、资源集约节约利用、延长产业链条、提高产品市场竞争力上下功夫，推动传统产业向规模化、特色化、品牌化方向发展，促进全县经济社会走出一条低投入、低能耗、低污染、高质量、高效益的发展路子，实现发展速度、发展质量与发展效益的同步提升。

（四）坚持“以人为本，和谐共享”的原则

坚持把保障和改善民生作为根本出发点和落脚点，加快社会事业的发展，健全基本公共服务体系，着力提高基本公共服务保障供给能力，注重协调各方利益关系，促进社会公平正义，维护社会和谐稳定，使全县广大干部和各族群众更加广泛地参与改革发展的过程，更加公平地分享改革发展的成果。

（五）坚持“统筹兼顾，协调推进”的原则

坚持统筹城乡发展的总体方向，把城镇建设和新牧区建设紧密结合起来，优化城镇总体布局，提升城镇服务功能，着力改善农牧区基础设施条件，促进生产要素自由流动，公共资源均衡配置，着力引导人口集聚，促进城乡之间优势互补、相互促进、良性互动，加快城乡一体化发展。

（六）坚持“深化改革，创新驱动”的原则

坚持社会主义市场经济改革方向，落实好省、州部署的重点改革任务，进一步转变政府职能，理顺政府、市场、社会之间的关系，充分发挥市场配置资源的决定性作用，把改革红利转化为发展新动力；加强科技创新投入，不断提升科技对经济发展的支撑能力；加强对外合作，扩大招商引资，以开放促改革、促发展。

四、发展理念

(一) 树立发展第一理念

牢固树立创新、协调、绿色、开放、共享的发展理念，把“五大发展”完整、系统、准确地贯穿于果洛发展的各方面，坚持走特色优势发展之路，加快推进产业升级、结构优化，不断增强发展的信心和动力，提升推动发展的能力和水平。

(二) 树立生态优先理念

坚持生态保护优先，确立发展经济是政绩、保护生态也是政绩的理念，把生态保护与建设作为未来经济社会发展的首要内容，担负起重大历史责任，持之以恒地实施好生态保护和建设工程，治理修复好赖以生存发展的生态环境，为青海构筑国家生态安全屏障做出贡献。

(三) 树立依法治县理念

正确处理改革、发展、稳定的关系，牢固树立依法治理理念，走社会管理法治化道路，把依法治州各项任务落实到具体工作中去，善于用法治思维和法治方法治理社会，提高人民群众法律素质，推动形成办事依法、遇事找法、解决问题用法、化解矛盾靠法的法治环境。

(四) 树立人民福祉理念

坚持以人民为中心的发展思想，突出民生导向，在强基础、补短板上用全劲、使全力，在提高群众收入水平、扩大有效公共服务上出思路、做文章，在改善人居环境、提高生活质量上下功夫、出实招，努力使发展成果更直接、更充实、更公平地惠及全州各族群众，让广大群众在共建、共享中有更多获得感、幸福感。

（五）树立开放融入理念

紧紧抓住国家实施"一带一路"倡议的历史机遇，主动融入全省全国对外开放的大格局中。坚持解放思想、转变观念，勇于走出内陆高原，加快与省内外的政治、经济、文化、人员交流，提升开放程度。强化对口支援和平安振兴工作，丰富合作内涵，扩大融合范围，为果洛发展增添动力和活力。

五、发展目标

（一）综合实力实现新提升

草地生态畜牧业加快发展，集约化、规模化、产业化水平持续提高；农畜产品加工业、特色民族手工业、生产性和生活性服务业快速发展；生态旅游业加快发展，推动县域经济发展的内生动力持续增强。"十三五"期间，全县地区生产总值年均增长 7.5%，实现比 2011 年翻一番以上；县属固定资产投资年均增长 10%，地方财政一般预算收入年均增长 4%，社会消费品零售总额年均增长 10%，牧业增加值年均增长 5%以上，旅游业收入年均增长 25%。

（二）发展支撑得到新增强

交通、能源、水利、通信等基础设施条件明显改善，发展支撑能力不断增强；城镇化进程快速推进，城乡一体化步伐明显加快。"十三五"末，实现所有乡镇通三级公路、建制村通四级公路、自然村通硬化路；基本解决县城和重点乡镇用电难和农牧区人畜饮水安全问题；互联网行政村普及率达到 80%以上；城镇化率提高到

35％以上。

(三) 社会发展取得新成就

教育、卫生、科技、文化等各项社会事业全面发展，基本公共服务均等化水平不断提升。“十三五”末，全县学前三年入园率达到80％，义务教育巩固率达到98％，高中阶段毛入学率达到85％，教育水平达到同期环湖地区中等水平；广播和电视综合人口覆盖率分别达到99％以上；社会治理水平显著提高，民族团结进步示范区建设取得新成效。

(四) 改善民生实现新突破

城乡就业稳定增加，居民收入快速增长，社会保障水平大幅提升，实现牧区人口整体脱贫，人民生活水平迈上新台阶。“十三五”期间，城乡居民人均可支配收入年均增长8％，实现比2011年翻一番以上；城乡居民基本养老保险参保率达到98％；五年累计转移牧区劳动力1.2万人次；完成整体脱贫目标任务，实现贫困县摘帽。

(五) 生态建设取得新进展

生态保护优先理念牢固树立，重大生态工程建设稳步推进，区域生态环境持续好转，生态保护建设取得明显成效，可持续发展能力进一步增强。“十三五”末，全县退化草场治理率明显提升，县城和五个乡生活污水和垃圾实现集中处理，主要能耗指标控制在州上下达目标以内。

(六) 改革开放取得新成效

行政审批、财税金融、投资体制、农牧区发展、社会领域、生态文明制度等重点改革扎实推进，积极融入“一带一路”建设，积极推进甘青川平安与振兴工程建设,县域经济社会发展活力不断增强。

六、远景展望

(一)发达的生态经济

在区域生态系统承载力范围内,生态资源优势得到充分发挥,经济发展方式转变步伐加快,建立起低投入、低排放、高效益的生态产业体系,促进不同产业之间的耦合,生态农牧业、生态工业、生态旅游业和现代服务业蓬勃发展,循环经济、清洁生产成为社会普遍的生产模式,资源实现开发→加工→消费→回收再利用的循环永续利用,生态经济成为青海经济社会与生态环境全面、持续、协调发展的强大动力。

(1)建立起以市场为导向的现代生态草地畜牧业体系,运用生物、耕作、灌溉、施肥、信息、管理等高新技术,实现绿色、安全、高效的农牧业专业化生产和产业化经营,大幅提高耕地、草场的单位面积产出率和农牧业的综合经济效益,生态农牧业成为提供高效、绿色农畜产品,促进农牧民增收,美化生态环境,传承文明、兼顾生活休闲的新产业。

(2)建立起繁荣发展的生态旅游业,充分挖掘自然景观和人文遗存的旅游价值,提升景区设施水平、旅游接待能力和服务质量,实现自然风光、人文景观与生态环境的融合,生态旅游业实现快速、健康、持续发展。

(3)建立起发达的现代服务业,在夯实交通运输、餐饮、宾馆、通信等传统服务业基础上,形成保险、租赁、物业、评估、法律、咨询、网络、传媒、教育培训、现代物流等蓬勃发展的良好局面。

(二)繁荣的生态文明

青海省历史悠久、积淀厚重的多民族优良传统文化得到弘扬和发展，善待自然、人与自然和谐相处的现代生态文化理念成为全社会的主流思想和价值取向；绿色、科学、环保的生态理念融入社会发展和居民生活方式当中，成为人们的行为准则和道德规范，社会主义文明的内涵得到极大丰富，全社会的文明程度进一步提升。

（1）历史悠久的游牧文化与农耕文化交融的优良传统文化得到继承和弘扬，各民族之间实现更深融合与更快发展，历史文化遗产得到保护，多民族传统文化资源得到进一步挖掘、整理和开发。

（2）敬畏自然、保护草木、珍爱生灵等民族风俗经过历史积淀而成为人们的一种自觉意识和行为，保护环境、维护生态系统平衡等延续历史脉络和体现时代特征的现代环保意识进一步强化，并成为人们的日常行为准则。

（3）尊重自然、尊重生命，维护人类自身发展与生态环境和谐统一的生态道德得到广泛的宣传，人与自然协调的生态道德观念得以重建，人类生态道德文化得到维系和发展。

（4）生态环境保护与建设方面的法律、法规进一步完善，人们在生态环境保护与建设方面的法律意识显著增强，建立起推动生态文明发展的法制保障体系。

（三）持续的生态环境

全省生态环境保护和建设力度不断加大，人类各项活动逐步回归到生态系统可承受范围之内，人为导致的气象灾害、植被退化、土壤沙化、荒漠化、冰川和水环境变化、物种种群数量减少等得到有效遏制，生态系统自身调节能力增强，全省生态环境稳定、持续发展。

（1）全省的气候变化、水土流失、土地沙化、荒漠化、冰川退缩、湖泊干涸、草场沙化等生态问题逐步得到缓解，区域生态系统趋于稳定。

（2）全省废弃物排放强度显著下降，物理、化学及生物降解能力大幅提升，区域自净水平明显提升。

（3）全省生态环境保护和建设取得显著成效，生态系统弱质性得到改善，抗逆能力显著提高，区域生态环境进入持续发展阶段。

（四）优良的人居环境

在保留原生态自然特色风貌与人文遗存基础上，按照全方位、多层次、高起点的人居环境发展原则，实施科学、合理、有序的城乡建设规划，优化居民生产生活空间布局，打造出既能反映传统人居文化思想，又能满足现代人生活需要的现代居住区，形成规划先进、布局合理、设施齐全、特色鲜明、景观优美、舒适安全的优良人居环境。

（1）全省范围内实施科学、合理、有序的城乡人居环境建设规划，保持人居建设在地域和空间上的整体性、便捷性、生态性。

（2）城乡人居住宅实现绿色、经济、舒适和无害化，大气、光、声、热等环境得到优化处理，最大限度满足人的居住需求；按照生态、人类自身需求和信息技术的最佳结合，实现住宅的生态智能管理。

（3）依照生态学、环境工程学、美学等原理为基础，针对居住区实际情况和住户生态需求，实现城镇、社区、村庄等生态环境的恢复和重建，促进居住环境与生态环境的高度和谐。

（五）和谐的发展环境

区域基础设施完善，交通、通信快捷发达，区位优势充分发挥，社会环境安定有序，人力资源富集，社会文化健康、积极、向上，法律约束制度和监督机制健全，诚实守信、互助友爱、尊重团结、公平正义、平等竞争、开拓进取成为社会的主旋律。

(1) 交通、通信、水、电等基础设施水平大幅提升，为全省经济社会持续、快速发展提供强有力的支撑。

(2) 科技、教育、文化、卫生等社会公共服务能力显著增强，为新时期青海省经济社会发展与生态环境保护提供优质的服务。

(3) 社会主义时代特征显著的优秀现代文化成为社会文化的主流，诚实守信、互助友爱、公平正义、平等竞争成为社会的主旋律。

(4) 社会主义法制体系进一步健全，全社会的法制观念和法律意识显著增强，全省进入法制化快速发展轨道。

(六) 生态友好型社会

资源消耗强度显著下降，资源实现减量化、循环永续利用，经济活动和社会消费回归到生态环境承载范围内，物质流、能量流在自然资源系统与社会经济系统之间建立起有序的反馈和代谢机制，经济、社会、生态环境实现健康、协调、持续发展。

(1) 资源开发和利用进入科学、有序、持续的阶段，在满足当代人需求的基础上，为后代留下平等的发展机会和物质基础。

(2) 资源消耗强度大幅下降，综合利用效率显著提高，以最小的资源消耗和环境代价获得最大的经济利益、社会效益和生态效益。

(3) 建立起人与生态环境良性互动的联接机制，实现人与生态环境和谐相处。

(4) 在生态承载范围内，建立起自然资源系统与经济社会系统之间的能量物质反馈和代谢机制，实现生态友好型社会发展目标。

七、重点任务

立足久治县发展实际，围绕建成全面小康社会目标，坚持改革发展，坚持创新驱动，转变发展观念，创新发展思路，明确发展任务，推动久治县经济社会持续健康发展。

（一）全面加强生态保护建设，切实增强可持续发展能力

坚持保护为主、节约优先、自然恢复和人工修复相结合的方式，以重点生态工程建设为载体，加快生态文明制度建设，加大生态环境保护力度，全面促进县域生态环境持续好转。

1. 树立生态保护优先理念

认真贯彻省委、省政府《贯彻落实〈中共中央国务院关于生态文明建设的意见〉的实施意见》《青海省生态文明制度建设总体方案》《青海省生态文明建设促进条例》相关制度文件，以生态保护优先理念统领经济社会发展。

（1）强化生态文明意识。大力开展生态文明宣传教育活动，使广大干部群众充分认识生态文明建设的重要性和必要性，树立正确的生态文明理念和价值观，积极鼓励发展绿色经济，引导绿色消费，增强全民的生态意识、环保意识、节约意识，在全社会倡导开展节能、环保等绿色活动，使生态文明建设真正成为自觉行为。

（2）树立绿色政绩观。将生态文明建设纳入政府决策机制，把绿色 GDP 作为干部政绩考核的主要依据，根据全县草场面积、单位产草量、草场退化程度、水土保持、流域水质、森林覆盖率等生态状况，明确各乡镇、各部门年度生态保护目标任务，将其作为年度工作考核的主要内容。

（3）落实生态文明建设责任。建立完善的生态文明建设体制机制，制定全县生态文明建设实施方案，明确生态文明建设责任主

体，制定具体奖惩政策措施，建立责任追究机制，将生态文明建设责任落到实处。

2. 加强重点生态项目建设

围绕三江源国家级生态保护综合试验区建设，加快实施一批重点生态建设项目。

（1）实施好三江源自然保护区生态保护与建设二期规划，抓好草原生态系统、森林生态系统、荒漠生态系统、湿地与河湖生态系统、生物多样性保护等领域的18项生态保护建设工程，积极推进生态畜牧业、农村能源建设、农村饮水安全、生态监测、科技培训、宣传教育等8项生态保护支撑配套类工程项目，实施退化草地补播、草原鼠害防治、黑土滩治理、人工种草等项目，继续推进游牧民定居工程建设，全面解决牧民定居问题。

（2）继续实施好天然林资源保护、退牧还林还草、国家重点公益林保护、水源涵养林建设及自然保护区等生态保护和建设项目，坚持天然林全面禁伐，加强森林资源保护能力基础设施建设。

（3）抓好国家生物多样性保护行动计划落实工作，划定优先保护区域，开展保护示范项目，建立信息系统数据库。

（4）加强地质灾害防治，以加强县城、重点乡镇和居民聚居区的地质灾害防治为重点，切实加强中小河流、黄河干流防洪、山洪灾害防治、小流域治理等工程建设，实施大仓水电站除险加固、沙曲智青松多镇段治理、俄科河白玉段防洪工程等重点工程，确保人民群众生命财产安全。加强雪灾应急救灾项目建设，提高应急救灾能力。

（5）加强交通干线及旅游景区环境综合治理，实施西久公路久治段整治工程，推进矿山地质环境恢复治理。

3. 强化节能减排和环境综合治理

坚持环保节能优先原则，加快生物质能、太阳能、风能、水能等清洁能源和再生能源建设步伐，大力实施节能减排示范项目，推广节能减排新技术，提高工业、建筑、交通等领域节能和综合利用水平。严把市场准入关，严禁高耗能、高排放、高污染和严重破坏生态环境的企业进驻县域从事经营活动。积极争取和落实项目资金，加快城镇生活污水处理设施、乡镇垃圾填埋场及环卫设施建设，减少城镇生产生活废水、废气、废渣排放。大力开展农牧区环境连片整治工作，实施哇尔依主街道等整治工程，全面做好农牧区生活污染防治工作。加强环境监控工作，切实提高城乡环境质量。"十三五"末，全县"五乡一镇"全部实现生活污水和垃圾集中处理。

4. 建立生态文明体制机制

严格执行《青海省三江源国家生态保护综合试验区方案》和《青海省创建生态文明先行示范区行动方案》，积极探索形成有利于生态文明建设的体制机制。

（1）落实主体功能区规划。按照县域限制开发区、缓冲开发区、实验开发区三个层次，完善县域国土空间规划体系，建立资源环境承载能力监测预警机制，对水土资源、环境容量超载区域实行限制性措施，科学合理处理好生态保护与经济发展的关系。

（2）健全自然资源产权制度。制定县域自然资源资产产权及用途管制实施细则和相关配套文件，对县内湖泊、森林、湿地、草原等自然生态空间进行确权登记，形成归属清晰、权责明确、监管有效的自然资源资产产权制度，为建立生态文明体系提供基础保障。

（3）建立群众参与生态保护建设机制。探索建立农牧民群众以土地、草场、牲畜或其他方式入股参与资源开发、环境恢复的利益分成和责任承担的有效形式，推进生态保护建设。

（4）健全完善生态补偿政策。进一步完善和创新生态补偿内容、方式和途径，加快完善草原生态补奖、生态管护公益岗位，公益林、天然林、湿地保护等生态补偿政策，鼓励和引导个人、民间组织、社会团体参与生态保护建设活动，支持生态保护区内人口转移、创业、就业联动发展。

（二）着力改善基础设施条件，不断增强经济发展后劲

紧紧抓住“十三五”期间国家促进藏区经济社会发展和推进“一带一路”建设、青海省实施青甘川交界地区平安和振兴规划等重大政策机遇，以进一步提升保障支撑能力为目标，谋划和实施一批基础性、全局性建设项目，加快构建功能配套、适度超前的基础设施体系。

1. 构建综合交通体系

（1）公路方面。加快县域出境及省际通道建设，实施青甘川交通大通道久治段工程，着力推进花久高速大久段等重点项目；加强省道干线建设，加快大武—久治三级公路改扩建项目建设；积极推进同仁—久治高速公路前期工作，争取久治段在“十三五”开工建设。继续实施乡镇和行政村畅通工程，加快推进智青松多至门堂、白玉、索乎日麻、哇赛、哇尔依的县乡公路提级改造项目，实施一批通村、通寺、通天葬台公路项目，实现基本覆盖三级或以上公路，基本形成以县城为中心，以国道、省道为主骨架，县、乡、村公路为支脉的公路网络，将智青松多镇打造成青甘川三省交界综合交通枢纽中心。加快城乡客货运体系建设，重点抓好白玉、门堂等乡村汽车站点建设，努力实现中心乡镇、主要旅游景点有客运站或停靠点的目标。“十三五”末，实现所有乡镇通三级公路、建制村通四级公路、自然村通硬化路。

（2）机场方面。全力配合做好久治支线机场选址、可研、报批、设计等前期工作，努力创造条件，争取久治县支线机场开工建设。

（3）铁路方面。积极配合做好格尔木—成都铁路久治县境内

相关工作，争取在智青松多镇建立铁路站。

2. 加强能源支撑能力建设

围绕县域经济社会发展的能源需求，坚持水电同步、多元互补的发展方向，提高能源供应保障能力。

(1) 优化电网网架结构。积极承接果洛联网110千伏大电网联网工程，建设智青松多、白玉110千伏输变电工程，加快实施县城至白玉、门堂、哇赛、哇尔依、索乎日麻35千伏输变电工程，提高电网覆盖率，基本解决县城和重点乡镇用电难问题。实施久治县旅游文化区电力工程项目。

(2) 实施农牧区通电工程。通过积极推广分布式户用光伏电源，实施22个村5 500户入户太阳能节能工程，对偏远地区独立电源进行更新换代，基本解决无电村通电问题。

(3) 积极构建多元化能源供应体系。加快门堂黄河水电站等项目建设工作，争取“十三五”时期建成并投入运营；充分利用光照时间长的优势，在索乎日麻、哇赛选址建设太阳能与风能互补发电和联网项目；统筹规划县域加油站、液化气站等能源供应网点布局，实施智青松多镇天然气管道供应等工程项目，在重点乡镇推广LNG项目。

3. 增强水资源保障能力

加快推进水源地建设、人畜饮水、流域治理等重点工程，有效增强水资源保障能力。

(1) 加快县城水源地项目建设。重点实施县城第二水源扩建项目、老城区供水管网改扩建，基本满足老城区日常用水需求；建设县城第三水源地及输水管网建设工程，为城南新区开发建设和生产、生活用水提供保障。建设白玉、哇尔依、门堂、哇赛、索乎日麻五乡水源地及给水管网工程。

(2) 实施人畜饮水安全工程项目。统筹规划重点乡镇、行政村人畜饮水项目，综合考虑水源、流量、人口等因素，实施久治县“十三五”人畜饮水提质增效升级工程，新建和改造智青松多镇德合龙村、门堂乡门堂村、哇赛乡国钦村等一批人畜饮水工程，加快老化管网维护改造，建立管护员制度，基本解决全县农牧区人畜饮水安全问题。

(3) 实施重点流域水土保持综合治理工程。加强河道管理，规范河道砂石开采，实施堤岸加固防洪项目，提高“五乡一镇”防洪标准；加强黄河及其主要支流流域水质监测，加快实施流域区水资源保护项目，积极改善流域水生态环境。

(4) 积极开展草原节水灌溉试点，在哇赛、哇尔依、白玉实施草原节水灌溉项目。

4. 加强城镇基础设施建设

(1) 加快市政道路建设。重点推进智青松多镇美丽城镇建设，实施县城城东环路、城南新区道路、城西环路等项目，建设县城文化旅游商业步行街，建设县城交通综合指挥监控系统。加快哇尔依、白玉等重点乡镇市镇道路建设。

(2) 加快县城供暖项目建设。全面解决老城区冬季供暖需要，根据城南新区发展状况，谋划建设锅炉及管网供暖项目，解决城南新区供暖需要。推进白玉、门堂、哇赛、哇尔依、索乎日麻五乡供暖项目建设。积极推进“煤改气”工程，建设完善县城供气管网，保障县城居民生活用气需求。

(3) 加快城镇污水处理项目建设。加快城南新区污水管网建设，实现与老城区并网运行；在白玉、门堂、哇赛、哇尔依、索乎日麻规划建设污水处理厂及配套管网；开展城镇综合管廊建设试点，争取“十三五”时期在智青松多镇实施综合管廊建设项目。

(4) 加快实施县城亮化、绿化、美化工程，建设一批公园、城市绿地及消防、安全避险场所、公共交通、公共停车场等公共服务设施，建设县城防灾避险公园、白玉乡物资储备库项目。

5. 推进信息化建设进程

统筹推进“宽带久治”工程，加快全县信息基础设施建设，促进信息化与城镇化、农牧业产业化、服务业融合发展，不断提升信息化水平。

(1) 加强信息基础设施建设。推进宽带网络基础设施适度超前发展，做好 4G 网络建设，县城普及光纤入户，所有乡镇及重点建制村和移民新村通光缆，实现宽带村村通。

(2) 提高城乡信息网络覆盖面。积极推进“互联网＋”，大力推进远程教育、医疗信息化、电子政务、电子商务为主的电子信息网络建设；进一步完善县、乡、村三级综合信息网络建设，实现信息网络资源共享。

(3) 加强社会治理信息化平台建设，改造提升政府门户网站，提高服务效率；加强信息网络管理，保障信息安全。

(三) 加快转变经济发展方式，着力构建特色产业体系

坚持把产业结构调整和转型升级摆在转变发展方式的重要位置，加快传统农牧业向高原特色农牧业转型，加快传统加工业向规划化、园区化方向发展，加快发展生产性服务业，不断增强县域产业的整体实力。

1. 大力发展草地生态畜牧业

加快转变畜牧业发展方式，大力发展草地生态畜牧业，将其作为推进结构调整、培育发展新优势的主要抓手，建设全省重要的高寒草地生态畜牧业生产基地。

(1) 促进集约化经营。通过草场承包经营权规范有序流转，积极探索牧户联合经营、股份合作制经营等合作模式，促进草场适度集中，加快生产要素向养殖大户、经营能手集中，改变分散、单

一、粗放的传统经营方式，实施久治县产业化肉牛养殖项目，提高畜牧业生产经营的集约化、规模化、专业化水平。

(2) 促进产业化发展。积极扶持青海五三六九生态牧业科技有限公司进一步做大做强，加大高端牦牛肉精深加工系列产品开发力度，形成完整产业链，发挥其产业关联度大、精深加工能力强、集约化水平高、辐射带动面广的龙头企业作用。加大招商引资力度，引进1—2家特色突出、技术先进、发展基础较好的畜产品、有机肥加工企业，延长产业链条，提升产业化经营水平。

(3) 促进专业化生产。根据畜群畜种构成、草场类型、气候特点、饲草料分布和劳动力技能等，采取现代养殖集产技术，探索标准化养殖方式方法，提高牲畜出栏率；突出牦牛畜种优势，实施畜种改良工程，建设牦牛等畜种改良基地，扩大种畜繁育规模。

(4) 促进市场化营销。依托绿色、无污染畜产品优势，加大宣传营销力度，建立完善面向中高端市场的营销体系，开发国内外市场，积极申请无公害、绿色、有机、地理标志认证，打造以“中国·久治牦牛”为代表的高原特色资源和绿色有机食品品牌。

(5) 促进科技化服务。加强信息服务体系、科技服务体系、生产资料服务体系、流通服务体系、卫生防疫服务体系建设，建立生态畜牧业发展科技综合服务网络。

2. 稳步推进特色产业发展

创新工业发展思路，重点培育和扶持畜产品加工业，鼓励发展民族手工业和中藏药材加工业。

(1) 利用高原无污染生态环境和绿色、无公害畜产品优势，大力培育扶持畜产品精深加工业，延长产业链，重点实施原生态功能型牦牛肉高端产品综合开发加工、久治县牦牛骨加工、有机肥料加工、饲草料加工等项目，提高畜产品附加值；加大矿泉水资源开发力度，扩大生产规模，提高产品质量。

（2）积极发展民族手工业，重点发展嘛尼石刻、藏毯编制、民族服饰制作、藏式家具制作、皮革加工、宗教用品、生活用品等特色民族手工业，建设久治县民族手工艺品加工厂项目。

（3）着力推进中藏药材资源开发，在保护物种资源的基础上，稳步推进贝母、大黄、青艽、佛手参、藏雪莲等珍贵中藏药材基地建设，建设贝母、大黄、青艽、佛手参种植加工基地项目，合理有序开发中藏药材资源。

（4）加快县级工业园区建设，坚持生态、环保、循环发展理念，在确保不破坏生态环境的前提下，在智青松多镇规划建设久治县特色工业园，合理布局畜产品加工业、民族手工业、中藏药材成品包装等，积极推进精深加工，实现规模化、集约化发展。

3. 加快发展现代服务业

坚持市场化、产业化、社会化发展方向，以扩大总量、优化结构、提高效率、促进就业、方便生活为目标，加快服务业结构调整，大力改造传统服务业，积极发展现代服务业。

（1）大力发展生产性服务业。加快编制久治县服务业发展规划，加快发展物流、商贸、金融、科技、信息、中介等生产性服务业。充分发挥久治县处在甘青川交界地区核心地带的区位优势，结合“十三五”时期格成铁路、久治机场、花久高速公路等重点项目建设，紧紧抓住全州商贸物流中心南移的发展态势，加强物流基础设施网络建设，建设久治县特色农畜产品物流集散中心、中藏药材交易市场、土特产品交易市场、民族用品综合交易市场、物流配送中心等项目。依托久治县特色工业园，着力打造区域商贸物流基地，积极推动电子商务快速发展，建设县级电子商务服务中心，促进线上线下发展，使智青松多镇成为全州商贸物流重要枢纽。

（2）积极发展生活性服务业。加快批发零售、餐饮住宿、家政服务等传统生活性服务业改造提升，全面提高服务质量和管理水平；加快培育市场主体，丰富服务业新业态，在智青松多镇引进1—2家省内大型连锁超市；在智青松多镇规划建设规模适度、特色鲜明的商业街，引进省内外知名品牌入驻；加强牧区市场体系和商业网点建设，在白玉、索乎日麻、门堂等重点地区各建设一个农贸市场；重点扶持5—10户成长性好、带动性强、竞争力优的商贸服务企业。

(四) 努力打造大年保玉则生态旅游圈，积极培育经济发展增长极

加快实施旅游名县战略，认真贯彻青海省委、省政府促进旅游业改革发展的一系列政策措施，把旅游业培育成为县域经济的战略性支柱产业和富民强县的现代服务业，把久治打造成为青藏高原重要的生态旅游目的地。

1. 加快编制大年保玉则旅游圈发展规划

坚持政府引导、市场主导、项目带动、生态为要、民生为本的原则，积极申请省有关部门委托国家级专业规划机构编制《大年保玉则生态旅游圈整体规划》，推动大年保玉则生态旅游圈开发向集约型、复合型、国际型发展。做好大年保玉则生态旅游圈发展规划与青海省“十三五”旅游发展规划的衔接，争取重点建设项目纳入青海省旅游发展规划。积极推进年保玉则国际重要湿地和年保玉则国家5A级旅游景区申报工作。创新区域合作机制，结合青甘川交界地区平安与振兴工程建设，加强与甘肃、四川等周边省区旅游合作发展，深度融入青藏旅游一体化，共同打造青甘川旅游合作联盟。

2. 优化旅游发展布局

依托青海省“一圈三线三廊道三板块”旅游发展布局，结合年保玉则在青海省旅游发展中的地位，着力打造“一轴一核三片区”

旅游发展布局。

（1）“一轴”。构建西久公路生态文化精品走廊，打造成为大年保玉则旅游圈生态景观、安多游牧文化、三果洛文化的特色景观展示走廊。

（2）“一核”。依托智青松多镇在全县的政治、经济、文化、商贸中心地位，完善旅游基础设施条件，提升综合服务功能，发挥辐射带动作用，打造成为全县旅客集散中心、咨询中心、消费中心和应急救援中心。

（3）“三片区”。构建以北部高原湿地、花海湖泊等为一体的仙女花海大众观光旅游片区，以西部宗教文化、三果洛祖源文化、山地生态深度体验等为一体的天神族源深度体验旅游片区，以东部高原生态科考、高山冰川探险、高山攀登穿越等为一体的圣山之心高端户外旅游片区。

3. 加强旅游基础设施建设

（1）积极推进旅游通道建设。加快久治县连通周边地区的公路、机场、铁路等通道建设，打通周边地区交通主干线与年保玉则旅游景区的连接线，建设便捷、高速、安全的交通网络体系。

（2）加快旅游核心区基础设施建设。在保护好生态环境的基础上，加快年保玉则西姆措景区、日干措景区、鄂木措景区基础设施建设，重点建设游客中心、景区道路、导览标识、供水供电、宽带网络、应急救援、垃圾污水处理、医疗保障等基础设施，建设完善餐饮、住宿、交通、购物、娱乐等服务设施，建设自驾游营地、大型停车场、观光车调度中心、观景台、观光廊道、游客服务点等配套设施，形成吃、住、行、游、购、娱一体化发展格局。

（3）加快旅游重点项目建设。结合年保玉则旅游发展布局，促进核心景区与周边景区联动发展，加快三果洛安多藏乡文化旅游街、德合龙寺景区游客服务中心、久治县旅游商业步行街、年保玉则仙女湖酒店及生态停车场、久治县藏餐美食街、久治县特色旅游产品加工等项目建设。

（4）创新管理和人才培养机制。实施“旅游人才培养三年行动计划”，选派有关部门、乡镇、村社和企业的管理者和从业人员，到省相关高校和职业技术学校开展培训，尽快培养一批旅游专业人才。充分发挥对口援建平台作用，选派人员到上海学习培训，形成送出去、引进来相结合的旅游人才队伍建设新格局。

4. 促进旅游与相关产业融合发展

充分挖掘久治特色民族文化优势，加快民族服饰、手工艺品、宗教用品、农畜产品等特色旅游产品开发。挖掘和组织民间原生态歌舞表演，做好《三果洛发祥地》《马背藏戏》《年保玉则雪山神话传说》等重点剧目排演，举办好“年保玉则文化旅游节”，打造“年保玉则——天神的花园”等久治县特色文化旅游品牌。促进旅游业与相关产业互动发展，推动旅游业与信息咨询、文化创意、影视娱乐、会展博览等现代服务业互动发展，完善旅游要素，延长产业链条。扶持培育一批成长性好、机制灵活、发展能力强的本地中小旅游企业，引入有实力的旅行社、旅游饭店和汽车租赁公司，组建同业联盟，推进连锁经营，积极培育旅游市场主体。加大宣传推介力度，完善政府主导、企业联手、媒体跟进的营销机制，加强与国内主流媒体合作，高水平创意策划，充分利用微博、微信、微电影、APP客户端等新兴媒体，形成多渠道、高密度的宣传机制，重点开拓面向国内外的高端旅游客户市场，把年保玉则打造成为久治县旅游业发展的“金名片”，建设成为青甘川旅游黄金线路的“核心地带”。

（五）加快推进基本公共服务均等化，大幅提升民生保障水平

着眼于解决好全县各族群众最直接、最关心、最现实的利益问题，按照以人为本的要求持续改善民生，加快社会事业全面发展，

促进基本公共服务均等化，使发展成果更多、更公平地惠及全县各族群众。

1. 加快促进教育均衡发展

坚持教育优先发展，优化教育资源配置，完善县办初中和职业技术教育、乡镇办小学、村办学前教育的思路，加快实施素质教育、农牧区校舍危房改造、中等职业教育、中小学校布局调整、教育信息化、师资队伍培训等工程，不断提高基础设施配套水平，着力构建教育发展新格局。重点建设义务教育学校“全面改薄”、幼儿园扩建、寄宿制学校风雨操场及塑胶运动场建设、寄宿制学校“五化”建设、藏区寄宿制学校体育设施购置、教师周转房建设、青少年校外活动中心附属设施及设备购置、久治县三省交界推进及职业学校推进工程等项目建设，积极推进异地办班。巩固和提高“两基”成果，大力发展学前教育、职业教育和成人教育，加强对学生的德育、体育、美育和实践教育，建设一批具有乡土特色的教育实践基地，促进学生全面发展。完善教师继续教育制度，努力提高师资队伍素质。深化教育综合改革，完善学校科学化、民主化和规范化管理机制。到“十三五”末，全县学前三年入园率达到 80%，义务教育巩固率达到 98%，高中阶段毛入学率达到 85%；建成校园局域网，所有中小学实现“校校通”“班班通”，全县教育水平达到同期环湖地区中等水平。

2. 大力实施科技兴县战略

紧紧围绕牦牛品种改良、优良牧草品种引进推广、畜疫防治技术、饲草料调制加工、机械化生产及畜产品精深化加工增值等，加大科技研发力度，不断提高科技对畜牧业发展的贡献率。加大退化草场治理、高寒草甸补播改良、“黑土滩”治理、森林保护与病虫害防治等应用技术的推广。开展科技人员下乡驻村入户活动，继续实施农牧民科技培训工程，积极推广实用技术，不断提高农牧民群众的科技文化素质。到“十三五”末，全县每个乡镇建立1—2个科技示范点，每村有5名以上科技带头人，每户有1个科技明白人。

3. 健全公共卫生服务体系

健全完善以县人民医院为龙头、乡镇卫生院为中心、村卫生室为基础的农牧区三级医疗卫生服务网络，加强医疗卫生资源合理配置，构建覆盖城乡、功能齐全、布局合理、方便群众的基本公共医疗卫生服务体系，不断提高基本医疗服务能力。优化县医院科室设置，加强儿科、妇产科、藏医科等特色科室建设。实施久治县藏医院建设项目，积极推进五乡一镇卫生院、社区卫生服务中心和村卫生室建设项目，进一步增强卫生服务功能。健全和完善各级卫生防疫、重大疾病控制网络体系，加强鼠疫、结核病、肝包虫、乙肝等地方重点流行疾病的预防和控制，实施县疾控中心改扩建项目，不断提升公共卫生服务水平。加强卫生人才培养，建立一支高素质的医疗卫生服务队伍。“十三五”末，全县各乡镇卫生院培养1—2名全科医生。加快推进医疗卫生体制改革，完善牧民合作医疗制度和城镇职工基本医疗保险制度。进一步健全完善计划生育管理体制和计划生育社会保障体制，重点抓好县计生服务中心和中心乡镇计生服务站建设，落实好“少生快富”和“奖励扶助”两项制度，不断提高奖励扶助标准。

4. 健全公共文化服务体系

加快县、乡、村三级文化网络建设，实施好广播电视“村村通”工程和“西新”工程。加快推进政府购买文化产品和服务的惠民工程，实施公共文化服务保障项目，重点建设久治县格萨尔文化传习所、传习基地、戏曲剧场、群艺馆译制中心、艺人纪念馆建设，久治县赛马场建设、县文化广场改扩建、县射箭场建设、县藏文化旅游传播中心建设，白玉寺、阿绕寺、隆格寺古建筑保护工程，年保玉则文化展示园区、五乡一镇文化体育综合活动广场、生态移民点(社区)文化体育综合广场及县级综合体育场、智青松多镇健身步道等项目建设。实现城镇社区文化墙、村级文化活动室全覆盖。加大体育设施建设力度,在县城建设民族传统体育竞技场,建成3—5个体育文化活动广场,在各乡镇建成1个体育文化活动广场。

5. 稳步扩大就业规模

进一步加强公共就业服务能力建设,建立城乡统筹的就业培训制度,充分运用就业再就业专项资金和失业保险基金,依托各类定点培训机构,加强对失业人员、高校毕业生、牧区富余转移劳动力的技术培训,提升就业技能。实施久治县劳动技能培训中心项目,建设智青松多、哇赛、白玉、哇尔依、门堂、索乎日麻五乡一镇社会保障工作站。实施"雨露计划",开展驾驶员培训、双千工程、职校贫困生补助等项目。完善大学生和群众创业扶持政策,积极搭建创业平台,营造良好的创业环境。"十三五"时期,城镇累计新增就业人数900人,城镇登记失业率控制在3.5%以内;牧民累计转移就业人数1.2万人次。

6. 健全社会保障体系

按照全覆盖、保基本、多层次、可持续的原则,建立覆盖城乡居民的社会保障体系,实现基本养老、基本医疗、工伤保险、失业保险、生育保险的全覆盖。

(1) 健全养老保险制度,建立机关事业单位人员养老保险制度,完善城镇职工养老保险制度和保险关系转移接续机制,提高农牧区养老保险覆盖面。重点实施久治县老年活动中心、老年人日间照料、乡镇综合敬老院等项目建设。

(2) 完善基本医疗保险制度,整合新农合和城镇居民医疗保险,建立统一的城乡居民基本医疗保险制度,整合城乡基本药物目录、诊疗目录和医疗服务设施标准,全面实施大病保险制度,促进基本医保与商业健康保险相互补充。

(3) 提高失业保险覆盖率和统筹层次，发挥失业保险对保障失业人员生活和促进就业的积极作用。

(4) 完善社会救助制度，全面实施临时救助制度，重点推进以大疾病医疗救助、突发事件救助等为主的专项救助制度。

(5) 加快保障性住房建设，重点实施久治县城镇保障性安居工程、农村危房改造、既有居住建筑节能改造、既有公共建筑节能改造、农牧区建筑节能改造、游牧民定居工程配套设施等项目。

(6) 推进普惠型扶老、助残、救孤、济困等福利事业的发展，建设久治县儿童福利院、县级流浪乞讨救助站、县级残疾人康复中心。

(六) 坚持贯彻精准扶贫方针，全面实现整体脱贫目标任务

按照精准扶贫、精准脱贫的要求，加快实施“八个一批”扶贫工程，进一步完善体制机制，发挥政府主导作用，充分调动社会力量，对症下药，精准施策，全力打好扶贫攻坚战，与全州同步实现整体脱贫，为全面建成小康社会奠定坚实基础。

1. 实施好“八个一批”扶贫工程

(1) 抓好特色产业扶贫。建立产业化扶贫机制，引导鼓励县域企业采取多种形式参与扶贫开发，重点推进久治扶贫产业园区项目、县农贸综合市场铺面购置项目、贫困村互助资金旅游扶贫建设项目等，实施俄科、隆格、扎拉、索乎日麻四个村旅游产业扶贫项目，逐步实现由“输血型”向“造血型”扶贫转变，实现全县 3 985 人脱贫。

(2) 引导劳务输出脱贫。制定切实可行的培训及劳务输出方案，统筹整合“雨露计划”“阳光工程”“再就业培训”等各类培训资源，开展订单、订岗、定向培训，推进培训、鉴定、转输一体化，确保

有意愿的贫困劳动力都能掌握 1—2 门致富技能，实现全县2 631人靠技能脱贫致富。

（3）推进异地搬迁脱贫。加快移民安置点建设，完善配套设施条件，积极发展汽车摩托车修理、家电维修、交通运输、家政服务、设施温棚等后续产业，实现全县 3 100 人脱贫。

（4）通过生态保护脱贫。认真落实生态补偿政策，核实现有公益管护岗位中贫困人口安置情况，积极争取新增生态管护公益性名额，确保在重点生态功能区内具备条件的贫困农牧户，每户有 1 人从事生态公益性管护工作，以保生态增就业，实现全县 1 350 人稳定脱贫。

（5）探索资产收益脱贫。探索将扶贫资金通过量化折股的方式配置给贫困户，入股参加农林牧业龙头企业、农牧民专业合作社、家庭农牧场或互助资金组织等，支持农牧业专业合作社通过土地草场经营权入股等方式，建立贫困户长期收益的利益联结机制，实现全县 3 986 人脱贫。

（6）着力加强教育脱贫。加快实施教育扶贫工程，摸清全县贫困农牧户家庭子女就读高等院校状况，算清上学费用账，制定具体的帮扶措施，通过各类教育补助，让贫困户家庭子女都能接受公平有质量的教育，阻断贫困代际传递，实现全县 278 人脱贫。

（7）开展医疗保险和医疗救助脱贫。实施健康扶贫工程，在完善现有城乡居民医保政策的基础上，落实省、州、县医疗救助政策，完善重大疾病救助制度，降低贫困人口大病保险和医疗救助的起付线，最大限度减轻贫困人口医疗负担，实现全县 5 020 人脱贫。

（8）实施社会保障兜底脱贫。实行扶贫和低保标准“两线合一”，加大五保供养等社会救助力度，实现全县 2 049 人脱贫。

2. 加大扶贫开发资金投入

建立完善财政扶贫投入稳定增长机制，加大涉农项目资金整合力度，积极争取扶贫贷款，实施好整村推进、易地扶贫搬迁、培训就业等专项扶贫工程项目，改善贫困人口生产、生活条件。落实扶贫开发金融服务主办银行制度，为扶贫攻坚提供金融支持。

3. 健全扶贫开发工作机制

积极开展教育扶贫，把提高贫困人口的科技文化素质作为扶贫开发工作的重中之重，有针对性地通过各类各式培训，增强贫困牧民群众掌握先进实用技术的能力，确保贫困家庭学龄儿童接受义务教育，提高贫困群众的科技文化素质，提高贫困人口自我发展能力。建立脱贫跟踪服务制度，探索抑制返贫的长效机制。完善考核激励机制，健全县党政领导班子和领导干部扶贫责任制，把推动政策落实、讲求扶贫成效作为领导班子和领导干部的重要考核指标。

（七）积极推进新型城镇化进程，不断加快城乡一体化发展

按照青海省新型城镇化规划和城镇体系规划，探索走出具有久治县特点的科学发展、集聚高效、功能完善、环境友好、特色鲜明的新型城镇化路子，不断提升城乡一体化发展水平。

1. 加快新型城镇化建设

（1）科学规划城镇布局。根据新型城镇化建设标准和内容，完善智青松多镇总体规划，将其打造成为综合服务型、工业服务型、交通物流型、文化旅游型、商贸服务型、农牧业服务型和有历史记忆、地域特色、民族特点的高原美丽城镇。

（2）促进产城融合发展。优先发展畜产品加工业、鼓励发展民族手工业、培育壮大生产性服务业，增强产业吸纳就业的能力；大力进行招商引资，采取更加优惠灵活的资源、财税政策，吸引更多的投资者落户，提升城镇发展支撑能力。

（3）推进户籍制度改革。重点解决在智青松多地区居住的生

态移民人口、常年经商务工人口的城镇居民身份问题，完善就业、教育、卫生、社区服务等公共服务政策，实现基本公共服务城镇常住人口全覆盖。

(4) 加快美丽城镇建设，编制白玉、门堂、索乎日麻、哇赛、哇尔依五乡政府驻地建设规划，加快基础设施、公用设施建设，重点实施久治县五乡给水管网及水源地建设、污水处理厂及管网建设、垃圾填埋场及公共卫生厕所建设、哇尔依乡主街道整治等项目。加强城镇管理体系建设，建立完善城管队伍。

2. 加快新农村新牧区建设

(1) 按照“一村一业”的思路，推进畜牧业产业化经营，提高畜牧业经营效益；立足资源、区位优势，因地制宜，积极发展牧区二、三产业，优化产业结构。

(2) 促进牧民持续增收，在稳定增加经营性收入的基础上，努力增加工资性收入、财产性收入和转移性收入。

(3) 按照新农村新牧区建设规划，优化村庄空间布局，加大农牧区基础设施建设投入，争取、整合项目资金扶持，重点解决路、水、电、通信等问题，建设高原美丽乡村。重点实施久治县草原新帐篷建设、交通沿线牧民定居点风貌改造、牧民危旧房改造建设、久治县美丽乡村建设等项目，打造黑牦牛帐篷风景线。

(4) 促进农牧区社会事业发展，努力扩大农牧区公共服务覆盖范围，培养社会主义新农村建设的新型农牧民。

(八) 深入推进重点领域改革，着力构建开放型经济新格局

坚持社会主义市场经济改革方向，充分发挥市场在配置资源中的决定性作用，深入推进重点改革任务，主动融入“一带一路”建设，积极推动与周边地区在经济、社会、文化领域全方位、多层次的交流合作，全面提升对外开放水平。

1. 深化经济体制改革

(1) 深化行政审批制度改革，承接好省州下放的行政审批项目，加快政府机构改革和职能转变，加快编制县政府权力清单。继续深化商事制度改革，贯彻落实清理后的工商登记前置审批事项，加快推行“三证合一”“先照后证”改革。

(2) 深化财税体制改革，建立完善财权与事权相统一的县乡财政管理体制，更有效地发挥财政政策对稳增长、调结构、惠民生的作用。积极推进“营改增”，优化税源和税收结构。

(3) 深化投融资体制改革，规范和创新行政审批监管方式，加快建设投资项目在线审批监管平台，推进实施以并联审批和网上核准为主的新型项目核准机制。

(4) 深化农牧区综合改革，加快推进牧户土地草场承包经营权确权、登记和颁证工作，稳妥推进土地草场使用权流转。探索以草场使用权依法入股、转让、出租或合伙经营等方式参与收益的办法。积极推进藏系牦牛、藏系绵羊政策性保险工作，全面推广政策性畜牧业保险。探索推进扩权强镇改革试点。

2. 加快推进社会领域改革

(1) 促进教育公共服务均等化，推进全面改薄项目建设，全面实施学前教育二期行动计划，开展义务教育学区制管理和小升初对口划片就近入学制度试点。

(2) 深化县级公立医院综合改革，完善分级诊疗制度，推进按病种、按床日、按人头、总额预付等多种复合型付费方式改革，健全完善城乡居民医保门诊统筹制度，完善大病医疗保险、医疗救助和疾病应急救助制度。

(3) 贯彻机关事业单位养老保险制度改革工作方案和实施办法，完成机关事业单位工资调整和离退休人员离退休费增加相关工作，推行县以下公务员职务与职级并行制度，落实国家调整艰苦边远地区津贴政策。大力发展养老服务业，开展牧区老年人代养服务试点。

3. 健全完善生态保护机制

开展草原生态保护补奖及公益林、天然林生态补偿与保护责任、效果挂钩的工作。落实草原生态补偿绩效管理意见，继续开展沙化土地封禁保护试点。建立环保部门与公安、检察、司法部门共同打击环境污染的联动机制。

4. 积极融入“一带一路”建设

充分发挥久治联通青甘川的区位优势，以落实《关于实施青海与川甘交界地区振兴和平安工程的意见》为主线，加快实施西久公路、花久公路、久治机场、格成铁路等重点基础设施项目，构建连接南北、沟通东西的现代交通体系，将久治打造成为青海省推进“西融两廊、东联一带”开放战略的重要支点。加快县域商贸流通体系建设，构建以县城为中心、重点乡镇为支撑的布局合理、功能完善的甘青川区域性商贸物流中心。加快年保玉则等特色旅游资源、县域生态资源、民族文化资源和生态畜牧业资源合理有序开发，积极构建甘青川区域重要的旅游观光、人文交流、文化展示的黄金地带。

5. 积极推进青甘川交界地区平安与振兴工程

认真贯彻中央对川甘青交界地区加速交通网络建设、实施特惠支持政策、加强社会治理等重大政策，认真落实《青海与川甘交界地区振兴发展规划》，围绕保障改善民生、推进公共服务、加强基础设施建设、加大扶贫开发力度、培育发展特色产业、推进生态环境保护和建设、加强基层组织等重点任务，正确处理好发展、生态、稳定三者的关系，深入谋划实施交通、水利、能源、信息化、城镇化等一批重大项目，不断提高自我发展能力。大力发展特色优势产业，按照主体功能区规划要求，加强与周边地区产业合作发展，加快发展生态畜牧业、文化旅游业、商贸流通业、特色加工业、中藏药材加工业和民族手工业。抓住省委、省政府支持有条件县建立产业园的机遇，立足区位条件、民族文化和旅游资源优势，积极推进久治县特色产业园区建设。加强与省内外科研院所、大专院校的合作，借助外部的科技与智力优势，积极推动久治县不同领域、不同层次的对外开放。

6. 完善对口支援和结对帮扶机制体制

（1）加强和改进对口支援工作，构建多领域、全方位、多层次的合作交流长效机制，重点在改善民生、扶贫攻坚、技术创新、人才支援、资金支持等方面取得突破，进一步提高对口支援的成效。

（2）加大省内帮扶工作力度，积极争取资金、项目和人才支持，重点实施一批教育、卫生、文化、扶贫开发等民生项目，提高对口帮扶的针对性和有效性。

（3）强化招商引资工作，创新引资方式，构建招商平台，优化投资环境，实行“一站式”服务，提高办事效率和服务水平。力争“十三五”期间，招商引资到位资金保持两位数增长。

（九）深入推进民族团结进步创建活动，努力维护社会和谐稳定

深入开展民族团结进步创建活动，不断创新载体和方式，夯实基层组织，提升基本能力，全面推进依法治县，大力弘扬社会主义核心价值观，不断巩固和发展全县各族群众和睦相处、和衷共济、和谐发展的良好局面，切实维护社会稳定和长治久安。

1. 加强社会主义核心价值体系建设

（1）加强社会主义核心价值观体系学习教育，大力开展爱国主义、集体主义、社会主义教育，大力弘扬民族精神、时代精神和青海精神，倡导富强、民主、文明、和谐，倡导自由、平等、公正、法制，

倡导敬业、诚信、友善,积极培育和践行社会主义核心价值观。

(2) 做好维稳宣传引导工作,教育广大信教群众爱国、爱教,遵守各项法律法规,在大是大非面前始终保持清醒的头脑,坚决与各种形式的分裂、渗透和破坏社会主义市场秩序的违法犯罪活动作斗争,实现维稳工作常态化。

(3) 加快社会诚信体系建设,积极推进信用信息公开和共享,健全激励守信和惩戒失信机制,加快推进政务诚信、商务诚信、社会诚信和司法公信建设,加强社会公德、职业道德、家庭美德、个人品德教育,弘扬时代新风尚。

2. 加强"三基"建设

从提升执政水平、实现战略任务的全局出发,精心设计,扎实推进,实现基层组织全面加强、基础工作全面进步、基本能力全面提升。

(1) 全面加强基层党组织建设。强化班子建设,带动基层党组织建设全面发展;强化党员干部队伍建设,提升基层党组织建设水平;强化制度机制保障,促进基层党组织的建设,努力把基层组织建设成为推动发展、促进和谐、反对分裂、维护稳定、服务群众、凝聚人心的坚强战斗堡垒。

(2) 全面提高机关工作效能。规范基层组织职能,完善规章制度,实行精细化管理,持续转变工作作风,改变传统思维方式方法,加快推进、提高机关信息化建设和水平。

(3) 全面提升干部职工基本能力水平,强化宗旨意识,倡导奉献精神,开展基本能力拓展锻炼培训,强调团队协调合作,整体提升干部职工队伍综合素质。

(4) 加强基层组织设施建设,对部分设施还不完善的党员活动室、文化室进行改造,建设县城干部周转房、五乡一镇乡镇干部周转房建设项目,进一步提高服务能力。

3. 创新社会治理体系

(1) 构建党委领导、政府主导、社会各方面参与的社会治理模式,形成政府治理和社会自我调节、居民自治良性互动的格局。

(2) 完善基层群众自治制度,加强城乡社区建设,建立与社会转型发展相适应的公共服务体系。

(3) 加强社会治安综合治理,深入开展平安创建活动,健全社会治安防控体系,重点实施久治县平安城市及重点治安防控体系建设、维稳检查站、公安维稳网安技侦中心等项目。

(4) 加强公共安全管理,健全安全生产监督管理体制,强化产品质量特别是食品药品质量安全监管,增强防震减灾能力,完善公共安全应急管理体制,提高应急救援能力和应急管理水平。

(5) 建立健全科学完善的重大决策社会稳定风险评估机制、畅通有序的诉求表达机制、便捷有效的心理干预机制、广泛覆盖的矛盾调处机制、坚强有力的群众利益保障机制等社会治理机制,保证社会治理常态化、长效化。

4. 全面贯彻落实党的民族政策

认真贯彻落实平等、团结和民族区域自治政策,全面促进民族发展。

(1) 广泛开展民族政策教育,坚持不懈地进行党的民族理论、民族政策和民族法律法规以及民族基本知识的宣传教育,持续开展民族团结进步活动,促进各民族交往、交流、交融,不断巩固和发展平等、团结、互助、和谐的社会主义民族关系。

(2) 坚持和完善民族区域自治制度,健全地方法规政策体系,完善法律法规政策执行情况监督检查体系。

(3) 大力培养少数民族干部,全面提高少数民族干部素质。

5. 全力做好民族宗教工作

全面落实《青海省宗教事务条例》和《果洛藏族自治州藏传佛

教事务条例》，确保宗教事务依法管理、宗教活动有序进行。

（1）继续开展平安寺院建设，落实县、乡、村寺院管理主体的责任，切实加强寺院社会管理；落实寺院民管会统领寺内一切事务的管理职责，完善寺院内部管理制度，健全完善寺院管理长效机制，提高寺院管理规范化、法制化水平，构建寺院社会管理和民主管理相得益彰的新格局。

（2）加大寺院水、电、路、医务室、警务室等基础设施建设力度，重点实施久治县德合龙寺、宁友格鲁寺、宁友觉囊寺、白玉寺、隆格寺、东宗寺、阿绕寺、哇赛寺、门堂寺、尖木达寺、叶合拉寺基础设施建设等项目，全面提高广大僧侣的生活条件；切实将寺院僧尼纳入社会化管理，扩大寺院僧尼基本养老、医疗、住房保障覆盖面，实现僧尼社会保障全覆盖。

（3）着眼于发挥宗教界人士在促进经济社会发展中的积极作用，注重政策引导和法律规范，加强各级爱国宗教团体建设，确保宗教组织的领导权始终掌握在爱国爱教人士手中。

6. 大力推进依法治县进程

（1）切实维护法律的权威性、严肃性，强化法制意识，加强行政执法队伍、司法队伍建设。

（2）突出公正司法，完善司法管理体制和司法权力运行机制，规范司法行为，全面推进“阳光司法”，以司法公开促进司法公正廉洁。

（3）加强和规范法律服务，健全完善法律服务体系，拓展法律服务领域、方式和功能，积极为各领域提供法律服务。

（4）加强司法设施建设，重点实施久治县交通指挥中心、行政拘留所、看守所、派出所改扩建，以及基层警务室、干警周转房、乡镇法律服务中心、刑侦技术业务用房建设等项目，配备完善相关设施。

第六节 “十三五”时期促进久治县经济可持续发展的政策保障和制度创新

一、明确产业发展导向

高度重视产业政策在转变经济发展方式中的杠杆作用，以生态保护、生态经济和环境治理为主导，在严格执行国家产业政策和环保标准的同时，明确鼓励发展的生态经济领域、产业和项目，为发展生态经济提供导向性的政策服务。定期公布鼓励发展的生态效益型产业以及环境保护、生态建设优先项目目录，对新建项目要按照循环经济理念、节约型社会以及清洁生产的要求加强调控和引导，促进产业结构优化升级。定期制定和发布技术、节能、节水、环保装备导向目录，引导工业企业按照目录的内容引进相应的技术、节能、节水、环保装备，改造现行的工业系统，大力发展生态工业。鼓励生态农业发展，努力提高农业的设施水平，改进传统生产方式，建立资源、环境、效率、效益兼顾的综合性农业生产体系。鼓励生态型服务业发展，突出特色生态旅游建设这一主线拉动，积极开发特色鲜明的现代旅游项目，围绕生态、休闲、人文旅游品牌，综合带动生态型服务业发展。制定有区别的消费政策，鼓励社会消费绿色产品、节能产品。

二、健全资源有偿使用政策

理顺资源产品价格体系，建立和完善资源有偿使用制度，建议国家调整现行资源税率，适当提高资源税和补偿费征收标准以及地方征收权限，对非再生性、稀缺性资源课以重税，对综合利用当地矿产资源，发展循环经济的战略投资企业和环保产业，适当减免资源税，以促进资源合理开发与利用，实现经济的可持续发展。积极调整资源性产品与最终产品的比价关系，完善自然资源价格形成机制，通过水价、电价等价格政策调整，更好地发挥市场配置资源的基础性作用，促进资源的合理开发、节约使用、高效利用和有效保护。建立生产者责任延伸制度和消费者回收付费制度。推行阶梯式水价、超计划定额取水加价等水价制度，适当提高污水排放征收价格，落实水资源费，扩大征收范围和收费标准。开展排污权有偿出让及排污权交易试点；全面实施城镇生活污水处理和生活垃圾处理的收费政策，把污水处理费标准调整到保本微利的水平；对污染严重、乱弃废物的单位实行惩罚性价格措施。建立和完善矿山、水电企业的环境恢复治理责任机制，实行矿山环境治理恢复保证金制度，从水电资源开发收益中安排一定资金用于当地环境的恢复治理。

三、建立多元资金投入机制

加强财政资金支持力度，对基础性、整体性和长期性的生态项目给予积极支持，重点用于支持生态产业试点示范项目、重要生态功能区建设项目、目标责任制考核奖励等。对符合生态保护、循环经济和环境治理要求的新上项目，要优先列入规划、优先审批、优先安排资金。统筹安排农业开发、污染防治、水土保持、河道整治、植树造林等有关专项资金，集中投向重点领域和重点项目建设。县财政建立发展专项资金，采取以奖代补方式，重点支持特色产业发展、基础设施建设和公共服务体系建设。建立银企信息传输平台，切实加强政、银、企合作，引导金融机构扩大信贷规模，做大信贷总量。大力培育多元化、市场化的投融资主体，打开“玻璃门”、拆除“弹簧门”，引导支持民间资本、工商资本参与基础设施建设、产业发展。支持商业银行、政策性银行、农村信用社创新金融服务，开展“两权（土地承包权、林权）一房（农民住房）”和农村集体经济组织依法取得的特许经营权抵(质)押贷款,探索对农牧户在新型社区内建房和购房的信用贷款试点,增加对试点地区基础设施建设、生态环境建设、产业发展的信贷投放规模。

四、充分发挥金融机构的作用

金融机构是现代经济的核心,它具有融资、调节等功能,对经济可持续发展发挥着重要的资金支持作用,是生态投融资的关键。

(1) 制定有利的金融政策,引导资金参与生态县建设。

(2) 动员企业及社会力量广泛参与,并引导社会资金投向生态建设和环保项目。

(3) 积极争取国际合作资金,利用生态环境保护成为国际合作热点的有利时机,扩大宣传,开展形式多样的国际交流与合作,开拓国际援助渠道,争取利用国际资金和技术援助及优惠贷款,支持生态县建设。

五、进一步完善生态保护政策

完善草地产权,明晰草地产权制度,改变牲畜、草场的双承包责任制为草地资源使用的单一责任制;在单一责任制的基础上延长牧民对草地的承包期限,理论上是越长越好;建立草地流转市场,使牧民的草地保护投资能够实现其市场价值;规范集体组织的行为,以避免其不良行为影响牧民对草地资源的使用预期。建立合理开发利用的水资源保护政策,大力开展水资源保护与合理开发利用的宣传教育,提高全社会的节水意识,提高公民的法制观念,促进依法履行水法规定的义务,树立珍惜水、节约水和保护水的社会风尚,努力建立节水型经济和节水型社会。不断完善地方配套的水资源保护法规体系,依法加强水资源统一管理,将各项水事活动纳入法制轨道。要建立健全管理制度,实施统一规划、统一取水许可、统一管理水量水质、统一管理地表水和地下水、加大和统一征取水资源费。完善林业补贴政策，增加林木管护经费，青海省气候高寒，林业建设营林期长。目前一次性下拨造林经费的方式，没有考虑管护经费，客观上造成了造林效率低、成活率低的现象。对重点林区的群众实行移民搬迁，广大林区偏远，经济基础薄弱，林区封育工程带来很大的农林、林木矛盾，林区群众“靠山不能吃山”，生活受到很大影响，长此以往，也不利于林业生态效益的发挥，建议对一部分群众实行生态移民，享受生态移民的补助待遇。加强生物多样性保护，尤其加强对野生动物栖息和繁衍地的保护，防止放牧、采集、狩猎等人为活动的破坏。建立健全生物多样性追踪、监测、分析和评估体系，科学、及时地反映物种的迁移、演进趋势，为采取针对性措施提供依据。加强生物多样性保护队伍建设，完善观测站（点）、科研仪器、实验室、办公用房、库房、车辆等相关设施，加强人员技术培训，并进一步加大对偷猎、盗猎等违法活动的打击力度。

六、建立健全生态补偿机制

建立以中央财政为主的生态补偿体系，现阶段要在保护好生态环境，维护和建设中华民族生态源的基础上实现科学发展、和谐发展，既要靠自身的努力，更离不开国家的支持和帮助，建立以中央财政为主的生态补偿机制对区域可持续发展具有十分重要的现实意义和长远意义。建议国家建立生态补偿专项财政转移支付制度，补偿内容纳入中央对地方的纵向财政转移支付制度中。基金主要用于支持加强区域生态保护和建设投入，建立健全区域性生态环境保护监管体系，政府为确保生态环境保护与建设实施的项目规划、科研、监测、监管等的支出，以及三江源地区和青海湖生态保护区因实施封山育林、退耕还林、退牧还草等生态建设而对人口转移给予的补偿。建议推进区域经济技术合作，青海省的源头地区以自然资源、地域空间为合作基础和条件,中下游地区以资金技术、企业组织等为合作基础和条件,双方展开生态领域的广泛合作。如选择一批有利于生态建设和环境保护的经济技术项目作为经济增长点来加以培植,充分利用中下游地区在资金、技术等方面的优势,加快与中下游地区经济社会的同步发展,实现"双赢"。建立江河上游地区的生态补偿机制,组建权威性的全流域保护和管理机构,定量核算、综合协调处理全流域资源开发与保护及管理事宜。完善退牧还草补助政策,建议国家调整退牧还草草场禁牧期间的补助项目标准,并对三江源人工增雨地区给予特别补偿。

七、实施人才强县战略

人力资源培育和积累是促进跨越发展的重要保障。

(1) 大力实施能力提升工程。实施全员培训工程,形成多层次、多形式、开放式的培训体系。加强与省内外科研机构、职业院校、重点企业和工业园区的合作,着力培养企业急需的专业人才。

(2) 积极引进高端人才。探索建立政府引导、企业主体、项目依托、平台支撑、市场运作的人才引进机制,加快完善政府、民间、市场等多元化的人才引进格局。按照"不求所有但求所用"的原则,建立"风筝式"人才借用模式,建立弹性引智用人机制。

(3) 完善人才工作体制。强化人才工作目标责任制,在各级领导班子年度考核中提高人才工作指标体系的分值和权重,健全多级联动、优势互补、协调高效、符合久治县跨越发展需求的人才工作运行机制。

(4) 创新人才服务模式。修订、完善和创新人才政策法规,建立以政府奖励为导向、用人单位和社会力量奖励为主体的人才奖励体系,形成鲜明的政策导向和评价机制,培育全社会关心人才、爱护人才、崇尚成才的良好氛围。

八、全力优化经济发展环境

进一步优化久治县经济发展环境，是推动跨越发展的前提条件。

（1）“硬”环境方面。通过相对低的土地价格、人力资源成本以及高投资回报率和优质服务吸引投资者，使投资者方便快捷地获得劳动力、资金、技术等生产要素，能够通畅无阻地连接国内外大市场，拓宽销售领域，获得相应利润，实现双方共赢。

（2）“软”环境方面。进一步强化政府服务意识，转变政府职能，依法规范执政，大力改进作风，讲求办事效率，实现“管理型政府”向“服务型政府”的转变，提高政府工作的科学化水平。建立政府各部门之间资源共享、信息共享、合理协调的工作机制，解决机构重叠、职能交叉、政出多门等问题。大兴求真务实之风，力避官僚主义、形式主义，营造廉洁高效的政务环境、规范公平的法制环境、创业创新的致富环境、亲商富商的市场环境、和谐稳定的社会环境。

九、依法推进生态保护和建设

法制建设是确保生态保护和建设工作的重要手段。长期以来，由于生态环境保护上法律制度不健全、执法不力，使一些非法毁林、毁草开荒者得不到应有的惩罚，助长了破坏生态环境的歪风。因此，要深入宣传和贯彻执行《防沙治沙法》《森林法》《草原法》《土地管理法》《环境保护法》《水土保持法》《野生动物保护法》等法律法规，强化法制观念，加大执法力度，用法律强化基本国策的功能。各部门和单位，都要学法、懂法、守法，维护法律的严肃性，切实保护好沙区植被。加大执法力度，做到有法可依，执法必严，违法必究。同时，要开展多形式、多渠道、经常性对居民群众开展有关生态环境保护和建设方面的政策、法律、法规的宣传和教育工作，增强群众的法制观念和环保意识，使生态保护成为人们的自觉行为。

十、倡导树立绿色文明理念

实现绿色发展,必须首先从根本上改变“人类中心主义”的传统价值观,对自然进行理性认识,对人与自然之间的关系进行哲学上的再思考。只有在人这个“第一资源”的维护和运用上下足功夫,才能使经济社会的绿色发展真正落到实处。因此,要提高对绿色发展重要性的认识,从生产、流通、消费等经济活动的各个环节,从政府、企业、公众等各经济社会主体,全面倡导绿色发展理念,进一步完善公众参与绿色发展的机制,深入开展绿色创建活动,广泛开展环保科学普及,推动生态文明理念进农村、进社区、进学校、进家庭、进企业、进机关,使生态文明理念植根于广大人民群众头脑中,融入生产生活各项工作中。

(1) 加强舆论引导。实施绿色文化传播工程,加大报纸、广播电视、网络等媒体对资源节约、生态环保、绿色出行等理念的公益宣传。加大对“世界环境日”“世界水日”等节能生态环保纪念日的宣传力度;持续开展“义务植树”“少开一天车”“再生资源回收日”等系列体验活动。

(2) 加大教育培训力度。大力开展环境警示教育,增强公众生态法制观念和维权意识,支持和引导民间环保组织开展公益活动,投身生态文化建设。继续创新环保宣传活动载体,引导与鼓励社会公众参与环境保护事业的发展,为推动全省生态保护与绿色发展进程做出不懈努力。充分利用各类环境及科普教育基地,加强节能环保意识普及教育。开展“绿色久治”建设相关政策、标准、技术的专题培训。

(3) 扩大绿色出行,加快完善道路交通网络和设施,逐步健全智能交通引导系统。加强城市交通出行管理,优先保证公共交通通行需要,通过提高通行效率来降低交通用能总量。鼓励使用绿色交通工具出行,严格执行国家有关交通工具能耗限制标准,继续鼓励使用低油耗、小排量的机动车,落实征(增)收燃油税、排放税、停车费等相关政策，采取经济手段强化交通节能管理。

(4) 着力打造绿色政务。充分发挥政府绿色采购的引领作用，研究出台政府绿色采购实施细则，优先采购自主创新、节能环保、通过环境标志认证的产品和设备。制定政府机构节约用电、节约用水、节约用纸等方面的规范指南，提高办公用品利用效率，提倡使用再生纸等，全面推行绿色办公。加强公务车日常管理，有效降低公务车油品消耗。各级政府部门制定行政单位能耗定额标准。

(5) 推动绿色商务服务。积极培育和发展绿色产品市场，充分发挥市场、经济、行政等多种手段，鼓励企业绿色采购、绿色生产、绿色供应以及大力推动节能环保产品进商场、入超市。持续推广能效标识制度，深化“限制过度包装”和“限塑”措施，鼓励企业在大型商场、超市设立产品包装回收柜台。积极鼓励和引导宾馆饭店减少一次性用品的供应。规范建材家具市场，鼓励企业加大健康环保建材、绿色家具的供应比例。培育引导绿色生活，提倡节俭、理性、绿色的生活方式，使资源节约利用和回收再利用逐步成为居民的自觉行为。加强垃圾源头减量化管理，继续推动党政机关、学校、大型商超、宾馆饭店等机构或场所的生活垃圾“零废弃”管理试点和居住小区、村庄生活垃圾分类试点建设。引导消费者选购、使用低污染、低消耗的绿色日常用品，选购环保建材、绿色家具、绿色照明以及能效标识二级以上或有节能产品认证标志的空调、冰箱等家用产品，选购节水型净水器、洗衣机等节水产品，选购小排量、低排放汽车。进一步提倡重拎布袋子、菜篮子，重复使用节能环保购物袋，减少购买过度包装产品，提倡和鼓励消费者在酒店、饭店等场所减少一次性餐具、一次性日用品等产品的使用。

(6) 推广绿色建筑和绿色装修。按照“存量改造”与“增量提升”并重、“设计建设优化”与“运营过程集约”并重的原则，全流程推进建筑节能降耗，打造舒适宜居的生态居所。推行绿色建筑标准，政府投资的新建、改建建筑和新规划的重点园区原则上全部采用绿色建筑标准，推动绿色建筑由单体向园区集群扩展，最大限度地节能、节水、节地、节材；加快供热锅炉和供热管网节能改造，实现单位建筑面积采暖能耗不断下降。积极推行绿色装修，制定含推广、限制和禁止使用等内容的建筑材料目录，鼓励室内绿色装饰装修，引导开发商和市民选购高能效、环保装饰材料，强化室内空气污染的源头控制。

参考文献

[1] 青海省发展和改革委员会. 青海省国民经济和社会发展“十二五”规划基本思路[R]. 2011.
[2] 青海省发展和改革委员会. 青海省国民经济和社会发展“十三五”规划基本思路[R]. 2016.
[3] 果洛州发展和改革委员会. 果洛州“十二五”规划基本思路[R]. 2011.
[4] 果洛州发展和改革委员会. 果洛州“十三五”规划基本思路[R]. 2016.
[5] 久治县发展改革和经济商务局. 久治县“十三五”规划基本思路[R]. 2016.
[6] 曹文虎，李勇. 青海省生态立省战略研究[M]. 西宁：青海人民出版社，2009.
[7] 马洪波. 青海实施生态立省战略研究[M]. 中国经济出版社，2011.
[8] 青海省发展和改革委员会. 青海省国民经济和社会发展“十一五”规划基本思路及 2020 年远景目标[R]. 2006.
[9] 青海省人民政府. 2008 政府工作报告[EB/OL]. http://www.sdsgwy.com，2013.
[10] 郭兰成. 对生态省建设理论观点的梳理与评析[J]. 中共青岛市委党校青岛行政学院学报，2006(1).

[11] 青海省统计局.改革开放三十年青海省经济社会发展系列报道[EB/OL].青海统计信息网,2009.
[12] 李双元.青海省实施“生态立省”战略的制度保障研究[J].开发研究,2010(4).
[13] 傅发春.福建省生态省建设研究[D].福建师范大学,2003.
[14] 关琰珠.生态省建设的指标体系研究——以福建省为例[J].福建师范大学学报(自然科学版),2002(4).
[15] 吴元兴.福建生态省建设评价指标体系若干问题研究[J].发展研究,2003(5).
[16] 李守中,邹怡静,陈金梅.福建生态省建设的若干生态问题探讨[J].江西农业学报,2008(12).
[17] 王书明,高晓红.海南生态省建设研究综述[J].海南师范大学学报(社会科学版),2012(1).
[18] 金羽,符丽宾.海南生态省建设现状与对策研究[C].中国环境科学学会学术年会论文集,2010.
[19] 李英禹,毕波,于振伟.国内外生态省建设理论和实践研究综述[J].中国林业经济,2003(6).
[20] 李鸿霞.青海省藏区农牧业循环经济发展研究[J].青海民族学院学报,2008(4).
[21] 张平.青海藏区经济社会可持续发展研究[D].西北农林科技大学,2009.
[22] 马震.农村信用社支持藏区农牧业发展研究——以青海省黄南州为例[J].青海师范大学学报(哲学社会科学版),2013(3).
[23] 赵志平,吴晓莆,李果,李俊生.青海三江源区果洛藏族自治州草地退化成因分析[J].生态学报,2013(20).
[24] 单菁菁.三江源生态保护成效、问题与对策[J].开发研究,2015(5).

第五章

青海省河湟地区失地农民可持续生计问题研究

青海省河湟地区自古以来就是青海省重要的政治、经济、文化发展的中心。随着青海省经济社会发展速度加快，城市化进程速度也逐渐加快，由于城市化发展建设的需要，面临着大量农业用地转为非农业用地的问题，人均占有可耕作的土地面积越来越少，特别是经济发展较为迅速的青海省东部的河湟地区，农民和土地的矛盾日益突显。失地农民问题显得尤为复杂，征用农民的土地不断增加，接下来的是失地农民的可持续生计问题，包括失地农民的补偿、安置、保障等利益问题，这些问题会日益突显，成为影响青海省社会稳定和经济发展的"难症"，若不及时有效地处理和妥善解决，势必影响地区经济的发展和社会的稳定。让青海省在城市化建设过程中的失地农民能够尽快加入城市的行列，使他们不再成为边缘化群体，能够真正成为城市化建设和发展的受益者，是我们需要重视和亟待解决的问题。失地农民的可持续发展，不仅关系到我国城市化和工业化进程以及我国现代化的水平和发展速度，同时关系到青海省的经济发展和社会的和谐稳定，更重要的是全面建成小康社会的重要任务。

第一节　青海省河湟地区概况

青海省河湟地区位于青海日月山以东、同仁以北的两河（黄河、湟水）流域，自北而南为大通丘陵盆地、哈拉古山地带、湟水谷地、拉鸡山及黄河谷地。区域内包括西宁市及市辖大通县、湟中县、湟源县，海东地区的平安县、互助土族自治县、乐都县、民河回族自治县、化隆回族自治县、循化撒拉族自治县，黄南藏族自治州的尖扎县，海南藏族自治州的贵德县等，国土面积 25.524 平方千

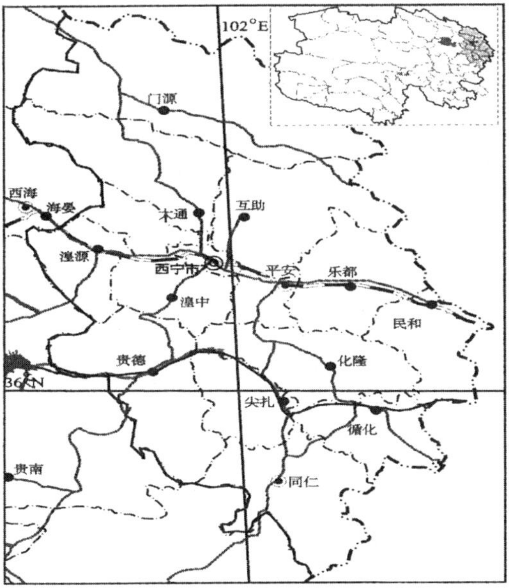

图 5－1－1　河湟地区区位示意图

米，人口约 325 万人，占青海省总面积的 3.6%、总人口的 70%，少数民族人口约占三分之一[①]。

一、河湟地区地理概况

河湟，指黄河上游、湟水流域、大通河流域，古称“三河间”。其地理范围包括今日月山以东，祁连山以南，今西宁四区三县、海东以及海南、黄南等部分沿河区域。河湟地区既是一个地理空间，又是一个社会文化空间。河湟地区为各民族提供了适合他们的自然环境，为他们的文化发展提供了一个较为稳定的地理环境。各民族共同生活期间，各民族间的文化交流和融汇就成为必然，长期的发展和融合，使河湟文化既有了共性，又有了多样性，呈现出丰富多彩、各具特色的特点，也表现出特色鲜明的地域性。

青海省河湟地区具有特色鲜明的地域性。青海省地理位置独特，处于青藏高原东北部，与新疆、甘肃、四川、西藏四省区相毗邻。南北向相对封闭，东西向相对开放，境内 50% 的地区为海拔 4 000—5 000 米以上的山地，降水少，植物覆盖率低，气候干燥，多风缺氧。地势西高东低，东部河湟谷地地势相对平坦，土地比较肥沃，适宜农耕畜牧。

河湟地区与青海省其他地区最明显的地表差异，是分布广泛的黄土及黄土地貌。主要分布在黄河沿岸和湟水流域，东与甘肃陇中黄土高原相连。河湟地区基本上位于祁连山系东段，大地构造属于强烈上升的祁连山地，强烈地壳上升运动和长期流水侵蚀切割，造成山峦起伏、沟壑纵横。地貌发育主要受大地构造和新构造运动的控制，其地貌单元与构造单元非常吻合，山脊走向和盆地排列都与构造方向一致。从北向南由冷龙岭、大通河谷地、达坂

① 卓玛措：《论青海河湟地区的开发与可持续发展》，《经济地理》2001 年第 3 期。

山、湟水谷地、拉脊山、黄河谷地、黄南山地组成，形成“三山三谷”的山谷相间的地表结构。河湟地区属于高原温带半干旱气候区，由于纬度和地势的影响，水热的空间分布复杂，不仅有南北的纬向差异和东西的经向差异，而且垂直差异明显。

河湟地区一直是青海省人口的密集区，自古就是各民族迁徙、聚散和渗透的地方，在这样一个自然空间里，汉族、藏族、蒙古族、回族、土族、撒拉族等不同民族发挥各自的生存智慧，在长期的生活实践和演化以及历史发展中，逐渐形成了以东部河湟谷地为中心，与其自然环境和生活状态相适应的河湟文化。如游牧文化、农耕文化、商业文化和手工业文化共存的形态，形成了具有河湟地域特色的民俗文化。

河湟地区突出的资源主要有以黄河干流水能资源居主导地位的能源资源，以非金属为主的矿产资源，丰富的耕地资源、水能资源和旅游资源。中华人民共和国成立以来，河湟地区一直是青海省经济发展的重点地区，通过20世纪60年代、70年代中国工业的西移和“三线”建设，已经成为青藏高原重要的资源型工业生产基地。自改革开放后，特别是西部大开发以来，以省会西宁为中心的多层次、多角度的对外开放格局基本形成。

二、河湟地区经济概况

河湟地区是青海省经济较为发达的区域，在青海省经济发展中具有举足轻重的地位，其综合性发展和优势是其他地区无法比拟的。河湟地区地域条件优越，资源优势突出，经济发展比青藏高原其他区域相对较好，像河湟谷地这样一块只占青海省面积4%的地区，却集中了青海省68%的人口，工农业总产值竟占青海省的80%以上，经济实力比较雄厚。河湟地区是青海省利用率最高的一个区域，农林牧用地和耕地面积占地多，也是青海省重要的农产品生产基地。河湟地区还是青海省主要的工业生产地，是青海省主要的工业生产集中地。河湟地区水能、煤炭资源丰富，由于水、热资源配合良好，农产品资源尤为丰富，以有色金属冶炼及加工、水电、化工、中藏药、建材、绒毛纺织及皮革加工、食品加工为主的工业体系正在逐步形成。工业经过改革和调整，以园区工业为代表的一批支柱产业正在兴起和壮大，冶金、建材、医药、农畜产品加工成为工业经济新的增长点。发展工业化，要按照发挥集聚效益、合理分工、集中控制污染的原则对工业生产力进行集中布局。从实际出发，重点发展黄河谷地以水电工业为龙头的无污染工业走廊和湟水谷地耗电工业和农畜产品加工工业走廊。西宁经济技术开发区重点发展新型材料、高原动植物精深加工、中藏药、生化药、保健品、绿色食品等产业；甘河滩工业园区重点发展有色金属、建材工业；青海生物科技产业园区以青藏高原独有的动植物资源为依托，重点发展生物技术、中藏药、高原绿色食品加工业及高新技术项目。

河湟地区交通发达，兰青铁路、青藏铁路贯穿本地区，公路网四通八达。西宁地区通往内地的航线众多，已形成联系区内外的交通网络。河湟地区是青藏高原最早接受中原文化的区域，如今更聚集了青海省绝大部分的高校和科研机构，人才集中。此外，河湟地区自然景观和人文景观众多，一个省的政治、经济、文化几乎全部集中在这里，这样的地区，在国内其他省区并不多见。

推进河湟地区工业化、城市化进程，是本地区经济发展及至整个青海地区可持续发展的必由之路。自西部大开发战略实施以来，青海省经济得到了快速发展，城镇化水平也在显著提高，青海省的城镇化水平正处于加速发展时期。

2011 年青海省委、省政府提出加快推进以西宁为中心的东部城市群建设的战略举措，2013 年海东地区正式改区建市，成立新的海东市，这标志着青海省城镇化建设已进入一个快速发展期。

这对于河湟地区的开发与经济可持续发展有着重要的意义。

第二节　失地农民可持续生计问题产生的背景和现状

一、失地农民可持续生计问题产生的背景

（一）城市化过程曲线的提出

1979 年，美国著名的学者诺瑟姆提出了“城市化过程曲线”。随着人类社会的发展变迁，经过逐步研究证明，一条稍被拉平的 S 形曲线，可以概括一个国家和地区的城镇人口占总人口比重的变化过程，并把这个变化过程分成三个阶段：初期阶段，也就是城市水平较低、发展较慢的阶段；加速阶段，也即人口向城市迅速聚集的中期阶段；后期阶段，进入高度城市化以后城镇人口比重的增长又趋缓慢甚至停滞的阶段。

1. 初级阶段

一般而言，当一个地区的城市化水平达到 10%，那就表明这个地区的城市化进程已经开始启动，在这个阶段城市人口占地区总人口的所占比重低于 25%，第一产业的农业和乡村人口在经济社会结构中占很大比重，此阶段的人口增长模式处于“高出生率，高死亡率”的阶段，因此城市发展水平低，速度缓慢，经历的时间长，区域处于传统农业社会状态。

2. 加速阶段

在本阶段中，城市人口开始逐渐增加，占地区总人口的三分之一以上，因为工业化的大发展，使得工业化飞速发展，进而推动人口开始大量向城市移动，第二产业的工业成为国民经济的主导经济，第三产业比重慢慢上升，技术不断发展和进步，使人口增长模

式转变为“高出生率和低死亡率”。由于城市人口的快速增加，致使城市的规模逐步扩大，这时期，城市人口占总人口数的比重会有很大的提升，会达到总人口数的三分之二，但是会出现以下一系列问题，如劳动力过剩、交通拥挤、住房紧张、环境恶化等。

3. 稳定阶段

当一个地区城市人口占总人口的三分之二以上后，经济发展过程中，产业结构的调整，会以高科技产业及第三产业为主导，人口增长的规律会由以前的“高出生率，低死亡率”向“低出生率，低死亡率”转变，此时期的城市人口增长速度逐步趋向缓慢，甚至出现人口增长的停滞状态。此时，城市人口处于一个稳定时期，社会逐步发展，城市和乡村的差距越来越小，城乡一体化，并有可能出现城市人口向乡村居民点和小城镇回流的现象，也即逆城市化现象。在第二次世界大战以后，全世界的城市化发展的总体规律是不断集中，不断扩大，但在有些经济发展迅速，达到一定的经济发展规模和高度的国家，城市化也逐渐达到饱和状态，经济发展方向会逐步转移，投资也会从经济发达的大型城市向周边的小城镇，甚至乡村转移，从而出现城市人口的转移和减少，使得城市经济减弱和衰退。此时的乡村，由于人口的增长，带给农村的是各方面的变化和影响，包括经济的发展、环境的改善等。

（二）世界城市化进程

从全世界城市化发展进程情况来看，我们可以看到，世界各国在发展过程中，大致都呈现出了城市化过程S形曲线。基本上是以初始阶段，到中间加速阶段，进入最后的稳定阶段，城市人口发展较缓慢，到城市人口加速聚集，然后进入稳定的发展成熟阶段，城市人口保持平衡的这样一个曲线发展过程。

诺瑟姆认为，随着社会发展进度加快，城市化发展进程中所出现的发展曲线的形成，是与各国经济发展水平有密切关系的。一国的经济处于开始的起步阶段时，农村劳动生产率低下，需要大量农村人口进行农业生产。另外，城市工业发展缓慢，就业机会有限，所以这个国家的城市化发展水平处于初级阶段。这时的城市化人口占总人口的10%。如美国在1790—1840年长达50年的时间里，城市化率只提高了5%。当一个国家经济发展迅速、经济水平提高时，农村剩余劳动力不断涌现，而城市工业高速度发展创造了大量的劳动就业机会，此时的人口会迅速向城市聚集，城市化水平会达到30%—70%，而当城市人口超过人口总数30%时，城市化进程进入到加速发展时期。如美国在1840—1970年这130年的时间里，城市化进程上升到73.6%。当一个国家的城市化发展到后期的时候，城市化率超过70%，整个国家的社会和经济发展会逐渐成熟，城市人口不会有大的起伏，将保持平稳。整个国家的城乡差距不断缩小，城市化发展进程也不断缓慢并出现停滞状态。例如，美国在20世纪70年代以后，每年的城市化进程速度不到0.5%。

历史上真正意义上的城市化始于18世纪和19世纪早期的欧洲，工业革命改变了人类的生存方式和生产方式，造就了现代世界城市化的格局。这种变化最先出现在以英国为代表的欧洲国家，英国的城市化发生最早且发展最为广泛，历时超过130年。1760—1851年的90年间，英国的城市人口比重率先超过了50%；至19世纪末，该比例已达72%左右；到如今，英国全国城市人口比例已达到90%以上；伴随工业化在世界范围内的扩展，城市化也开始波及全球。首先是北美地区，然后是亚洲和非洲。美国的城市化进程始于1840年，至1920年美国城市人口超过农村，城市人口比重达到51.2%；到1940年美国成为大城市占主导的国家，城市化率达56.5%；再到1970年美国城市的郊区人口超过城区人口，这一时期城市化率达到73.6%，城市化基本完成，历时130

年。而在亚洲最先开始城市化的国家当属日本，自明治维新后日本开始城市化发展，1908 年城市化率为 18%；到 1955 年，日本城市化率达到 56%，城市人口首次超过农村人口；至 1970 年日本城市化基本完成，用时接近 100 年①。

据统计，世界城市化平均水平已经达到 57.9%，这个数据可以说明，在全世界范围内，无论哪个国家，城市化不断发展，进程不断推进，已经成为发展的主流。

（三）中国的城市化发展

根据诺瑟姆城市化进程理论，我国已走过了第一阶段，当前正处在城市化发展的第二阶段，也是发展最快的时期。国家统计局数据显示，1980—1995 年 15 年间，我国城市人口年增长率为 4.2%，高于低收入国家的平均水平 4%，这说明我们也进入城市化迅速发展时期。自 1980 年我国城市化率首次突破 20%，之后上升到 30%，用时 16 年，到 2003 年城市化率达到 40%，用时 8 年，再到 2010 年城市化水平提高到 49.9%，仅用了 6 年的时间。城市人口比重会继续大幅度提高，并且速度不断加快，预计到 21 世纪中叶，将达到 65%。

二、城市化进程与失地农民的可持续生计

（一）失地农民的产生

在对失地农民的界定中，主要包括以下两个方面的内容：① 在城市化进程中由于国家征用土地，他们失去了土地；② 由于土地被国家征用，使得这些农民在身份上有所转变，由原来的农民

---

① 童玉芬、武玉：《中国城市化进程中的人口特点与问题》，《人口与发展》2013 年第 4 期。

转化成了城市居民。

在快速发展的工业化时期，城市化进程迅速发展，农民的农用土地被征用，被转化为非农用地是在所难免的，每个国家都会经历这样的过程。农民失去土地以后，身份的改变非常特殊，既有别于以前的农民身份，又不同于城市居民，而变成了一个介于城乡之间的边缘群体。这些人，就有了一个特殊的称谓——失地农民。

20 世纪 80 年代，1992 年前后和 2003 年前后，全国各地数以千计的开发区、工业园区、教育科技园区等占用了面积惊人的耕地。据统计，1987—2001 年，中国非农建设占用耕地 2 394.6 万亩。按每人只占用 0.7 亩耕地计算，至少有 3 400 万农民人均占有耕地减少到 0.3 亩以下，或者完全失去土地。按全国土地利用总体规划纲要，2000—2003 年的 30 年间，占用耕地 5 450 万亩以上。一般每征用一亩耕地，就有 1.5 个农民失地。这就意味着我国失地农民群体将从目前的 3 500 万人左右，剧增至 2030 年的 1.1 亿人。专家估计这其中将有 5 000 万以上的农民处于既失地又失业的状态①。

我国的经济在不断发展，工业化进程也在不断加快，在经济发展和社会发展以及建设过程中，对用地的需求越来越大，征用农村土地的数量越来越多，失去土地的农民的人数也将会不断地增加。

(二) 失地农民与可持续生计

早在 20 世纪 80 年代，可持续生计被学者们提出来，随后被一些研究机构和专家、学者逐渐应用到解决农村贫困以及一系列农村问题等领域和方向。可持续生计的解释是，一个家庭或者个人，

---

① 郭书田、刘纯彬等：《失衡的中国：城市化的过去、现在与未来(第一部)》，河北人民出版社 1990 年版。

为了改善以后的生活状况，应该拥有的可以维持以后生计的能力和有收入的活动。失地农民的可持续生计指的是，失去土地的农民，为了生活和生存应该拥有的以收入为前提和基础的，可以谋生并且能改善今后生活的物质准备。

我国现在正处于快速发展的城市化过程中，城市需要扩展，数量需要增加。这样就对土地有一定的要求，为了保证城市发展中对土地的需求，农民的土地会被征用，农民生存的基本、养老的根本——土地就会失去。可对于农民来说，土地是命根子，是他们生存的物质基础，是重要的劳动资料，包括生产资料和劳动对象，失去了土地，等于失去了若干相关权利，同时一切生活来源也将失去，也失去了生活保障。所以，土地是农民生存的根本，而城市化建设又会使大量的农民失去土地，这就必定需要规范的制度加以保障，如果没有好的保障制度加以规范，那么失地农民的生存权利将得不到应有的保障。农民失去土地等于失业，许多情况也会发生改变，比如：整个管理体制系统会发生改变，户口性质会发生改变，农民自身心理意识方面的改变，社会方面和相关生活环境的改变等。在我国，很大一部分农民的文化知识和水平是偏低的，不具备专业知识和专业技能，而且在今后，他们的子女教育问题也得不到保障，养老保障和医疗保障也得不到完善和解决。以上种种问题，都是失地农民的可持续生计中存在的问题。

对于越来越庞大的失地农民群众来说，因为他们生计的可持续性难以为继，从而成为最弱势的群体，成为缺乏保障的边缘群体。许多失地农民的生活已经陷入恶化状态，形势不容乐观。所以，失地农民以可持续生计为核心的许多问题成为推动经济社会发展和构建和谐社会难以绕过的一道坎。因此，当农民失去土地以后，必须考虑到农民的可持续生计问题，要把农民眼前的短期生活水平和质量与长期发展目标结合起来，使农民不仅能够得到眼前的利益即短期的补偿，还应该具备长期的可持续发展的能力和水平。

可持续生计是实践科学发展观的要求。科学发展观，倡导以人为本、全面、协调和可持续的发展。工业化和城市化发展进程的加快，农业用地被征用等方式变成城市建设用地的速度加快，数量也不断地在增加，因此，便激化了社会矛盾，产生了失地农民问题。失地农民的可持续生计是贯彻落实科学发展观的要求，同时也是科学发展观在失地农民就业安置中的体现。

三、失地农民可持续生计问题现状分析

（一）失地农民可持续生计问题的现状

失地农民的可持续生计问题已日益引起社会的关注。有许多地方，因为不能客观正确地处理好城市化和经济发展与农民土地的征用和农民安置而产生了矛盾和冲突，影响了失地农民的可持续发展，同时也阻碍了社会的和谐。目前，60%失地农民的生活十分困难，有稳定收入、没有因失地影响基本生活的只占 30%。中国社会科学院 2005 年对进京上访农民的问卷调查显示，在 632 份有效问卷中，涉及农村土地问题的有 463 份，占有效问卷的 73.2%。对上访信的调查表明，目前农村土地问题主要涉及征地和占地两个方面，其中征地纠纷点为主要方面，达 60.1%，非法征地和强制征地又占其中的 33.1%[①]。

在农村群体性突发事件中，因土地发生的事件和冲突明显增加。农民的土地被征用后，他们的收入水平呈个体下降趋势。在失地农民中，以前从事工业和服务业为主的农户收入不明显以外，其他以农业为主的农户，因为失地之后的劳动力的就业问题没有得到尽快解决，收入明显下降，而日常生活消费和日常支出却有所

---

① 王慧博：《失地农民可持续生计问题分析》，《宁夏社会科学》2008 年第 5 期。

增加。有一部分农民失地以后,对今后要如何生活没有计划,缺乏长远的规划和打算,相当一部分农民的情绪低落,感到前景暗淡。

在失地无业农民中,就业问题成了可持续生计问题中最重要的内容。就业问题最严重的主要有以下三类群体:① 大龄农民。这些农民由于年龄较大,就业成了老大难的问题,这样的情况在年龄较大的农民中表现突出。由于他们的年龄大,体力较差,而且文化程度低,也缺乏一技之能,就业非常困难。他们即使能在附近找到一份工作,也不稳定,随时可能失业。② 纯粹的农民。对于这类农民来说,是以务农为生活之根本,如果没有了土地,就等于失业,其中许多人也很难找到合适的工作。③ 生活在离城市较远或者偏远山区的农民。相对于生活在经济较发达地区周边的农民来说,这部分农民的就业机会少、就业面窄,思想观念和就业意识相对保守,因此失地对于他们来说,可持续生计问题更大。

现在的征地补偿多为"一次性买断和补偿",这种一定的货币补偿常常无法与不断上涨的物价水平和消费成本相适应。相当一部分失地农民因各种原因,并没有把有限的补偿款投入到创业和发展中,而更多的是用在物质消费上,加之没有重新就业所带来的新的收入,失地农民的生活陷入困难,使得可持续生计无法进行。

(二) 失地农民可持续生计问题分析

失地农民的可持续生计问题之所以产生,原因比较复杂,包括内容也比较多,从总体方面来看,表现较为突出的有以下几个方面:

(1) 失地农民主观上存在的问题。① 失地农民的文化水平和程度总体来说是偏低的。他们也没有任何就业技能,无法重新就业;② 失地农民没有科学合理运用补偿款,没用进行创业和发展,更多的是用在消费上,可持续难以为继;③ 失地农民自身思想保守,过于传统,没有主动地根据时局发展提高自身技能,没有主动地寻找创造其他的生存方法，过分依赖有限的补偿款过日子，不考虑后续生活。

（2）政府管理欠缺和相关制度不健全。① 政府或者相关征地部门没有按时及时发放补偿款，没有很好地履行相应义务；② 一些相关负责部门出现失职、渎职行为，没有按照法律法规办事，未能真正落实征地补偿政策；③ 政府对于失地农民的可持续生存与发展缺乏长远科学的规划，虽然有些地方政府提出一些对失地农民的培训计划，却也没有真正地认真落实，其效果很微小。

（3）没有完善的政策予以支持。在我国，制定的相关征地条款并不完善，基本理论和现实情况脱节，所给予的征地的补偿金额并没有同土地价格相适应。现有补偿制度和款项，对于补偿数额只规定了最高标准而没有规定最低标准，因而使得许多地方的政府所制定的补偿价格就低不就高，尤其是在征用有些土地上，比如在征用符合公共利益的土地时，采用的价格是非常低的，使得农民只得到很少的征地补偿。在对待失业农民问题中，世界各国对于如何妥善安排，针对不同问题采取了不同的方式和方法来进行有效解决。比如有的国家，在宪法中就明确规定补偿原则和补偿办法，在一部分条例中就明确规定针对失地农民就业及退休相关保障等，如美国和英国等国家，还颁布了针对失地农民的职业培训和职业教育的相关条例，使得失地农民能够得到相应的保障。相对于这些发达国家来说，我们国家在有关失地农民就业保障方面的法律和政策还不够完善。

（4）社会保障制度不健全。如今，我国在城镇居民中已经建立的有关失业、医疗和养老保险以及最低生活保障等各项应有的社会保障体系没有惠及失地农民，因此，他们在各项社会保障体系方面还不能与城镇居民享受同等的待遇。现有被征地农民当中仍有相当一部分人未参加城镇企业职工基本养老保险以及享受城乡最低生活保障。失地农民失去土地后，成了有别于农民又不同于城市市民的边缘化群体。他们处于社会保障的真空地带。农民得到失地补偿后，他们要自己解决诸如医疗和失业等社会保险问题。虽然现在政府层面对于失地农民应享有的社会保障非常重视，但是从总体上看，为失地农民建立的社会保障的覆盖面很窄，而且保障水平也比较低。这样就会使失地农民的可持续生计问题越来越突出，严重影响社会稳定和农村经济的发展。因此，在诸如征地后的补偿，失地农民安置、就业、养老、医疗保障方面，我们仍需继续努力。

随着经济社会发展，城市化进程加速发展，农民失去土地在所难免，但由于法律和制度的不到位，使得失地农民的生活质量在降低，他们的生活水平也在下降，有些农民甚至下降到了贫困状态。这些问题引起了政府和社会的高度重视，需要尽快探索有效的解决途径和方法。失地农民的可持续生计所面临的问题，是社会发展和农村可持续发展以及社会和谐稳定的关键，同时也是又好又快地发展经济，消除贫困，构建和谐社会，建设社会主义新农村，完全建成小康社会的重要任务。

第三节 青海省河湟地区失地农民可持续生计问题及分析

一、青海省河湟地区失地农民可持续生计现状及存在的问题

（一）青海省河湟地区失地农民可持续生计现状

据青海省统计局统计数据显示，截至 2014 年末，青海省常住人口达到 583.42 万人，城镇化率 49.78%。2014 年青海省行政区

划中共设两个地级市(西宁市、海东市),6个民族自治州(海北州、黄南州、海南州、果洛州、玉树州、海西州),其下辖43个县(市、区),其中县级市有格尔木市、德令哈市、玉树市。截至2014年末,青海省全省城镇人口达到290.40万人,城镇化率为49.78%,比2013年提高了1.27个百分点,其中,西宁市68.61%、海东市33.04%、海北州34.08%、黄南州28.56%、海南州32.03%、果洛州25.57%、玉树州33.01%、海西州70.63%。全省城镇化率较高的地区为海西州和西宁市,其中海西州城镇人口为35.70万人,城镇化率为70.63%;西宁市城镇人口为157.15万人,城镇化率为68.61%,比2013年提高0.81个百分点。

从河湟地区来看,西宁城镇化水平遥遥领先,大通位居第二,第三是民和,最后三位是同仁、湟中、尖扎,其他的居于中间水平。具体的排序为:西宁、大通、民和、平安、贵德、化隆、湟源、乐都、循化、互助、湟中、尖扎、同仁。这与该地区经济发展综合水平的分布格局基本相同,同时也反映出湟水谷地的城镇化水平普遍高于黄河谷地①。

前面我们也分析过,城市化进程是一个国家和整个社会发展的必然趋势,也是一个国家经济社会发达与否和发展水平高低的重要标志,是各个国家产业结构演变及经济社会发展到一定阶段的必然产物,它迫使人类社会的生产和生活产生巨大变革。正是因为这种发展速度和步伐的加快,在快速推进城市化过程中,显而易见的问题是,国家对土地的需求会越来越大,所以失地农民会越来越多,因此失地农民的问题也会日趋突显。

河湟地区作为青海省重要的政治、经济、文化发展的中心,随

---

① 卓玛措、冯起:《青海河湟地区城镇化水平的综合分析研究》,《青海师范大学学报(哲学社会科学版)》2007年第1期。

着基础设施的建设和城镇化建设速度加快，河湟地区的人均耕地不断减少，人地矛盾十分突出。

从近年来看，随着乐都区农业现代化、工业现代化和城镇化“三化”建设进程的加快，同样也存在着失去土地的农民的数量的不断增加，因而这些农民出现的问题也会日益凸显。通过调查统计，海东市乐都区碾伯和雨润镇两个乡镇的劳动力总数为8 705户、17 085人，失地农民24 258人，占农村人口总数的81.3%，涉及劳动力13 011人，占劳动力总数的76.2%。其中平均耕地0.3亩以下失地农民共计10 830人，占农村总人数的36.3%。如西宁市城北区因海湖新区、生物产业园区南扩、青海大学扩建、青藏铁路西过境高速公路、丹拉西过境国道建设及朝阳物流园区等国家、省、市重点工程建设，共有3 457.68亩耕地被西宁市统一征地事务所征用，征地不断扩大范围，所涉及的地区有：廿里铺和大堡2个镇，马坊、小桥和朝阳3个街道办事处的15个村。其中：2006年征地1 769亩（马坊办事处1 442亩、朝阳办事处327亩）；2007年征地1 688.68亩（大堡子镇905.02亩、廿里铺镇35.77亩、马坊街道办事处68.58亩、小桥办事处372亩、朝阳办事处306.6亩）。2000—2007年实施退耕还林（草）面积2 956亩。截至2007年底，全区共有失地农户4 693户、农民22 547人，其中，2006年2 781户、15 041人，2007年1 912户、7 506人[①]。

随着政府征用农民的土地的数量增加，河湟地区的失地农民数量不断增加，特别是黄河流域上游水电站所在地和湟水河流域的城镇周边，人地矛盾十分突出，随之而来的是失地农民可持续生计问题日益突显。从发展趋势来看，随着河湟地区的不断发展，会有更多的农用地变为非农用地，失地农民的数量会不断增加，这部

① 孙宁安：《关于城北区失地农民就业的调查研究》，http://www.xncb.gov.cn。

分人的可持续生计问题，包括补偿、安置、保障等利益问题日益突显，会成为影响青海省河湟地区社会稳定和经济发展的重大问题。

1. 从失地民农民心理上进行分析

失地农民缺乏安全感和认同感，对以后的生活感到茫然。我国农民世代以种田为生，没有其他技能，突然失去土地，对新环境、新问题、新的生活方式还来不及适应，对未来将面对的生活不自信、不确定，尤其是年岁大、丧失劳动能力的失地农民，他们对今后的生存和养老问题忧心忡忡，虽然人居住到了城市，但仍然保留农村的生活习惯，对城市居民的身份缺乏归属感和认同感。

2. 就业形势不容乐观

海东地区是传统农业地区，工业基础相对薄弱，大型企业及劳动密集型企业较少，而海东市的建设开发处于初始阶段，地方安置能力有限，难以安置较多的失地农民进入企业从事相对稳定的工作。有关调查显示，18—45 岁的失地农民中，近 6 成的人从事不太满意的工作，近 1 成的人失业在家，尤其是那些文化程度很低、年龄结构偏大、身体有病的农民，更是弱势群体，找到满意工作的机会基本为零。

3. 生活费用增加，部分家庭生活陷入困境

农民在土地征用前，生活成本较低，失地后没有了土地种植收入，所有消费都要从市场购买，导致生活费用支出骤增。这种生活成本的增加，对原本居住在城市的城中村及城市附近的家庭生活影响较小，但是对从偏远或山区迁移出来的家庭影响明显，如不能及时适应新环境，找到合适的工作，就会使得收入减少，生活水平下降，甚至生活失去保障、陷入困境，需要社会救助。

4. 社会保障力度不够

青海省失地农民的社会保障工作已经起步，但是相应的保障制度还不规范，保障层面还不能做到全面覆盖，与城市居民相比，

失地农民的社会保障水平较低。

(二) 青海省河湟地区失地农民可持续生计存在的问题

1. 征地补偿问题

通过调查,失地农民普遍反映征地补偿款偏低、补偿标准低。全国两会的老委员韩兴旺说,循化撒拉族自治县最好的土地就是黄河沿岸那点地。从 1993 年开始,国家在循化黄河流域先后兴建了 4 座梯级电站,所淹没土地涉及 5 个乡镇 35 个行政村。而整个循化县失地农民达到 4 500 人。但企业根据有关标准,对老果园每亩补偿 64 800 元,新果园每亩补偿 59 520 元,耕地每亩补偿 20 800 元,林地每亩补偿 6 700 元,未利用地每亩补偿 680 元。而现在一亩地市场价 50 万元都买不到。失地农民因不满意征地补偿标准,有怨言。其中还有一些农民拿到补偿款后,因为没有后续产业,也没有理财和经营能力,很快坐吃山空,同样会造成很大的不稳定因素。

同时,失地农民普遍反映征地补偿方式不够合理。一般来说,因为对失地农民的安置政策是一次性支付一定数额货币来进行补偿的货币支付模式,在这种一次性补偿后,会让失地农民自己谋求职业。有些农民被安排了工作,也是一些没有多少劳动技能含量、没有多少劳动报酬的行业,如环卫、治安和绿化行业。

农民的土地在被征用前,虽然种田耕地的收益不是很好,但是基本上收入是稳定的,也等于为他们提供了最低的生活保障。而土地被征用后,务农收益的这种最低的生活保障、最稳定的收入来源就会失去。尤其是那些失地农民中的弱势群体,比如年龄大又没有任何从商经验、无一技之能的失地农民,他们是受影响最大的群体。此外,在征地中,有一部分被用于营利性项目的建设,而其所得丰厚收益,却与农民无关。

2. 收入问题

对于收入情况，从总体范围来看，农民失去土地后，他们的收入水平呈现全体下降趋势。农户中原来就从事一些额外工作的农民收入变化不太明显，以前就以农业为主的农民，因没有就业，没有经济来源，收入明显下降。同时消费增加，因为没被征地前，农户的粮食、蔬菜等个别家庭必须食物都由自己生产，被征地后，这些都需要货币支出，消费比重增大。

在我国现阶段，农民的土地仍然是农民就业和养老的重要来源，而现在实行的征地补偿是一次性补偿失地款，许多农民在补偿款拿到后，由于种种原因，并没有把有限的补偿款用到可持续生计中的发展和创业等当中，其中多用于个人的享受和消费中，最后由于没有重新就业，也没有新的收入来源，使得生活陷入困境。

笔者在湟中县多巴镇尚什加村走访调查的几十户农民中，最初在被征地不到两年时间里，55%失地农户的征地补偿款已经用在了修建新房、购置新车、返还贷款、看病就医以及其他的生活消费，用于投资创业和发展的不到9%。其中大多数失地农民，因为受到诸如年龄、体力和教育程度等的限制，进行再就业非常难，进行创业更难，生活来源无保障，生活不稳定，他们非常担心养老无着落。

3. 就业问题

被征地后，失地农民脱离了土地，由于长期的农间劳作，受生活方式的影响，多数人的文化素质和文化技能偏低，也无一技之长，适应市场经济的能力不强，很难找到就业门路。通过对海东区高店乡西门村等地调查，除了务农以外，掌握其他技术的不到13%，掌握两门以上技术的不到4%。随着我国经济的不断发展，劳动力市场结构逐步由原来的体力劳动型向技术型、专业型转变，使得就业变得越来越困难，从而更加增加了失地农民的就业难度。相当大的一部分农民失去土地后，找不到合适的工作，待在家里无所事事，造成劳动力资源的巨大浪费。在城市化建设过程中，经济开发区也在逐步发展，其中的企业也解决了一部分失地农民的就业问题。虽然政府也要求开发园区企业在同等条件下优先安置失地农民就业，但总体来说，就业人数不是很多，而且从事技术工作的人数不多，经商人数也不多。总之，失地农民就业难度大，失地农民就业岗位竞争激烈，即便找到工作的，也多从事重体力劳动的行业。

4. 生活保障问题

在社会保障问题上，失地农民得到了货币补偿后，基本上是自己解决诸如养老、医疗和失业等一系列社会保障问题。即使有些地区有些保障，但是水平和层次也是很低的。所以社会保障的不完善，使得失地农民普遍缺乏安全感，这是广大失地农民的普遍感受。土地被征用之后，作为农民，他们没有了最基本的土地作为依靠和保障，对以后的生老病死会有长远的担忧。失地农民的社会保障制度尚未健全，他们不能享受和城镇居民同等的养老和医疗保险等待遇，影响农民以后的可持续生计。

二、青海省河湟地区失地农民可持续生计问题的原因分析

城市化建设是一个国家发展的必经之路，也是一个国家经济和社会发展的重要标志，失地农民的产生也是城市化发展中必然出现的问题。

（一）相关征地政策与制度不合理

因失地农民问题的产生，也逐渐显露出了我国在土地制度方面存在的一些问题。中国小城镇改革发展中心副主任袁崇法指出，“土地对农民来说就是财产，但现行的征地补偿方法并不把它当财产来看待，这就是最大的矛盾”。当农民的土地被征用时，农民更希望土地的使用、分配等权利得到认可和尊重。在市场经济

下，调配应在不违背国家大方针的情况下遵循市场机制，才能激发更大的效益，失地农民的利益才能得到保障。在相关征地过程中的实际操作上，基本上还是采用了强制和垄断等一系列手段，没有把失地农民的实际利益纳入到市场分配体系之内，所以，失地农民的利益在不同程度上受损，一系列生活保障问题也由此产生。《土地管理法》第四十三条规定"任何单位和个人进行建设，需要使用土地的，必须依法使用国有土地"，明确规定农村土地如果转化为公用建设土地，必须通过国家征收。应该说，在农村，只有农民和村集体才是农村土地的切实所有者，他们应该享有土地的占有权、使用权和转让处置权等权利，还应该可以买卖土地。但是《土地管理法》第四十三条的规定使得农民和村集体根本无权享有土地的相关处置权，只有国家才能是合法的土地买卖者，而作为使用土地的真正主体，农民和村集体是无权作为买方和卖方转让处置土地的，也不可能处于平等的市场主体地位与开发商进行谈判或者签订合约。在我国，无论被征用的土地是什么形式，都必须先由国家征收变为国有土地之后，再由国家作为市场主体与开发商进行谈判和交易。

（二）征地安置办法单一且滞后

调查发现，青海省河湟地区农民土地被征用后的安置办法相对滞后且安置办法很单一，有些安置规定甚至不合理。在国家大趋势影响下，青海省目前对于被征地农民的安置基本上采用的是一次性货币支付，仅仅保证农民失去土地后一段时间内生计的维持。对于失地农民以后的可持续生计问题，比如再就业等一系列后续保障问题考虑较少。

在补偿的标准上，根据 1998 年重新修订的《土地管理法》及其配套的《土地管理法实施条例》，规定对征地一律按照土地的原用途给予补偿，只是对农民原来在土地上从事生产收益的补偿，完全没有考虑到土地的非农化价值以及土地非农化后级差收益的增值。征用土地的补偿包括土地补偿费、安置补偿费、地上附着物和青苗补偿费。现行法律规定的征地补偿标准是按照产值倍数来计算的，法律规定为高限产值的16倍，最高不超过30倍①。青海省河湟地区对失地农民的征地补偿，其补偿标准并没有包含土地增值的部分，一次性的货币补偿数量有限，新的收入来源没有着落，他们基本上是逐渐花光了补偿款，长期下去，生活难以保障，可持续生计难以维持。再者，在征地后的资源再分配过程当中，有关部门若是处置不合理、不周全，很容易使得失地农民产生不满情绪，如果这种情绪严重程度加深，暴发后会有一定的反社会行为。在我们调查的过程中，发现河湟地区失地农民由于极度不平衡感甚至被歧视感严重，会有损害公物和他人私物的反社会行为，严重影响到社会的稳定和谐。

（三）失地农民自身存在的原因

1. 农民准备不足

目前我国城镇化建设进程较快，大多数农民是被动城市化的。许多人没有为角色转化做好思想准备，缺乏应变能力，缺乏融入城市生活的意识理念和谋生手段，原先培养的人际关系网络也发生断裂和变迁，许多人尤其是中老年人无法适应新生活，感到恐慌、空虚和寂寞，导致身份认同失衡、模糊，对新的城市居民身份淡薄，对城市居民的生活认同度较低。

2. 失地农民思想保守

失地农民思想保守，过于传统，习惯于以前自给自足的生产和

---

① 王凯：《关注城市化背景下农民失地现象》，《经济导刊》2006年第4期。

生活方式，习惯了世世辈辈的“日出而作，日落而息”的农耕生活。他们没有根据随时变化的情况去发展提高自身技能，除了依靠土地为生，没有去想其他的生存方法，过分依赖有限的补偿款过日子，没有过多的去考虑可持续生计问题。据调查，还有些农民懒惰思想严重，宁愿只维持基本生活，也不愿意外出劳动。

3. 失地农民的征地款没有科学合理地使用

据调查，大多数失地农民并没有科学合理地使用征地补偿款。大多数失地农民更多的是将有限的征地补偿款花费在建房、还贷、医疗和生活消费等物质消费中，只有少数人用于创业发展，影响了可持续生计。更有甚者，一些失地农民的想法过于偏激，行为冲动。随着土地价格的逐年提高，失地农民对“一次性补偿”政策越来越不满。他们会采取一些过激的行为，希望谋取更多的补偿，由此产生了不稳定、不和谐因素。

4. 失地农民文化水平较低，直接导致就业困难

失地农民普遍文化素质和水平较低，而现如今的高科技时代，在发展的大环境下，更多的用人单位对求职者的知识水平、实用技能和市场经济下的竞争意识有很高的要求，这势必使失地农民在劳动就业竞争中明显处于弱势。而他们中间的大龄农民，由于各方面如体能、文化等限制，就更难就业。尤其在偏远地区生活的失地农民，由于他们离城市较远，而且经济不发达，加上他们的就业观念和意识也很保守，他们的就业机会更少，选择性更小，失去土地对他们的影响更大，可持续生计问题就成为摆在面前的重要问题。再者，对失地农民的培训力度仍然不够，即便有培训，也是轻描淡写，针对性不太强，效果不理想，难以发挥应有的作用。据了解，有些地区虽然组织了对失地农民的一些培训，但由于师资力量薄弱，培训经费严重缺乏等原因，培训效果不明显。有些失地农民有自主创业意愿，但由于信息不畅通，资金缺

乏，加上审批手续复杂等原因，也使得失地农民的可持续生计难以为继。

(四) 社会保障体系不健全

对于这些自从失去土地后，既不同于农民，又不同于城市居民的边缘化了的群众来说，他们基本处于社会保障体系的真空地带，要自行解决失业、医疗等社会保险。尽管许多地区已经开始重视失地农民社会保障方面的欠缺，但从总体上来看，失地农民的社会保障不仅水平低，而且覆盖面很窄。由此产生的问题越来越突出，势必影响到城乡社会稳定和社会经济的发展，影响到失地农民的可持续生计。

第四节　解决失地农民可持续生计问题的思路

一、解决失地农民可持续生计问题的指导思想

在对待征地问题和农民可持续生计问题上，认真贯彻党的一系列重要指示，深化改革，认真落实“改革征地制度，提高农民在土地增值收益中的分配比例”“及时给予农民合理补偿”“要完善对被征地农民合理、规范、多元保障机制”，以服务失地农民，切实保障农民利益为宗旨，从青海省河湟地区现有经济发展状况出发，给失地农民以科学完善和切实可行的服务和保障。

(一) 应坚持“以人为本”的指导思想

以人为本，是和谐社会的价值核心。我国改革开放以来，中国共产党始终强调把解放生产力和发展生产力作为社会主义社会建

设的最主要和最根本的任务。经济要发展、GDP 要增长，归根到底都是为了满足广大人民群众的物质文化需要，以保证人的发展为根本目的。坚持以人为本的指导思想，就是要以实现人的全面发展为目标，不断满足人民群众日益增长的物质文化的需要，以人民群众利益为出发点来谋发展和促发展。从而切实保障人民群众的各种利益，包括经济利益、政治和文化权益，让利益和成果惠及全体人民。

失地农民作为城镇化建设中存在的重要的群体，以人为本的指导思想在失地农民的可持续生计中，往往没有全面正确地体现出来，有所缺失。以往对待失地农民常常采取消极的态度，将他们作为社会经济发展中的“问题”予以对待。对于这种认识，我们认为是非常不科学的、片面的。在对待失地农民的问题上，应该将失地农民作为构建和谐社会与建设社会主义新农村的重要群体来加以研究，而不是将他们当作棘手的“问题”来看待，在对待失地农民可持续生计的问题上，必须做到以人为本，在制定相关政策、制度和措施上，要把失地农民的利益放在首位，作为根本问题来抓。如果因为种种原因，使失地农民的利益受到损害，会影响稳定与团结，影响社会的稳定与和谐，将成为青海省河湟地区经济社会可持续发展的一个重大问题。

(二) 坚持“全面发展”和“可持续发展”的指导思想

在全面发展和可持续发展中，应该设计既有助于失地农民自身可持续发展，又有助于城市和乡村土地资源可持续发展的一系列科学有效的措施，使两者全面协调可持续发展，并形成完整和长期的有关失地农民的权益保障机制。对于农民个体和社会全面发展来说，应赋予农民完整、独立的土地相关权利，并将此作为征地制度改革的政策基础进行探讨。要构建完善的失地农民权益保障体系，并以经济权益、社会权益与政治权益的完整保障为基础，形成失地农民权益保障的长效机制。

（三）强调“公平公正”的指导思想

要考虑到河湟地区失地农民可持续生计的真实现状，考虑到当地的地区差异，在此基础上完善有关失地农民可持续生计问题的基本措施与办法，妥善安置失地农民，健全征地相关程序，加强实施过程的监管力度。同时，失地农民应该享有一定的权利，包括知情权、参与权与监督权，公平公正地安排好失地农民的生活、就业、社会保障等一系列问题，切实保障失地农民的合法权益和相关利益。

（四）构建和谐社会的指导思想

建设社会主义和谐社会，是我国充分总结人类社会发展规律与中华民族的历史实践得出的基本结论。社会主义和谐社会包括很多方面的内容，如民主法治、公平正义、诚信友爱、安定有序、充满活力、人与自然和谐相处等，其实质就是社会各阶层成员的利益关系得到有效协调和平衡。和谐社会，既是现实生活，也应该是我们不断追求的理想生活。我国社会发展到当今的历史阶段，和谐社会的构建是一项必然要求。当前，我国社会的经济、政治、文化等发展全面而迅速，人民的生活水平不断提高，与此同时，各种利益关系和社会矛盾也不断涌现。当代社会的和谐，是在社会发展进程中利益均衡，各尽所能，各得其所，这就需要所有社会成员共同享受发展带来的成果，这其中必然要包括失地农民。和谐社会就是社会各阶层协同发展，共同享受发展成果，失地农民也不能被排除在外。只有社会各阶层都能安居乐业，都能够可持续发展，社会和谐才能有保障。

二、解决失地农民可持续生计问题的思路

失地农民的出现，是工业化和城镇化发展的必然，是个很重要的现实问题，能否解决好失地农民可持续生计问题，至关重要。这直接关系着国家安定、经济发展和社会的和谐稳定。整个社会应该一起努力解决这个问题，各级政府更应该不断完善政策制度，各级职能部门也要不断调整职能，为失地农民今后的生活，为他们的可持续生计做好规划和各项保障。为此，笔者提出以下几点解决失地农民可持续生计问题的思路：

(一) 政府需加强调控，不断改革完善征地制度

中国小城镇改革发展中心主任李铁指出："解决失地农民的问题，实际上涉及国民经济分配格局，需彻底改变决策观念和决策方式。农民离开土地进城已成大趋势，城乡统筹发展已成为现实的迫切要求。不能再固守城市为中心的视角，涉及土地收益分配等与农民利益切身相关的问题，政府应有所作为。"

充分发挥在土地利用中的导向功能，强调规划的严肃性和权威性，同时计划调节土地，并进行总量控制。政府要严格把好征地关，有关部门应对城市土地利用需求、资金以及基础设施配套等方面进行综合调查研究，要提出真正符合河湟地区实际的总体用地建设计划和规划，做到有计划、按规划供给土地和开发建设。

在征地过程中，充分进行利弊得失的考量，最主要的是要优先考虑包括国家、政府、集体和个人的各方面利益得失，应该统筹兼顾，不能只是考虑政府利益，这样才能体现公平和正义，才符合国家和谐发展的大趋势。同时，补偿金额应顺应市场经济规律的要求并在国家力所能及的范围之内。再者，能使失地农民享受公平

公正的待遇，补偿下限要保证被征地人的生活水平不能比失地前低，并且会随着经济的发展有所提高。

党的十八大提出“改革征地制度，提高农民在土地增值收益中的分配比例”。国家和政府在征用农民的土地过程中，应该改进补偿方式、提高费用标准。我国法律明文规定，针对失地农民进行补偿时，应该考虑到土地的原用途，按照土地的原有用途予以补偿，而不应该按照土地的原有价格给予补偿。事实证明，现在给予农民的补偿款明显偏低，并没有考虑到应体现在土地中的利用价值以及土地的潜在收益，不符合市场经济发展的土地供求矛盾的规律。所以，在征地的过程中，实际补偿方式应该以土地的市场价值为依据。在给农民的补偿项目中，除了要补偿生产资料外，还应该对农民今后生活的保障给予相应补偿。除此之外，还应该想到，对农民的实际补偿是否对其以后的生活生产有连续的保障。现在实行的一次性买断和补偿，对于农民今后的生活无法产生持续保障。所以，改变以往一次性补偿而变为连续性补偿，也是一种有效的方法。怎样解决失地农民的可持续生计问题，在一些地方有许多可行的做法，值得借鉴。例如在江苏昆山地区，有些是一次性兑付，如地面建筑、附着物和青苗费；此外，根据农户被征用的土地数量，每年每亩责任田补 300 元，自留地补 600 元，口粮田补 900 元，且补贴标准每 5 年调高一次。这对以往的一次性补偿来说是个很大的改变，现在所执行常年补偿制度，是解决农民可持续生计问题的全新尝试。尽管昆山的补偿标准还是很低，但毕竟农民可以年年从土地上得益。与此同时，青海省于 2010 年 5 月 1 日在出台《青海省征地统一年产值标准和征地区片价（试行）》政策中，提高了对失地农民的征地补偿标准，这一政策的执行，在一定程度上缓和了征地过程中出现的矛盾，也为解决农民的可持续生计问题奠定了良好的基础。

(二) 逐步建立健全社会保障机制

党的十八届三中全会指出，要完善对被征地农民合理、规范、多元的保障机制。中央提出要改革征地制度，其核心也是合理解决被征地农民的生产、生活问题，使农民和城镇居民享有同等的社会保障。

在农民失去得以生存的土地后，国家应有一系列配套保障机制，以解决农民诸如看病、养老、培训等问题，才是保障农民可持续生计的根本。以此为目标，要采取多种多样的政策制度和措施，加强统筹，不断加强对失地农民的社会保障力度。应该将失地农民纳入到城镇居民的社会保障体系，建立相应的保障基金。失地农民的土地被征用后，家庭人均收入水平低于城市居民最低生活水平的农户，应该从土地征用的下一月起，纳入城镇居民最低生活保障，给予相应补贴。

2013 年初，青海省首次启动实施“青海省被征地农牧民社会养老保障制度”，这一制度的核心内容就是被征地农民的社会养老保险制度，这种针对失地农牧民的养老保险，由政府和用地主体缴费而不需要被征地农民缴费，在全国属于首创。随后，青海省建立了相应的领导机构和运行机制，使得这一制度在全省得到推广和实施。截至 2013 年底，青海省筹集被征地农民社会养老保险基金 1.3 亿元，在征地过程中，符合参保条件的被征地农民全部纳入社保范围。这一做法得到了失地农民的赞同和认可，使征地工作顺利、和谐地推进。

(三) 加大失地农民教育培训力度

加强教育、培训和引导，培训力度要有所增加。要加大转岗再就业技能培训力度，还要加强引导和教育失地农民转变观念。要有效地去提高失地农民的素质，消除他们“等、靠、要”的陈旧思想。

对失地农民尤其是青年农民开展就业光荣的宣传教育活动，帮助他们建立全新的就业观念，树立自谋职业、自主创业的持续发展意识，主动谋取和自身发展相适应的就业岗位，融入社会，加入到市场竞争的行列中。同时，要根据不同的文化层次、不同的年龄以及基本的技能素养，有针对性地为他们安排相应的培训，诸如餐饮服务、修理、厨师、家政服务等，让他们掌握一门或几门实用技术，增强其参与市场竞争的能力，拓宽他们的就业渠道。近些年来，一些地区如海东地区各县都曾先后组织过就业培训班。2013 年 8 月，西宁市也出台了被征地农民和安置小区居民就业培训政策。但是总体来说，参加培训的人数相对于失地农民的数量还是较少。在今后还是要多举办有针对性的、适应社会需要的各类培训班，培训形式要多样化，培训内容要广泛而具有实用性，尽可能提高失地农民的就业竞争能力。

（四）为失地农民就业提供相应优惠政策和条件

在失地农民的就业问题的引导方面，政府可以在一些方面给予一定的优惠政策，比如在贷款数额及方式上，金融部门应适当放宽信贷条件，降低贷款门槛，鼓励和扶植失地农民发展生产。在税收上，税收部门也应放宽政策，积极鼓励农民就业的顺利进行。失地农民如申请个体工商经营，各部门要简化手续。此外，在就业场地等方面，也要对自主创业和自谋职业的失地农民给予优惠，降低门槛，鼓励他们积极就业。

综上所述，在解决青海省河湟地区失地农民可持续生计问题的过程中，要切实维护失地农民的切身利益，使他们的可持续生计顺利推进。只要青海省各级政府全面落实以人为本的为民服务理念，推行公平公正以及全面可持续发展的理念，积极、稳妥、规范、有序地完善各项配套政策体系，切实解决失地农民面临的现实问题,消除他们的困惑和后顾之忧,就会让失地农民能够分享改革发展的红利和成果,维护社会和谐和稳定,推进全面建成小康社会目标的顺利实现。

参考文献

[1] 郭书田,刘纯林,等.失衡的中国:城市化的过去、现在与未来(第一部)[M].河北人民出版社,1990.
[2] 韩本毅.中国城市化发展进程及展望[J].西安交通大学学报(社会科学版),2011(3).
[3] 李红.青海省东部地区城镇化建设中失地农民问题研究[J].青海师范大学学报(哲学社会科学版),2013(6).
[4] 盛薇.西宁市失地农民社会保障模式探究——以杨家寨为例[J].山东省农业管理干部学院学报,2013(3).
[5] 童玉芬,武玉.中国城市化进程中的人口特点与问题[J].人口与发展 2013(4).
[6] 王凯.关注城市化背景下农民失地现象[J].经济导刊,2006(4).
[7] 王慧波.失地农民可持续生计问题分析[J].宁夏社会科学,2008(5).
[8] 卓玛措.论青海河湟地区的开发与可持续发展[J].经济地理,2001(3).
[9] 卓玛措,冯起.青海河湟地区城镇化水平的综合分析研究[J].青海师范大学学报(哲学社会科学版),2007(1).
[10] 卓玛措.青海地理[M].北京:北京师范大学出版社,2010.

后　记

西部大开发以来，青海省经济社会快速发展，综合实力不断增强，基础设施和生态建设取得突破性进展，社会事业全面发展，人民生活水平和质量不断提高，青海省进入了新中国成立以来发展最好最快、群众得到实惠最多的时期。

《青海省经济发展田野考察报告》是一部综合性的研究报告，作者通过实地考察的方式，获得了青海省对外贸易、城镇化发展、藏区小额金融信贷、藏区果洛州生态保护与可持续发展、河湟地区失地农民生计问题这五个经济发展领域的重要数据和情况，真实、全面地反映了青海省这些重要经济领域的发展状况，并根据调研所取得的资料、数据，有针对性地提出了政策建议。

整个报告由五部分组成：第一章由杨福老师撰写；第二章由文湘老师撰写；第三章由那小红老师撰写；第四章由王桂英老师撰写；第五章由顾永平老师撰写。

第一章在对青海省对外贸易发展的进程、影响对外贸易的因素进行全面阐述分析的基础上，针对青海省对外贸易的实际情况，运用了大量实证分析的方法，提出了科技协同创新对推动青海省对外贸易发展能够产生较大效果的结论，并就在“十三五”期间如何利用科技协同创新大力推动青海省对外贸易发展的步伐，提出了未来发展的思路；第二章通过青海省藏区六州小额信贷发展情况及调研数据的实证分析，提出了青海省藏区应该抓住国家扩大内需和支持藏区经济发展的契机，创新金融支持青海省藏区经济发展的路径和措施的建议；第三章深入分析了青海省城镇化进程、城镇化发展的情况，提出了青海省的城镇化发展要立足省情，按照青海省委、省政府制定的科学发展之路，走具有青海特色的小城镇发展模式的建议；第四章在对青海省果洛藏族自治州久治县的生态保护的重要地位进行阐述分析的基础上，提出了立足于生态保护实现果洛藏族自治州跨越式发展的思路；第五章就青海省人口最密集的河湟地区由于城镇化进程中出现的农民和土地的矛盾日益突显的问题进行了深入调研，提出失地问题已经影响了农民的可持续生计，并有针对性地提出了解决措施。

在撰写调研报告的过程中，各位老师付出了大量的精力，通过实地调研获得了很多真实、全面的数据及资料。由于调研多是在2015年之前进行的，所以不少数据和材料难免与新情况存在一定的差距。但所谓万变不离其宗，有些东西或许仍有一定的参考价值；又或者仅作为“史料”，也可供有关研究人员一阅。因此，我们仍大胆地将本书呈献给读者，希望多少有益于社会。又因各位作者的水平有限，难免会出现各种不足，恳请同行、专家批评指正。